南苏丹基础教育高质量发展专题研讨班开班仪式在华东师大举行

2024 年 4 月 9 日，由中国商务部主办、华东师范大学承办的中国商务部南苏丹基础教育高质量发展专题研讨班开班仪式举行。华东师大党委书记、联合国教科文组织教师教育教席主持人梅兵，上海市商务委员会总经济师罗志松，华东师大教师教育学院院长代蕊华、国际教育中心副主任金丽君以及联合国教科文组织教师教育教席办公室相关工作人员参加了开班仪式。开班仪式由国际教师教育中心主任彭利平主持。

校党委书记、联合国教科文组织教师教育教席主持人梅兵致欢迎辞

南苏丹基础教育部次长 Kuyok Abol Kuyok 博士发言

梅兵在致辞中指出，本次研讨班的举办将成为助力南苏丹基础教育实现高质量发展的一项务实工作，期望两国同仁深入交流，共同研讨两国基础教育改革所面临的机遇与挑战，共商发展策略；她期望华东师大能够有机会为南苏丹建设现代化教育新体系、实现"新国家、新教育"发展目标，持续贡献华东师大的智慧和方案。Kuyok Abol Kuyok 博士作为学员代表感谢中国政府和人民，感谢华东师大承办此次研修班；他相信此次研讨班的举行，必将在南苏丹教育界产生深远影响。

共话"科学教育"：2024 年华东师大教育集团基础教育论坛举行

    2024 年 4 月 2 日，以"着力做好科学教育加法，构建贯通联动育人体系"为主题的 2024 年华东师范大学教育集团基础教育论坛在华东师范大学宁波艺术实验学校举行。两百余位教育专家学者、中小学名校校长、一线教师相聚甬城，共话"科学教育"。

科学教育需要加强顶层设计

    论坛开幕式由华东师大基础教育与终身教育发展部部长李志聪主持，他希望通过专家们对科学教育内涵意义的阐述和指导，以及各学校科学教育特色做法的分享，推动各校科学教育工作再上新台阶。宁波市鄞州区委常委、副区长刘云桂致欢迎辞，他表示此次论坛在鄞州举办是对当地科学教育的极大肯定和鼓舞支持，也必将促进鄞州科学教育取得更大的发展和进步。

科学教育理论的溯本求源

　　论坛邀请了多位专家学者对当代科学教育的概念重建、发展现状、规律趋势进行分析，为理解"科学教育"提出了更深层次的解读与思考。教育部中学校长培训中心主任、华东师大基础教育改革与发展研究所所长李政涛以"回到原点的思考：什么是理想的'科学教育'？"为题，从六大方面概述了对科学教育的整体思考。华东师大终身教授陈玉琨从教育的基本逻辑和名校的建设出发，指出学校要搭建多样化的课程。华东师大科学教育研究与教学中心执行主任裴新宁教授提出了科学教育加法的七大重要主题。华东师大二附中校长周彬教授从教材出发，解析了如何从"学科教学"走向"科学教育"。

科学教育区域性高质量发展的整体推进

　　各地政府、教育管理部门"一地一计"，将科学教育的"加法"落在实处，取得了阶段性成果。来自沪甬两地的嘉宾分享了区域性整体推进科学教育高质量发展的成果与经验。宁波市教育局副局长、总督学何倩讲述了如何打造"院士之乡"宁波科学教育品牌的实践探索。上海申创教育发展中心荣誉理事长凤慧娟介绍了上海市百万青少年争创"明日科技之星"的活动详情。

科学教育的中小学实践案例

全国中小学"一校一策"，一线基础教育工作者积极探索科学教育的推进路径、课程建设、育人机制等。论坛邀请部分集团成员校校长代表分享了中小学落实科学教育的实践案例。华东师大宁波艺术实验学校党总支书记陈伟忠分享了如何通过做好科学教育加法赋能学校的高质量发展。华东师大四附中校长眭定忠以"践行科学方法的科学教育"为题，讲述了依托华东师大在学校开设的课程案例。华东师大二附中松江分校校长娄维义分享了"在双减中做好科学教育加法"的思考、挑战、探索与实践。

协同构建"大科学教育"新格局

华东师大基础教育与终身教育发展部副部长、教育集团副主任冯剑峰对本次论坛进行总结发言。他表示本次论坛议程紧凑、主题突出、报告密集、务实高效，为理解、学习、探讨科学教育提供了多维度的视角和多样化的实践。

此次论坛的成功举办，得到华东师大相关职能部门及教育集团核心理事单位的大力支持。来自华东师范大学教育集团各成员校领导及教师代表、宁波市学校校领导及教师代表线下参会，并参观了华东师大宁波艺术实验学校的项目化美育展示。另有3.9万观众在线观看了活动直播。

美育涵养美丽心灵：走在雅教育的路上

华东师范大学宁波艺术实验学校系鄞州区教育局直属的九年一贯制公办学校，学校地处东部新城核心地块，共有 69 个班级，3000 余名学生，教职员工 198 人。目前学校有正高级教师 3 名，区级及以上名优骨干教师 48 名，高级教师 32 名，研究生学历教师 39 名。

雅教育十年，学校本着办一所最适合师生发展和省市基础教育典范校的办学愿景，秉持着"让每一位学生得到最优发展"的宗旨，以把学生培养成"品学优、身心健、艺见长，素质全面，具有国际视野和可持续发展未来社会英才"为培养目标，在近几年取得了一些成绩。

1. 雅团队合力的强师工程：打造"品正·学正·业正"的师资队伍体系，在华东师范大学的支持下，在名优骨干教师（校长、班主任）的带领下，组建开展青雅堂、青蓝工程、青年干部训练营，以科教研训一体化策略，提升课程、课堂、课题"三课"素质，尤其以"没有教学质量就过不好今天，没有教育科研就过不好明天"的主动意识，成为研究出名师、研究出成绩的"有未来"的学校。

来自华东师范大学刘莉莉教授出席学校青年干部训练营开班

时任华东师范大学党委副书记、副校长任友群来校作讲座

青雅堂师徒结对

青蓝工程成立仪式

2. 雅课程体系的育人品质：围绕素质教育下"高雅学生十大品格"主题，完善"三层五类"雅教育课程体系，即"基础层""拓展层""拔尖层"和"雅之健体育院""雅之学智慧院""雅之语德馨院""雅之行科创院""雅之韵艺创院"，为学生的"全面、个性、可持续"发展提供了完整系统的雅课程体系。

数学计算小能手

年阅读一百本

浙江省中小学艺术节舞蹈比赛一等奖

浙江省中小学艺术节器乐合奏比赛
一等奖

3. 雅课堂教学的轻负高效：在雅教育理念指引下，不断创新课堂教育模式，通过用好"三数"（历史数据、过程数据、结果数据），做到"三精"（精准设计、精准教学、精准评辅），最终实现"三减"（减内容、减过程、减负担），推动教学方式变革，打造融教、学、评为一体的精准教学新样态。该研究获 2021~2022 年度宁波市突出教学成果一等奖。

宁波市突出教学成果一等奖

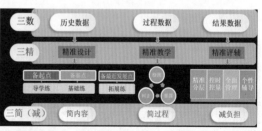
"三三三"式教学模式图

基于精准教学

历史作业分析

4. 雅社会资源的教育合力：与华东师范大学和上海静安区教育学院附校合作，极大地推动学校育人模式改革，促进学校高位发展；引进市内乃至全国有影响的 10 位文化大家、学者、名师，建立校内指导站，成为学校发展的智库。依托高校、机关、企业，得到更多的政策支撑、智力支撑、资源支撑；学校的 "和雅堂" 家长学院课程，得到家长的普遍支持和好评，收到很好的社会反响。

华东师范大学戴立益副校长等莅临
学校指导工作

上海市静安区教育学院附属学校与
华东师范大学宁波艺术实验学校达
成战略合作学校

和雅堂家校社共育联盟成立

雅韵艺社成立

5. 雅教育品牌的持续擦亮：一体一艺（科技）特色鲜明，美术、民乐、管弦乐、舞蹈、健美操等项目领先全市乃至全国，甚至走向世界。荣获全国基础教育成果二等奖，教育部优秀工坊一等奖，全国精品课程一等奖；项目化美育面向全国推广，被国家教育行政学院于维涛主任点评为 "宁波震撼"。2023 年 9 月学校作为天宫课堂全国五所地面直播学校之一。近一年，学校办学成果被央视新闻联播栏目、中央广播电视总台、人民日报等 20 余家国家级媒体报道。

央视直播天宫课堂

央视记者采访学生连线宇航员

 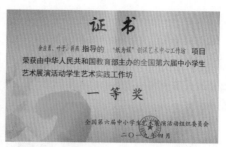

国家教学成果奖二等奖 　　　　　　　　全国美术工坊展演证书

　　6. 社会影响力继续扩大：近三年，在雅教育理念引领下，学校先后获评全国青少年校园足球特色学校、浙江省现代化学校、浙江省数字教育试点单位、浙江省区域和学校整体推进智慧教育综合试点学校、浙江省健康促进金牌学校、浙江省近视防控特色学校、浙江省艺术教育实验区实验学校等五十几项荣誉。先后承办华东师范大学教育集团基础教育论坛、全国优秀中学校长高级研究班"初中课堂教学"专题研讨会、浙江省五育并举校长论坛、浙江省中小学作业改革推进会等大型活动并介绍宁波艺术实验学校办学经验。

第15期全国优秀中学校长高级研　　　华东师范大学基础教育论坛"初中
究班　　　　　　　　　　　　　　　课堂教学"专题研讨会

浙江省"五育并举"校长论坛　　　　浙江省中小学作业改革推进会

　　展望未来，华东师范大学宁波艺术实验学校将朝着最适合师生发展、人们心目中向往和追求的大雅之堂的目标扬帆起航！

总第186期

教 育 展 望

课程、学习与评价的比较研究

第 50 卷　第 1-2 期

目　录

编者按

专　　栏

趋势与案例

一切信件请寄:

Editor, *Prospects*,

UNESCO International Bureau of Education,

P. O. Box 199,

1211 Geneva 20,

Switzerland.

E-mail: ibe. prospects@unesco. org

欲了解国际教育局的计划、活动及出版物,请查询其互联网主页:

http://www. ibe. unesco. org

一切订阅刊物的来信请寄:

Springer,

P. O. Box 990,3300 AZ Dordrecht,

The Netherlands

中文版项目编辑:

王国红

合作出版者:联合国教科文组织(UNESCO)国际教育局(IBE)

P. O. Box 199,1211 Geneva 20,

Switzerland

and Springer,

P. O. Box 17,3300 AA Dordrecht,

The Netherlands

ISSN: 0033 - 1538

身体素养:基于全球视角的讨论

伊道

在线出版时间:2021 年 1 月 16 日

素养是一个复杂的概念。这一概念持续以多种方式被相关机构和科研人员所解释与定义。联合国第 56/116 号决议(UN 2002)确定了素养教育在终身学习中的重要性。该决议还进一步肯定了素养教育在获得基本技能方面的基础性作用。这些基本技能对于各年龄段人群应对生活中可能面临的挑战至关重要。此外,素养代表了基础教育中的一个基本环节,是有效促进 21 世纪社会发展和经济发展不可或缺的手段。

国际教育局一直强调需要发展新形式的素养(UNESCO IBE, 2017)。这些素养涉及新技术领域,如数字素养、信息素养、大众传媒素养和社交媒体素养。可见,素养在学校课程中越来越受到重视。

基于这些发展趋势,我很高兴能够向大家介绍本期专刊。这标志着国际教育局对身体素养的浓厚兴趣。同时,也意味着身体素养这一概念开始影响相关学习理论的发展与应用,并逐渐成为全球教育讨论的热点议题。

身体素养概念承认人类学习是出于不同的缘由,或是为了生存、社会联系,或是未来自我实现。更进一步说,在我们学会阅读、写作、理解和计算之前,学会运动可以被认为是我们作为人类需要习得的首要素养。基于这种看法与认识,身体素养的重要性就变得不言而喻。

出于社交、审美、竞争甚至生存的原因,学会运动不仅与我们的健康有关,还与我们从日常生活中获得的意义和快乐有关。身体素养是一个概念,这一概念要求教育工作者们赏识每一个学生的发展优势,并将学生身体素养发展作为一切身体活动、竞技体育、娱乐和休闲的基础。

有关学习必要的运动技能以过上健康且积极生活的研究为我们研究身体素养

原文语言:英语

伊道

通信地址:UNESCO International Bureau of Education, P. O. Box 199,1211 Geneva 20, Switzerland
电子邮箱:ibe. prospects@unesco. org

提供了切入点。这些切入点为体育教育工作者如何规划和执行有关发展身体素养的体育教学提供了有意义的参考与指引(Dudley et al. 2016; Cairney et al. 2019)。体育教育工作者可以通过不断的培训与学习来帮助学生更好地掌握新的、且越来越复杂的运动技能。如果身体素养是体育课程和教学干预的目标,那么学生需要学习一系列认知、社交、情感和身体领域的知识与技能,以便他们在离开学校后,在其他生活与工作场景中也能够运用到这些知识与技能。

实现具备良好身体素养人口的愿景,始于在学校体育和校外体育活动中重新思考并应用好的学习设计。依据联合国教科文组织(2015b)发布的《优质体育教育:决策者指南》的精神,联合国教科文组织及其合作伙伴目前正在支持四个国家(斐济、墨西哥、南非和赞比亚)制定以身体素养为驱动力的学校发展策略。这一策略包含了凸显全纳教育以及以学生为中心的学校政策。这些修订后的政策将身体素养和基于价值观的学习作为全面发展和全球教育的优先事项。这些政策性变化也与联合国发表的可持续发展目标4相呼应,即确保全纳和公平的优质教育,促进所有人的终身学习机会。

身体素养是体育教育、体育运动和公共卫生议程的基础。它不仅是一个计划,而且是对体育教育结构化、系统化统筹思考与规划的结果。身体素养教育的实现依赖于一系列与学生年龄和发展阶段相适应的学习机会。以身体素养为驱动力的优质体育教育应当贯穿于学龄前至中学教育的整个过程中。这种优质教育应当向儿童和青少年教授各种有意义且全纳的运动体验。考虑到身体素养对于整个人类发展的重要性,教育决策者应该重视身体素养教育。教育决策者可以通过制定相关教育政策来支持与推进从学前教育项目开始的身体素养教育。这些政策包括每天鼓励学生进行校内体育运动,并确保所有学生都不会被排除在体育运动学习之外。在体育课程建设方面,身体素养相关课程内容应该贯穿于小学、初中及高中教育。

此外,联合国教科文组织(2015a)颁布的《国际体育宪章》规定,身体素养教育的发展需要多部门联合推进。教育部门需要与卫生部门和其他相关体育机构通力合作,创建共同的战略愿景,以保障所有公民拥有持续且终身参与有意义体育活动的权利。

科尼什等人(2020)最近指出,虽然近年来身体素养这一概念已经在教育领域里得到了很大程度的普及,但其仍未广泛应用于人类健康领域。考虑到身体素养作为一个整体性概念的理论基础,其与人类可持续发展多项目标紧密相连,这就要求我们对身体素养、体育活动、竞技体育参与和健康之间的关系作更进一步的探索。

在未来,无论是发达国家还是发展中国家,都需要在围绕身体素养进行跨学科政策制定方面取得进展(Dudley et al. 2017)。这是一项艰巨的任务。到目前为止,在身体素养教育推进方面已经取得了一些显著的成就,这是因为前期有大量的教育政策及跨学科合作的支持(Holmes 2011)。然而,进一步推动身体素养教育则需要改变卫生、体育和教育机构的文化和运作方式。这将要求政策制定者具备新的视野与能力。身体素养向更深层次推进，需要教育、体育和卫生机构之间的积极互动与合作。

我很高兴介绍本期《教育展望》专刊，它汇集了来自全球有关身体素养的理论与应用研究。这些理论与应用研究将为我们进一步思考如何培养行为积极、思考深入、参与活跃的公民提供有意义的参考。

（申彦华　译）

（李梦欣　校）

参考文献

Cairney, J., Dudley, D., Kwan, M., Bulten, R., & Kriellaars, D. (2019). Physical literacy, physical activity and health: Toward an evidence-informed conceptual model. *Sports Medicine*, 49(3), 371 – 383.

Cornish, K., Fox, G., Fyfe, T., Koopmans, E., Pousette, A., & Pelletier, C. (2020). Understanding physical literacy in the context of health: A rapid scoping review. *BMC Public Health*, 20(1569), 1 – 19.

Dudley, D., Cairney, J., Wainwright, N., Kriellaars, D., & Mitchell, D. (2017). Critical considerations for physical literacy policy in public health, recreation, sport, and education agencies. *Quest*, 69(4), 436 – 452.

Dudley, D., Goodyear, V., & Baxter, D. (2016). Quality and health-optimizing physical education: Using assessment at the health and education nexus. *Journal of Teaching in Physical Education*, 35(4), 324 – 336.

Holmes, B. (2011). *Citizens' engagement in policymaking and the design of public services*. Department of Parliamentary Services Research Papers, vol. 1, pp. 1 – 64.

UNESCO (2015a). *International charter of physical education, physical and sport*. Paris: UNESCO.

UNESCO (2015b). *Quality physical education: Guidelines for policy-makers*. Paris: UNESCO.

UNESCO IBE (2017). *Future competences and the future of curriculum: A global reference for curricula transformation* (M. Marope, P. Griffin, C. Gallagher, Authors). Geneva: UNESCO IBE.

United Nations (2002). *Resolution 56/116 on United Nations literacy decade: Education for all*. New York, NY: United Nations.

身体素养：响应优质教育与可持续发展的号召

迪安·达德利　约翰·凯尔尼

在线出版时间:2020 年 10 月 12 日

摘　要: 本文对身体素养的概念进行了简要探讨。它首先讨论了当前身体素养的定义,其次为身体素养理论落实于行动提供了切实可行的解决方案。此外,本文还阐述了本期身体素养专刊是如何探讨一系列联合国议程与倡议的,包括联合国教科文组织的《优质体育教育:决策者指南》、世界卫生组织的《全球体育活动行动计划》和《联合国 2030 可持续发展目标》。

关键词: 可持续发展目标　素养　体育教育　体育活动　全纳　评估

身体素养:一个不断发展的概念

"素养"这个词大多数人已经耳熟能详,但它已被证明是一个复杂和动态的概念,并持续以多种方式被解释和定义。2002 年,联合国第 56/116 号决议承认素养在终身学习中的核心地位。它申明,素养对于基本技能的掌握至关重要,这些技能使各年龄段的人都能应对他们在生活中可能面临的挑战。此外,它声明素养是基础教育的一个必要步骤,是有效参与 21 世纪社会和经济的不可或缺的手段(UN 2002)。

自 2002 年以来,为应对当今世界日益增强的复杂性和互联性变局,在世界范围内"素养"一词被广泛应用于教育领域。2013 年,联合国教科文组织国际教育局(UNESCO IBE 2013, p.39)在《课程术语表》中指出:

> 现代生活所需的新形式的素养也越来越多地纳入课程,特别是与数字素养、信息素养、大众媒体素养和社交媒体素养等新技术相关的素养。

《课程术语表》还指出,"多重素养"这一术语指的是:

原文语言:英语

以更广阔的视野看待素养的概念,也被称为"新素养"或"多元素养"。这一概念是基于这样的假设,即个人通过传统的阅读和写作以外的方式"阅读"世界并理解信息。这些多重素养包括语言、视觉、听觉、空间和手势的意义生成方式。多重素养概念的核心在于,它认为现代社会中的个人需要学习如何从多种来源和表现方式中建构知识(UNESCO IBE 2013, p.43)。

"身体素养"是素养概念演变的一部分,通常被归功于 20 世纪下半叶玛格丽特·怀特黑德的著作。然而,身体素养的起源可以追溯到 19 世纪初(Cairney et al. 2019b)。怀特黑德最初在其博士论文(Whitehead 1987)中开始支持身体素养的概念化,其论文考查了让-保罗·萨特和莫里斯-梅洛·庞蒂关于具身化的观点,以及这些观点对体育教育的合理性和实践性方面的影响。萨特和庞蒂都是法国哲学家,曾就读于著名的巴黎高等师范学院,在那里他们曾和西蒙娜·德·波伏娃、西蒙娜·韦伊和吉恩·海波吉一起学习。二位都是存在主义和现象学哲学的关键人物,其思想对于雅克·德里达和米歇尔·福柯等后结构主义思想家产生了深远影响。这两位 20 世纪法国哲学家的著作无疑对怀特黑德的个人思想产生了深刻影响。

此后,怀特黑德于 2013 年在《体育科学与体育》杂志上发表了一篇关于身体素养的文章,试图证明这种范式影响的合理性:

> 简而言之,根据每个人的天赋,身体素养可以被描述为一种充分利用我们人类具体能力的"倾向"(disposition),其中个人具有:在整个生命过程中重视并负责任地保持有目的的体育追求或体育活动的动机、信心、体能、知识和理解力(Whitehead 2013a, p.28)。

在同一期专刊中,怀特黑德(2013b, p.42)宣称"身体素养是一种倾向……那些没有表现出这种倾向的人根本不参与生活的这一领域"。怀特黑德将身体素养定位为一种个人内在的倾向的观点是独特的,而且,这似乎与更普遍的素养概念不一致。例如,联合国教科文组织的《全球监测教育报告》(UNESCO 2006, p, 12)认为,"素养"

> 具有复杂性,素养既是一种结果,也是一种过程(例如,通过正规教育、非正式课程或非正式网络进行教授和学习),同时也是一种投入(为以下方面铺平道路:进一步发展认知技能,参与终身学习机会,包括职业技术教育与培训及继续教育,更好的儿童教育及更广泛的社会发展)。

一个合理的问题是,怀特黑德的概念化是否能更好地描述为"具体化的运动",而不是身体素养——前者更接近于"倾向"的概念,后者更常见于联合国教科文组织定义的框架。该问题需要更仔细的审查,因为关于"身体素养"本身的定义仍存在一些困惑和争论(Edwards et al. 2017)。

身体素养:一个学习概念

事实证明,将身体素养仅仅作为一种结果或一种倾向来定义是很难操作的,主要是因为没有其他素养是以这种方式定义的。"倾向"(disposition)一词的词源来自 12 世纪的法语单词 disposicioun,意思是"秩序""管理",同时也有"心理倾向""天赋"和"意愿"的意思。最近英语将这个词解释为"思想的框架、态度、倾向;气质,自然倾向或心灵的倾向"(牛津英语词典,2000)。从这个角度看,身体素养只能被视为一种结果。若将身体素养仅仅定位为一种倾向,则它没有为机构提供如何评估这种状态的过程和输入,或者说明一个人需要怎样才能将自己的行为转变到体现这种价值的地步。最近的学术研究发现,将身体素养定义为一种倾向与其他素养的定义不一致,且不利于提升参与的积极性(Cairney et al. 2019a; Dudley et al. 2017)。

针对这一矛盾,本期的几篇文章明确地将身体素养定位为一种学习建构,将其视为一种素养,而非"倾向"。

关于身体素养的"倾向"方面,我们收录了沈剑威在非英语母语环境中研究身体素养的两篇文章。第一篇文章是他与著名的身体素养理论家玛格丽特·怀特黑德合作撰写的,体现了玛格丽特·怀特黑德的身体素养理论与中国古代道家哲学的一致性。他们的文章提供了一个东方视角,为当代对身体素养的更广泛认识提供了洞察力。

第二篇由沈博士及其团队合著的文章探讨了定制化的持续专业发展(PE—CPD)项目对香港体育教师的身体素养和自我效能的影响。作者总结说,参与者必须正视培养教师身体素养和自我效能的重要性,这样他们才能更好地在学校课程中提供优质体育教育,进而提高学生的身体素养。

当我们把本专刊中的身体素养定位为一种"学习建构"时,我们会看到澳大利亚的一篇参照学习科学文献来研究身体素养的文章。具体来说,这篇文章根据认知负荷理论的现有见解,研究了身体素养教学的局限性。这篇文章详细介绍了如何根据认知负荷的制约因素来理解身体素养的认知学习过程。它提供了一系列教育者可以实施的教学考虑因素,以确保通过各种方式的教学干预,支持引向终身体育活动的学习。

如果社会及其教育机构要在实现 2030 年可持续发展目标(SDGs)方面取得任何

进展,那么了解优质教学法的重要性以及当代学习科学对身体素养构建的复杂相互作用将至关重要(United Nations 2016)。来自阿尔伯塔大学的道格拉斯·格莱迪和安德鲁·摩根提出了一个新的教学框架,以支持在体育教育环境中提高学生的身体素养。该框架不仅建立在学习科学的复杂性基础之上,而且还建立在加拿大广泛开展的"有意义的体育教育"研究基础之上,并融合了身体、认知、行为和情感学习理论。

在以学习科学为背景评估身体素养的复杂性方面,迪肯大学领导的一个澳大利亚研究小组呼吁开发一种教师代理报告工具,以评估与身体素养相关的四个学习领域。他们简明扼要地介绍了开发这种身体素养评估工具的理由,重点是5—12岁的儿童,并采用了澳大利亚体育协会对身体素养的定义和框架。我们还收录了来自多伦多 MLSE Launchpad 项目的加拿大团队的案例研究。玛莉卡·沃纳和她的团队调查了为6—10岁儿童举办的为期两周的日间训练营的效果,训练营旨在提高儿童的身体素养。他们的评估得出结论,这样的项目能成功提高儿童的基本运动技能熟练程度和他们对身体素养的自我认知。这两篇文章探讨了评估在身体素养方面的持续作用和内容,为本期专刊作出了独特的贡献。

联合国教科文组织提高身体素养的方法

在2030年可持续发展目标发布之前,随着联合国教科文组织《优质体育教育:决策者指南》的发布,身体素养已经进入了联合国教育文献。指南明确指出,身体素养是优质体育教育议程的基础。在制定指南的时候,利益攸关者已广泛接受了身体素养的概念;然而,事实证明这个概念很难在非英语母语环境中解释。为解决这一问题,里斯本大学的乔·马丁斯与几位欧洲国家的研究人员一起对这期专刊进行了范围综述。作者们认为,与之前关于身体素养的评论不同,这一概念阻碍了非英语母语专业人士更深入地参与其中。本综述的作者还提请我们注意更现代的身体素养版本,这些版本现在与身体、情感、认知和社会学习的概念相关,并与可持续发展目标4保持一致。许多非英语国家目前面临的挑战是简化现有的知识和术语,以帮助那些在教育、体育和公共卫生领域提供直接教育和进行实验研究的人。

推进优质教育,实现可持续发展

2017年《喀山行动计划》获得批准后,体育竞赛、体育教育和体育活动对2030年可持续发展目标的贡献势头增强。虽然可持续发展目标本身是联合国所有成员国在2015年通过的高级别目标,但英联邦正在引领全球行动,以更有效地评估体育竞赛、体育教育和体育活动政策和计划对这些商定的全球目标的贡献。

早些时候，教育工作者和研究人员已经意识到许多政府间机构（即英联邦和世界卫生组织）和非政府机构越来越多地关注身体素养的概念。英联邦目前正在制定一套指标，旨在为各国提供信息并帮助它们监测和评估体育竞赛、体育教育和体育活动对可持续发展目标的贡献。

世界卫生组织（WHO）甚至更加明确地呼吁身体素养为可持续发展目标作出贡献。其《体育活动全球行动计划》（WHO 2018, p.36）中的"行动 3.1"呼吁各国：

> 加强为男女学生提供高质量的体育教育和娱乐、运动和游戏的积极体验与机会，在所有学前、小学、中学和高等教育机构实行全校参与模式，建立和加强终身健康和身体素养，根据能力与潜能促进学生参与并享受体育活动。

这引导我们在本期专刊中探讨可持续发展目标 4：确保全纳和公平的优质教育，促进全民终身学习机会。我们发现，许多文章开始专门探讨身体素养如何能够推进可持续发展目标 4 中的一些成果目标。可持续发展目标 4 中的第 2 项目标具体要求各国和各机构确保所有男生和女生都能获得高质量的幼儿发展、护理和学前教育，为上小学做好准备。我们已经意识到，在学前教育领域，教育工作者越来越了解并熟练掌握身体素养的概念。在这期专刊中，来自英属哥伦比亚大学的 E. 吉恩·巴克勒、伊莱·普特曼和盖·E. 福克纳探讨了教育工作者在儿童早期发展中的重要作用，以及他们在幼儿身体素养之旅中的影响。作者们得出结论，虽然教育工作者的身体素养可能是足够的，但这可能不足以启示他们的意图和行为，引导他们为早期教育环境中的儿童提供身体素养和其他体育活动。

可持续发展目标 4 中的第 5 项目标要求到 2030 年消除教育中的性别差距，为弱势群体，包括残疾人、土著人民和处于危险境地的儿童提供平等接受各级教育和职业培训的机会。来自阿尔伯塔大学的凯尔·普熙卡伦及其同事认为，全纳是身体素养的基本原则。然而，虽然全纳通常被认为适用于残疾人，但它并没有得到很好的理解。他们的文章旨在让人们更好地理解有关残疾人身体素养之全纳性的文献。尽管这令人鼓舞，但我们仍然需要解决目前围绕残疾问题的假设，以建立有意义的、对不同能力的人有价值的体育活动体验，制定具有全纳性的体育活动计划，并创建对所有人都友好和具有全纳性的身体素养计划。

来自多伦多大学的劳拉·圣约翰也从全纳的角度探讨了可持续发展目标 4 中的第 5 项目标。她的研究对 2,278 名患有发育性协调障碍的儿童进行了回顾性分析，探讨了身体素养的几个核心领域是如何随着时间的推移而相互作用和变化的，这些领域与享受体育教育有关。劳拉·圣约翰的研究强调了培养一个客观、积极、鼓励个人成长的体育教育环境的重要性。

最后,我们要感谢所有作者在本期专刊中作出的精彩贡献。我们期待国际教育界利用这些知识来提高世界各地儿童的学习质量,无论其性别、种族或能力如何。事实上,这一理想正是身体素养建设的核心。

(李梦欣 赵舒辰 译)

(董翠香 校)

参考文献

Cairney, J., Dudley, D., Kwan, M., Bulten, R., & Kriellaars, D. (2019a). Physical literacy, physical activity and health: Toward an evidence-informed conceptual model. *Sports Medicine*, 49(3), 371 - 383.

Cairney, J., Kiez, T., Roetert, E. P., & Kriellaars, D. (2019b). A 20th-century narrative on the origins of the physical literacy construct. *Journal of Teaching in Physical Education*, 38(2), 79 - 83.

Dudley, D, Cairney, J., Wainwright, N., Kriellaars, D., & Mitchell, D. (2017). Critical considerations for physical literacy policy in public health, recreation, sport, and education agencies. *Quest*, 69(4), 436 452.

Edwards, L.C., Bryant, A. S, Keegan, R.J., Morgan, K., & Jones, A.M. (2017). Definitions, foundations and associations of physical literacy: A systematic review. *Sports Medicine*, 47(1), 113 - 126.

Oxford English Dictionary (2000). Oxford: Oxord University Press.

UNESCO (2006). *Literacy for life*. EFA global monitoring report. Paris: UNESCO.

UNESCO (2015). *Quality physical education (QPE): Guidelines for policy-makers. Paris:* UNESCO.

UNESCO IBE [International Bureau of Education] (2013). *Glossary of curriculum terminology*. Geneva: UNESCO IBE.

United Nations (2002). *Resolution 56/116 on United Nations decade: Education for all*. New York, NY: United Nations.

United Nations (2016). *Transforming our world: The 2030 agenda for sustainable development*. New York, NY: United Nations.

Whitehead, M. E. (1987). A study of the views of Sartre and Merleau-Ponty relating to embodiment, and a consideration of the implications of these views to the justification and practice of physical education. PhD dissertation. Institute of Education, University of London.

Whitehead, M E. (2013a). Definition of physical literacy and clarification of related issues. *ICSSPE Bulletin-Journal of Sport Science and Physical Education, 65*, 28 - 33.

Whitehead, M. E. (2013b). The value of physical literacy. *ICSSPE Bulletin-Journal of Sport Science and Physical Education, 65*. 42 - 43.

WHO [World Health Organization] (2018). *Global action plan on physical activity 2018 - 2030: More active people for a healthier world-At-a-glance*. Geneva: WHO.

迪安·达德利

澳大利亚国王研究院院长、麦考瑞大学教授(健康与体育)。因其在体育教育、教育学和身体素养方面的工作而广受国际认可。2012年担任丘吉尔研究员,也是联合国教科文组织优质体育政策和实践专家顾问。2018年,他被联合国教科文组织国际教育局任命为高级顾问(健康与体育),也是多伦多大学运动机能与体育系 INCH 实验室的科学家。他还是南太平洋大学的兼职高级研究员。

通信地址:Macquarie School of Education, Macquarie University, Sydney, NSW 2109, Australia

电子邮箱:dean. dudley@mq. edu. au

约翰·凯尔尼

澳大利亚昆士兰大学人类运动与营养科学学院院长。他是儿科运动医学和儿童健康研究领域的学术领军人物,尤其以其在发育协调障碍(DCD)及其对儿童健康和福祉的影响方面的工作而闻名。他在韦仕敦大学完成了博士学位,并在布洛克大学、多伦多大学和麦克马斯特大学担任过学术职务。他目前是北美儿科运动医学学会(NASPEM)主席。

通信地址:School of Human Movement and Nutritional Science, University of Queensland, Brisbane, QLD 4072, Australia

电子邮箱:j. cairney@uq. edu. au

身体素养的定义、哲学原则和核心要素的国际方法：范围综述

乔·马丁斯　马科斯·奥诺弗雷　乔·莫塔

克里斯·墨菲　罗斯·玛丽·里庞德　海伦·沃斯特

布鲁诺·克雷莫西尼　安杰尔科·斯伍德林

莫贾卡·马尔科维奇　迪恩·达德利

在线出版时间：2020 年 5 月 28 日

摘　要：本文论述了对身体素养(PL)概念的不充分理解，这种理解源于当前文献中使用的复杂术语和哲学语言，这阻碍了母语为非英语的专业人士对该主题的深入研究。具体而言，本范围综述旨在介绍国际上通用的身体素养的定义、哲学原则及核心要素。研究者对多个研究数据库、原创作品/报告/著作和网站进行了搜索和分析。尽管大多数被分析的定义都受到了怀特黑德对身体素养解释的影响，但对于身体素养的整体概念和终身旅程概念存在许多分歧。怀特黑德提出的三个哲学原则在少数作品中有所体现。更多当代版本的身体素养涉及身体的、心理的、认知的和社会的学习。一些文献也包含了沟通和终身旅程的概念。考虑到近期有关身体素养的文献众多，我们必须简化当前的知识和术语，使其对那些在教育、竞技运动和公共卫生领域直接从事教育和实验研究的人员有所帮助。

关键词：身体素养　学校体育　身体活动　素养　学习

身体素养是一个重视人类运动在整个生命过程中促进健康和积极的公民意识的概念（Durden-Myers et al. 2018）。身体素养一词并非新词（Cairney et al. 2019b），但在怀特黑德于 1993 年发表开创性著作之后，它受到了更多的关注和更大的推动。怀特黑德（2010）确定了发展身体素养这一概念的四个主要影响因素：

原文语言：英语

本研究由欧盟伊拉斯谟＋计划（项目号：590844 - EPP - 1 - 2017 - 1 - UK - SPO - SSCP）资助。欧盟委员会支持本文的撰写但并不表明对内容的认可，内容仅反映作者的观点。欧盟委员会不对任何使用其中所载信息的行为负责。

（1）存在主义者和现象学家的哲学著作；（2）对儿童早期运动发展的重要性正在被遗忘的认识；（3）人们身体活动水平不足；（4）学校体育（PE）过于注重竞技运动导向。

　　近年来，身体素养在教育、竞技体育、身体活动（PA）、娱乐和公共卫生等领域备受关注（Dudley et al. 2017；Edwards et al. 2018；Whitehead 2010）。然而，身体素养的定义在不同领域以多种方式被赋予解释和操作性定义（Edwards et al. 2017；Shearer et al. 2018；Whitehead 2001，2007，2010）。身体素养的重要文化属性可能是导致不同国家的身体素养定义存在差异的重要原因，同时也受到一些重要组织的特定目的和专业领域的影响（Robinson and Randall 2017；Shearer et al. 2018）。一些学者认为，这种定义和概念的多样性妨碍了研究成果的汇总（Edwards et al. 2017），并引发了人们对身体素养概念可能被误用的担忧（Jurbala 2015；Robinson and Randall 2017；Shearer et al. 2018；The Aspen Institute 2015a）。

　　为了形成一致的研究传统并使身体素养概念在实践中可操作，人们鼓励研究人员和实践者在评估这一新兴概念的有效性之前，确定并清晰阐明其定义、哲学假设和预期结果（Corbin 2016；Durden-Myers and Whitehead 2018；Edwards et al. 2017；Shearer et al. 2018）。因此，有多篇论文叙述性地（如，Lundvall 2015；Shearer et al. 2018）、系统性地综述了身体素养的定义、要素和结果（Edwards et al. 2017，2018），突出了视角和研究结果的多样性。

　　在此背景下，本文作为第一个研究综述，考虑了上述及其他同行评审的论文、著作或书中的章节、报告和共识声明。由于身体素养被一致报道为一个多维、复杂且不断变化的概念，有必要进行更广泛的研究（Jurbala 2015；Robinson and Randall 2017；Whitehead 2010）。有必要描述身体素养的趋势、分歧、共识领域，并系统整理与身体素养有关的新知识，以便为政策、实践和研究的发展提供清晰的思路（Dudley et al. 2017），并引发更深入的思考（Corbin 2016；Edwards et al. 2017；Longmuir and Tremblay 2016；Shearer et al. 2018）。

　　因此，本范围综述旨在介绍和批判性分析国际上对身体素养的定义、哲学原则和要素。我们综合了本研究的发现，并得出结论，以解释身体素养为何对以往的教育政策和实践具有变革性和较强的吸引力。

研究方法

　　研究小组由 10 名研究人员组成，其中 3 人以英语为母语，另外 7 人则不是。为了获取相关的可用论文，研究人员采取了多种综合策略。首先，两名研究人员在五个数据库（PubMed、Psycinfo、SportDiscus、ERIC 和 Web of Science）中进行了探索性搜索，将发表日期限制在 2000 年 1 月至 2019 年 3 月。检索词为"身体素养"或"素养""定义""结构""要素"或"属性""学校体育""身体活动""运动锻炼"或"竞技运动"和"综述"。这一探索性搜索发现了与身体素养主题相关的论文（见表 1）。其次，还核实、搜索和确定了有关身体素养的专刊和最近的综述中的参考文献。此外，还考虑了原创作品、报告和书籍。最后，搜索、查询并分析了一些有关体育素养网站的信息。

选择纳入本综述的作品和信息时，考虑了它们对本综述目的的重要性（即身体素养定义、哲学原则和结构）、视域的多样性（竞技运动、教育和公共卫生）以及综述的可行性。首先阅读摘要，如果相关，则进一步阅读全文，并对资料来源选择和数据解释进行定期同行评议。纳入本综述的作品和信息的决定是通过小组协商共同达成的。如果两位同行评议意见不一致，则由第三位同行在盲审完整稿件/资料后决定是否纳入该作品或信息。

本文的第一作者乔·马丁斯独立完成了每个选定信息来源的数据提取工作。收集的信息包括作者、发表年份、来源（国家）、作品类型和主要目的，以及身体素养的定义、哲学方法和核心要素等。综述资料来源的主要特征见表 1。资料来源主要是同行评审后发表的论义，重点对身体素养及其组成部分进行定义。资料来源主要来自英语国家的组织和研究人员。也有一些资料来自其他国家的团体和研究人员，如瑞典、印度、新加坡、中国、捷克、葡萄牙、斯洛文尼亚、法国和瑞士。然而，这些非英语国家相关身体素养的研究缺乏经同行评审发表的文献。

研究结果

以下结果与综述的三个重点相吻合：身体素养的定义、身体素养的哲学原则和身体素养的核心要素。每个重点都通过叙述性综述的方式来呈现。

身体素养：定义

表 2 呈现了身体素养的定义。这些定义主要来自英语国家的组织/研究人员，且差异很大。由于特定的社会文化背景，这些差异在一定程度上是意料之中的，但它们在身体素养领域内产生了一定程度的不一致性（（Dudley et al. 2017; Shearer et al. 2018; Whitehead 2010）。然而，现阶段制定一个普适性的身体素养定义可能并不可行。为推进身体素养的理论和研究发展，我们确实需要对其不同定义和方法保持包容和透明（Edwards et al. 2017）。

表 1　本文献综述所包含的作品/资料的主要特点

第一作者/小组	年份	来源	作品/资料的类型	本综述的主要见解			其他重点
				定义	哲学原则	要素	
澳大利亚体育委员会	2017	澳大利亚	报告—系统综述+德尔菲过程	●	●	●	
凯尔尼	2019b	加拿大	论文—概念性(有据可依)	●	●	●	2,3,4
科宾	2016	美国	论文—概念性	●	●	●	
加拿大终身体育	2019*	加拿大	共识声明	●	●	●	
加拿大终身体育	2015	加拿大	论文—概念性	●	●	●	4
达德利	2015	澳大利亚	论文—概念性	●	●	●	1,2
达德利	2017	澳大利亚	书籍	●	●	●	4
德登-迈尔斯	2018	英国,英格兰	社论—PL 可操作性专刊	●	●	●	1
德登-迈尔斯	2018	英国,英格兰	论文—概念性	●	●	●	1
德登-迈尔斯	2018	英国,英格兰	论文—系统综述	●	●	●	1
爱德华兹	2017	英国	论文—系统综述	●	●	●	2
爱德华兹	2018	英国	论文—德尔菲过程	●	●	●	2,3
弗朗西斯	2016	加拿大	论文—文献综述	●	●	●	2
吉布林	2014	英国		●	●	●	2
国际体育素养协会(IPLA)	2017	英国		●	●	●	
ICSSPE	2013	德国	ICSSPE 通讯—概念性和经验性	●	●	●	1,2,3,4
杰巴拉	2015	加拿大	论文—概念性	●	●	●	1,3,4
劳恩斯伯里	2015	美国	论文—概念性	●	●	●	
朗缪尔	2016	加拿大	论文—概念性			●	3
伦德瓦尔	2015	瑞典	同行评审的期刊论文—文献综述	●		●	1,2
曼丁戈	2009	加拿大	论文—概念性	●		●	

续　表

第一作者/小组	年份	来源	作品/资料的类型	定义	哲学原则	要素	其他重点
加拿大体育与健康协会	2019*	加拿大	论文—概念性	●		●	1
珀特	2018	荷兰	论文—概念性	●		●	2
罗宾森	2017	加拿大	论文—概念性	●	●	●	1,4
勒特尔	2018	美国	社论	●		●	1
希勒	2018	英国，英格兰	论文—文献综述	●		●	
西尔弗曼	2015	美国	论文—概念性	●		●	1
美国健康与体育教育者协会	2014	美国	报告	●		●	1,2
美国健康与体育教育者协会	2019*	美国		●		●	
新西兰体育协会	2019*	新西兰		●		●	
威尔士体育协会	2019*	英国，威尔士	报告—体育素养：全球环境扫描	●		●	1
阿斯彭彭研究所	2015a	美国	报告—美国体育素养	●		●	4
阿斯彭彭研究所	2015b	美国	论文—文献综述	●		●	2
托普塞特	2014	澳大利亚	论文—概念性	●		●	2
特伦布莱	2010	加拿大	论文—概念性	●		●	2
特伦布莱	2018	加拿大	论文—概念性和经验性	●		●	2,4
特伦布莱	2018	加拿大	论文—经验性	●		●	
怀特黑德	2001	英国，英格兰	论文—概念性	●	●	●	
怀特黑德	2007	英国，英格兰	论文—概念性	●	●	●	
怀特黑德	2010	英国，英格兰	书籍	●	●	●	
怀特黑德	2013b	英国，英格兰	ICSSPE 通讯论文—概念性（p. 29）	●	●	●	1,2,3,4

注：其他重点：1. 实践中的体育素养；2. 评估体育素养；3. 未来的研究问题；4. 体育素养政策
CS4L 加拿大终身体育—现在是终身体育，IPLA 国际体育素养协会，ICSSPE 国际体育科学与体育教育理事会，PHE Canada（加拿大体育与健康协会）
＊查阅网站的年份

表 2　身体素养的定义

来源	定义
怀特黑德(2001, p.131)	"具有身体素养的个体能在各种身体挑战的环境中优雅、流畅、自信地动起来。此外,个体能敏锐地'阅读'身体环境的各个方面,预测运动的需求或可能性,并能明智地和富有想象力地作出适宜反应。"
怀特黑德(2007, p.287)	"身体素养是指个体终身保持适当水平的身体活动的动机、自信、身体能力、理解和知识。它是一种能够利用我们的运动潜能为提高生活质量作出重要贡献的能力和动机。人类都具有这种潜能;然而,其具体表现则取决于我们所属的文化以及我们所具有的运动能力。"
怀特黑德(2010, p.11 - 12)	"依据每个个体的禀赋,身体素养可被描述为个体终身保持身体活动的动机、自信、身体能力、知识和理解。"
怀特黑德(2013b, p.28)	"依据每个个体的禀赋,身体素养可被描述为一种利用人类具身能力的倾向,具有重视并承担终身保持目的性的身体追求/活动责任的动机、自信、身体能力、知识和理解。"
IPLA (2017)	"身体素养是个体重视并承担终身参与身体活动责任的动机、自信、身体能力、知识和理解能力。"
Sport Wales (2019*)	"身体素养是个体拥有一系列的技能,以及在人生各阶段参加各种不同运动和身体活动的自信和动机。这使他们有能力选择以自己喜欢的方式进行体育锻炼,消除了许多人都会遇到的尝试和缺乏动机的恐惧。" *身体素养＝身体技能＋自信＋动机＋大量机会*
PHE Canada (2019*)	"身体素养是个体重视并承担终身参与身体活动责任的动机、自信、身体能力、知识和理解。"[参考 IPLA/2015 共识声明] "身体素养是儿童青少年以及每个人参与各种活动而发展知识、技能和态度的旅程。具有身体素养的个体能够不断培养理解、交流、应用和分析不同运动形式的动机和能力。他们能够在各种与健康有关的身体活动中,自信、熟练、创造性和策略性地展示各种运动。这些技能使个体作出健康、活跃的选择,既有益于自我,也尊重他人和环境。具有身体素养的个体能够在多种环境的身体活动中熟练并自信地动起来,从而有利于整个人的健康发展。"[参考 Mandigo et al. 2009]
CS4L/终身体育(2015)	"身体素养是个体重视并承担终身参与身体活动责任的动机、自信、身体能力、知识和理解。"[参考 IPLA/2015 共识声明]
SHAPE America (2019*)	"身体素养是指个体在多种环境的身体活动中,熟练并自信地动起来,从而有利于整个人的健康发展。"(Mandigo et al. 2009) "具有身体素养的个体拥有终身享受有益健康的身体活动的知识、技能和自信。具有身体素养的个体的目标和五个标准被定义。"(SHAPE America 2014) 阿斯彭研究所(2015a, b)的身体素养定义也在网站上得到认可。

来源	定义
阿斯彭研究所(2015b, p.9)	"身体素养是终身坚持参与身体活动的能力、自信和意愿。"
新西兰体育协会(2019*)	"参与者需具备动机、自信、身体能力、知识和理解,这样他们才能够重视并承担终身参与身体活动和竞技运动的责任。"[参考怀特黑德的定义;添加了"竞技运动"一词]"新西兰竞技运动组织的身体素养方法适用于所有年龄段,承认并满足参与者一生中不断变化的需求;它从整体上考虑了参与者的身体、社会与情感、认知和精神的需求。"
ASC(2017, p.6)	"身体素养定义声明:(1)核心/过程:身体素养是一种在运动和身体活动中获得并应用的终身全面学习。(2)组成部分/结构:它反映了身体、情感(后更名为"心理")、认知和社会能力的持续变化。(3)重要性:它对于帮助我们通过运动和身体活动过上健康和充实的生活至关重要。(4)愿景/结果:具有身体素养的个体能根据自己的情况和背景充分发挥其综合的身体、情感、认知和社交能力,以支持促进健康和充实的运动和身体活动。"
凯尔尼等(2019a)	身体素养是一个由动作、社交、情感和动机因素组成的相互交织的概念,与其公认的定义相一致。知识是参与循环过程的结果,但也能影响积极的参与。注重终身过程和整体方法。
达德利(2015, p.238)	"无论身体或心理限制如何,这一概念涵盖了与负责任地终身参与目的性的身体活动和运动有关的知识、技能、理解和价值观。"
达德利等(2017)	"能够在不同环境中随时利用所有身体资源自信且熟练地动起来的能力。身体素养涉及通过连续学习来实现发展知识、运动和潜力,充分参与社区和更广泛的社会活动的目标。"
杰巴拉(2015, p.377)	"具身自我与外界环境之间的动态互动,不断整合外界环境对身体挑战的感知认识和适当应对。"

注:* 查阅网站的年份

　　文献中最常用的身体素养定义遵循了怀特黑德的概念,或由其概念衍生而来(Edwards et al. 2017、2018; Shearer et al. 2018)。多年来,怀特黑德对身体素养的定义不断完善(2001、2007、2010、2013b)。2001 年的版本强调了具身维度和与环境互动/阅读环境的能力(Whitehead, 2001),而怀特黑德(2007)强调了动机、自信、能力、知识和理解,以及"终身"维度。2010 年,该定义简化了表述,如删掉了"适合个体的水平"的表述(Whitehead, 2010, pp.11-12)。2013 年的定义澄清了身体素养不仅是"保持"的问题,而是"终身重视身体活动并为之负责"的问题(Whitehead 2013b, p.28)。

2014 年,国际身体素养协会成立,由怀特黑德担任赞助人,因此国际身体素养协会的身体素养定义成为世界范围内的主要参考(Edwards et al. 2018; IPLA 2017; Jurbala 2015; Shearer et al. 2018)。一些表述开始消失,如"适合个体的禀赋",并对"终身参与体育活动"的表述进行调整(IPLA, 2017)。这种表达方式、语言和释义上的变化应在整个身体素养领域进行,因为这可能有助于该术语在国际上得到接受。总体而言,在怀特黑德的身体素养定义中,始终保留了动机、自信、身体能力、知识和理解以及终身参与身体活动等要素。因此,为了保持身体活动,个体需要调动三个相互交织相互依存的领域:情感、认知和身体发展(IPLA 2017; Shearer et al. 2018)。

加拿大是较早采用身体素养并不断发展身体素养定义的国家(Robinson and Randall 2017; Shearer et al. 2018; The Aspen Institute 2015a),涉及许多机构、组织、研究人员和从业人员(例如,CS4L 2015; Francis et al. 2016; Healthy Active Living and Obesity Research Group 2019; PHE 2019; Tremblay et al. 2018a, b)。为推广身体素养,加拿大政府资助了两个团体:加拿大生活体育组织(Sport for Life)(2019)和加拿大学校体育与健康教育协会(PHE Canada 2019)。在 2015 年之前,曼丁戈等人(2009)的立场文件在身体素养的定义、项目和评估工具方面发挥了影响。2015 年,国际身体素养协会的身体素养定义在一份共识声明(Sport for Life, 2015; Shearer et al. 2018)中得到认可,旨在重视身体素养,倡导使用共同的定义,并指导身体素养工具的一致、协调的开发。

然而,在很多网站上仍然明确引用了其他定义,这可能会令那些想要了解、教授和评估身体素养的人感到困惑(Robinson and Randall 2017; Shearer et al. 2018)。研究人员还提出了一个观点,即已开发的计划和工具与国际身体素养协会的定义和哲学原理的一致性如何(Robinson and Randall 2017; Shearer et al. 2018)。研究人员认为,对身体素养的解释会因不同团体的目的、哲学理念和专业领域的不同而有所不同(Corbin 2016; Robinson and Randall 2017; Shearer et al. 2018)。

美国健康和体育教育协会(SHAPE America)(2019)提到了身体素养的三个定义,并提出了具有身体素养的人的五个标准。在曼丁戈等人(2009)提出的定义中,涉及"完整个体"、动作技能和自信,但没有包括动机和终身参与身体活动的具体内容。美国健康和体育教育协会(2014 年)对身体素养的定义与《K-12 年级体育国家标准》相关联,并强调了知识、技能和自信。然而,负责任的个人/社会行为和学习重视身体活动等要素仅在标准中明确提出。2015 年,美国健康和体育教育协会成为由阿斯彭研究所召集的 15 个团体成员之一,其成员共同提出了身体素养的共同定义。终身参与身体活动是一个主要目标。在该定义中包括了多种能力,但没有包括身体能力。意愿被描述为内在的积极性,这与动机类似(Corbin, 2016 年),但这些术语上的差异可能会引起困惑(Corbin 2016; Dudley et al. 2017)。

表 2 还呈现了许多其他组织和研究者提出的身体素养定义，其中大多数都包含怀特黑德和国际身体素养协会定义的特征（例如，Dudley 2015；Sport New Zealand 2019）。杰巴拉（2015）发现并分析了身体素养的一个根源概念，提出了基于沟通的身体素养新定义，旨在统一概念。凯尔尼等人（2019a）将身体素养视为一种参与循环，其中动作能力、社会、情感和动机过程以及知识之间的关系被视为互补和相互强化的。整体的框架和终身的方法被认为是身体素养概念中强有力的方面。

澳大利亚竞技运动委员会（2017）资助了一组研究人员来定义身体素养标准。他们批判性地分析了已有的大多数身体素养定义，并提出了几点批评：（1）过分关注动作技能；（2）反映了一种理想的"是"或"否"的二元状态，而不是一个发展的旅程；（3）侧重于身体活动而非运动，这可能反映了对健康的重视；（4）侧重于能力、自信、知识和理解，但没有明确说明选择这些特定属性的原因。在进行系统综述和详尽的德尔菲法后，澳大利亚竞技运动委员会（2017）就有关身体素养的过程、要素、重要性和结果提出了四个定义性声明（见表 2）。该小组提出，全面发展应侧重于学习人类运动的生物性身体和社会心理基础并通过这些基础进行学习。为了将人类运动的这些基础视为一种学习的"素养"，他们的模型在身体、情感、心理和社会四个关键学习领域中借鉴了"观察到的学习结果结构"（SOLO）模型（Biggs and Collis 1982），达德利等人（2016）曾用"观察到的学习结果结构"术语对这些领域进行过阐述。这与国际身体素养协会（2017）之前提出的三个发展领域（即情感、认知和身体发展）形成了鲜明对比。

简言之，身体素养的定义主要来自英语国家的研究人员/组织，随着时间的推移发生了演变，并主要是受到怀特黑德定义的启发。为推动身体素养理论和实践的发展，应提高理论描述的透明度和清晰度（Edwards et al. 2017；Longmuir and Tremblay 2016）。

身体素养：哲学原则

怀特黑德的身体素养概念基于三个哲学概念：一元论、存在主义和现象学（Durden-Myers 2018；Whitehead 2007，2010）。要了解如何在政策和实践中应用这些哲学原理，就必须了解身体素养的哲学根源（Durden-Myers 2018；Pot et al. 2018；Whitehead 2007，2010）。一元论认为身心是相互依存、不可分割的（Whitehead 2007，2010）。存在主义认为，每个人都是其相互作用和经验的结果（Durden-Myers 2018；Whitehead 2007）。现象学认为，我们都是已有经验的产物，并暗示通过我们的具身感知，形成了个体看待世界的独特视角（Durden-Myers 2018；Whitehead 2007，2010）。基于这些原则，身体素养可被视为一个整体性和包容性的概念，是个体独一无二的旅程（Shearer et al. 2018）。

　　本综述发现,这些哲学基础主要是在怀特黑德的著作(2001、2007、2010、2013b)和国际身体素养协会的网站(2017)上被明确提及。从其他人的身体素养定义中可以隐含地观察到一些哲学原则,如具身性、普遍概念、个性化和独特性的视角、整体的方法以及与环境相关的机会与互动的重要性(如 PHE Canada, SHAPE America, Sport Wales, Sport New Zealand)。此外,一些研究人员在其综述(Shearer et al. 2018)、系统性综述(Edwards et al. 2018)、书籍(Durden-Myers 2018)和概念性论文中突出论述了身体素养的哲学维度(Dudley et al. 2017; Jurbala 2015)。

　　例如,在爱德华兹等人(2017)的文献综述中发现三分之一的文章没有讨论任何哲学问题。在那些讨论了哲学方法的文章中,哲学方法与一元论和现象学认识论特别相关。希勒等人(2018)还发现,围绕身体素养计划的哲学思想往往不一致或缺失。具体而言,有人提到,一些团体由于专注于学龄儿童,可能忽视了材料中的终身体验(SHAPE America, Sport Wales),而另一些团体(Sport New Zealand, Sport for Life)则可能过分强调运动技能的重要性,而忽视了多样化的身体素养方法(Shearer etal. 2018)。希勒等人(2018, p.6)指出,"尽管怀特黑德强调哲学,但她从未成功地将对哲学的承认纳入她所提出或帮助提出的身体素养定义中","这可能是对这一概念产生混淆或误解的一个潜在原因"。

　　爱德华兹等人(2018)在对有关身体素养评估的实证研究成果进行系统综述后发现,与定量研究相比,哲学立场在定性研究中明显更为常见。因此,他们敦促研究人员要表明自己的哲学立场,并更有创造性地开发与哲学理念相一致的综合方法来分析身体素养数据。此后,凯尔尼等人(2019a, p.2)宣称:"我们认为声明身体素养的哲学立场很重要……,与理想主义观点不同,……我们采取实用主义的方法……,认为身体素养是可以测量的,并通过借鉴定量研究和统计方法来支持我们的论点"。

　　从实践的角度来看,为了澄清和讨论身体素养的哲学基础如何在学校体育实践中得以运用,玻特、怀特黑德和德登-迈尔斯(2018)建议,应重视学校体育,活动需要以学习者为中心,具有挑战性、现实性,并能适应个体的偏好。总之,有证据表明,在身体素养研究和实践中,应进一步考虑哲学方法(Edwards et al. 2017,2018; Giblin et al. 2014; Shearer et al. 2018)。

身体素养:核心要素

　　表3呈现了身体素养的核心要素。在所分析的作品中,最常见的身体素养要素是身体要素(如基本动作技能、动作能力、动作技能、体适能)、心理要素(如动机、自信)、认知要素(如知识、理解、态度和对身体活动的重视)、行为要素(身体活动、久坐行为)、社会要素(与他人互动)、阅读环境/与环境互动以及对终身旅程的关注。的确,大多数分析资料采用了怀特黑德对身体素养的定义,强调了动机、自信、身体能

力、知识和理解以及终身参与身体活动的核心要素(Sport for Life 2015;Edwards et al. 2018;IPLA 2017;PHE Canada 2019;Whitehead 2001,2007,2010,2013b)。

表3 身体素养的核心要素

来源	核心要素
怀特黑德(2001,2007,2010,2013b),IPLA(2017),PHE Canada(2019),CS4L/Sport for life(2015),德登·迈尔斯(2018)	身体素养=动机和自信(情感)、身体自信(身体)、知识和理解(认知)、终身参与身体活动的价值和责任、阅读环境 *具有身体素养的个体特质(Durden-Myers 2018):* (1)有参与身体活动的动机 (2)在参与各种身体活动时有自信 (3)在各种身体活动中能够高效运动 (4)了解不同身体活动的运动需求和可能性 (5)能够在不同的身体活动中与他人相互依存和合作 (6)知道如何在不同身体活动中提高成绩 (7)有自信规划并实现身体活跃的生活方式 (8)知道身体活动如何提高幸福感
威尔士体育协会(2019*)	身体素养=身体技能+自信+动机+大量机会
美国健康与体育教育者协会(2019*)	身体素养=动作技能、自信、各种身体活动和环境(Mandigo et al. 2009) 身体素养=知识、动作技能、自信(SHAPE America, 2014) *具有身体素养的个体标准:* (1)展示各种动作技能和运动模式的能力 (2)应用与运动/表现相关的概念/原理/策略/战术的知识 (3)展示实现/保持健康的身体活动和体适能的知识和技能 (4)展示尊重自己和他人的负责任的个人和社会行为 (5)认识到身体活动对健康、享受、挑战、自我表达和社会交往的价值
阿斯彭研究所(2015a,b)	身体素养=能力、自信、终身活跃的意愿
新西兰体育协会(2019)	身体素养=国际身体素养协会措辞+身体、社交和情感、认知、精神
ASC(2017)	*身体素养的领域和要素:* (1)身体:运动技能(陆地)、运动技能(水中)、使用器械运动、物体操控、肌肉耐力、心血管耐力、协调性、稳定/平衡、柔韧、灵敏、力量、反应时、速度、力量 (2)认知:意识、内容知识、规则、目的和推理、策略和规划、战术 (3)心理:动机、自我调节(情绪)、自我调节(身体)、自我意识、自信、参与、享受 (4)社交:道德、关系、合作、安全与风险、社会与文化、联系性
达德利(2015)	身体素养=运动能力;运动的规则、战术和策略;运动的动机和行为技能;运动的个人和社会属性
达德利等(2017)	身体素养=动起来的能力、自信、能力、身体资源、在不同的环境中

来源	核心要素
杰巴拉(2015)	身体素养＝运动能力(陆地、空中、水上)、自信和动机、社会参与、积极情感(乐趣、幸福、享受)、知识(作为过程的结果)。
凯尔尼等(2019a)	身体素养＝沟通自我/环境、感知阅读＋适当应对身体挑战
鲁宾逊和兰德尔(2017)	身体素养＝动机和自信(情感)、身体能力(身体)、知识和理解(认知)、终身参与(行为)
勒特尔等(2018)	身体素养＝行为＋积极情绪＋动作技能＋动机

注:a 核心要素是根据定义和相关分析资料汇编而成
　　PL 身体素养;PA 身体活动
　　* 查阅网站的年份

根据科尔宾(2016)的研究,最常见的身体素养要素包括动作技能、认知技能、身体活动、体适能、重视身体活动、动机和自信、与他人的互动、环境感知、负责任的个人和社会行为,以及终身参与身体活动的责任。爱德华兹等人(2017)还确定了七个子主题下的 22 个核心类别:情感、认知、身体能力、进展、目标群体、整体概念和相关结构。与认知(如对活动和生活方式的认识和理解)或身体(如运动能力、动作技能、身体能力)要素相比,情感要素(如自信、动机和自尊)在论文中被采用的频率更高。

其他研究人员(Dudley, 2015; Jurbala, 2015)和组织(Sport New Zealand, 2019; Sport Wales, 2019)使用了怀特黑德提出的定义。因此,我们发现了类似的核心要素,但也发现了一些其他要素。例如,新西兰竞技运动组织(2019)增加了"精神"要素,而威尔士竞技运动组织(2019)则强调拥有"大量机会"。另一方面,有些要素并没有明确纳入身体素养的定义,而是作为附加信息文本的补充,例如在介绍具有身体素养的个体的特征时(Durden-Myers 2018; SHAPE America 2014)。

一些研究人员提出了身体素养的独特核心要素。例如,达德利(2015)提出了运动能力、规则、战术和策略、激励技能以及个人和社会属性。后来,达德利等人(2017)又增加了"动起来的能力""身体资源""自信和能力"以及"在不同环境中"等具体术语。其他研究人员提到了与心理和身体维度相关的共同要素,但使用的术语有所不同(Robinson and Randall, 2017; Roetert etal. 2018)。在这些作者的著作中还可以发现一些独特的要素,如沟通的重要性(Jurbala, 2015)。

澳大利亚竞技运动委员会(2018)提出了身体素养的四个定义声明,认为身体素养有四个学习领域和 32 个要素。每个领域由代表技能、知识和行为的要素组成,这些要素能够促进身体素养的发展。澳大利亚竞技运动委员会(2018)的研究强调了身体素养的发展方法,每个要素都具有五个发展水平:前基础、基础和探索、习得和积累、巩固和掌握以及迁移和赋权。与怀特黑德的定义一致,他们强调将身体素养视为各主题的整体整合，而试图将身体素养缩减或简化为单独的组成部分，会削弱对该概念的全面完整理解。显然，澳大利亚竞技运动委员会（2018）认为，与其局限于选择某些心理结构（如自信和动机），不如描述归属于身体素养的身体、心理、认知和社会学习领域，这样可能更稳健，更具包容性。

讨　论

在本文献综述中，我们从同行评审研究、灰色文献和国际组织网站等多种来源中确定并分析了身体素养的定义、哲学方法和核心要素。本综述展示了关于身体素养的定义、哲学基础和核心要素的多种观点（Edwards et al. 2017；Jurbala 2015；Lundvall 2015；Shearer et al. 2018；Tremblay et al. 2018a, b）。建议对不同的身体素养方法持宽容态度，因为可能需要在不同的环境和文化中创造身体素养的文化相关性和意义（Edwards et al. 2018, p. 20；Shearer et al. 2018）。不同的方法也可能提供新的视角。例如，杰巴拉（2015）强调了"沟通"的重要性，并提出了一个新的身体素养发展模式。澳大利亚竞技运动委员会（2017）强调将社会领域纳入其中，这值得进一步研究（Edwards et al. 2018；Shearer et al. 2018）。

与多样化观点相关的还有一些不太具有建设性的方面。身体素养的定义、解释和可操作化因各组织的具体目的而异，造成了混乱的局面（Robinson and Randall 2017；Shearer et al. 2018）。此外，这些不同的方法经常偏离身体素养最初的整体性和终身旅程概念。通常情况下，强调的是身体素养的某一要素，如动作技能（Edwards et al. 2017；Giblin et al. 2014；Tompsett et al. 2014）。

怀特黑德的定义随着时间的推移发生了演变，目前仍是影响全球的主要来源（Edwards et al. 2018；Shearer et al. 2018）。如果我们想让身体素养定义得到国际认可，并鼓励母语为非英语的专业人士深入研究这些问题，就应该在整个身体素养领域进行与该定义相关的变化和表达的简化（Whitehead, 2010, 2013a, b；IPLA, 2017）。

根据所分析的信息来源，关于身体素养定义的共识正在逐步改善（Corbin 2016；Longmuir and Tremblay 2016；Robinson and Randall 2017）。对于身体素养共同定义和理解的共识声明被认为是重要的，原因包括：明确沟通、合作伙伴关系的合理化、跨部门的一致性、部门合法性的增强、战略规划的加强、评估的一致性以及共同的结果（Tremblay et al. 2018a, b）。然而，"在认可上述定义与适当实施上述定义之间存在明显差异"（Shearer et al. 2018, p. 6），在分析的网站和相关材料中发现了一些相互矛盾的信息。这种共识是最近才形成的，需要所有相关组织和部门的共同努力。共识声明是使国家和国际身体素养工作更加一致的基础，但应评估这些举措的影响（Corbin 2016；Longmuir and Tremblay 2016；Tremblay et al. 2018a, b）。

哲学原则是理解身体素养"真正含义"的基础(Durden-Myers 2018；Jurbala 2015；Pot et al. 2018；Whitehead 2010,2013b)。有证据表明,哲学方法在研究和实践中经常被忽略(Edwards et al. 2017；Giblin et al. 2014；Shearer et al. 2018)。总体而言,本综述分析的论文和信息来源也发现了同样的趋势。事实上,这一概念源于哲学基础,且必须具有适用性和实用性,这一事实在从业人员和研究人员看来是一个难题(Pot et al. 2018),也可能解释了文献中发现的这一趋势。因此,研究人员需要明确提出身体素养的定义和哲学方法(Edwards et al. 2018；Jurbala 2015；Pot et al. 2018；Robinson and Randall 2017)。

由于身体素养的实证研究还处于起步阶段,因此很难评估身体素养政策和举措的效果(Corbin, 2016；Giblin et al. 2014；Longmuir and Tremblay, 2016)。为了全面了解人们在整个生命历程中的身体素养旅程,需要对身体素养的核心要素进行测量(Australian Sports Commission 2017；Edwards et al. 2018；Francis et al. 2016；Tremblay and Lloyd, 2010；Tremblay etal. 2018a, b)。用这些核心要素对跨研究评估身体素养的工具进行验证和调整是具有挑战性的,但这也是该领域进展所必需的(Edwards et al. 2018；Giblin et al. 2014；Robinson and Randall 2017)。

本范围综述存在一些优势和局限性。与之前的综述(Edwards et al. 2017；Shearer et al. 2018)一样,仅纳入英语文献是本研究的一个局限。一些关于身体素养的文献缺乏实证支持。潜在的、非故意排除某些部分文献以及我们自身的观点也可能导致偏差。本文作者的国籍各不相同,他们主要来自非英语国家,代表了不同的专业背景(学校体育、竞技运动、社区、研究、从业者、政策)。不同类型的资料来源为我们提供了一份独特而全面的综述,介绍了当前国际上对身体素养的定义、哲学基础和核心要素所采取的方法。本综述还为近期关于身体素养的讨论(Corbin 2016；Shearer et al. 2018)作出了贡献,这有助于确定身体素养在研究、实践和政策中的重要性(Corbin 2016；Dudley et al. 2017)。

结　　论

本综述强调,身体素养是一个复杂、多维和不断发展的概念,它在世界各地和不同领域(如教育、竞技运动和公共卫生)以多种方式被定义、解释和操作化。从 21 世纪初开始,人们已经看到了对身体素养日益广泛的共识和使用,怀特黑德和国际身体素养协会的定义成为主要的影响来源。然而,需要有更多的非英语国家的研究和出版物。具体来看,加强不同地区(如美国、加拿大和澳大利亚)各教育部门、组织和协会的合作,为欧洲、亚洲、非洲和南美洲定义身体素养框架,是推动身体素养发展的下一步重要举措。如果身体素养研究的全球发展势头继续保持下去,那么它将对全世界的教育政策和实践产生比较性和变革性的影响，有助于激励、鼓励并为所有个体提供关键能力，使其终身更加活跃和健康。

（刁玉翠　译）

（董翠香　校）

参考文献

Australian Sports Commission (2018). *Draft Australian physical literacy standard: Explaining the standard*.

Australian Sports Commission (2017). *Physical literacy: Informing a definition and standard for Australia*.

Biggs, J., & Collis, K. (1982). *Evaluating the quality of learning: The SOLO taxonomy*. New York, NY: Academic Press.

Cairney, J., Dudley, D., Kwan, M., Bulten, R., & Kriellaars, D. (2019a). Physical literacy, physical activity and health: Toward an evidence-informed conceptual model. *Sports Medicine, 49*(3), 371 – 383.

Cairney, J., Kiez, T., Roetert, E. P., & Kriellaars, D. (2019b). A 20th-century narrative on the origins of the physical literacy construct. *Journal of Teaching in Physical Education, 38*(2), 79 – 83.

Corbin, C. B. (2016). Implications of physical literacy for research and practice: A commentary. *Research Quarterly for Exercise and Sport, 87*(1), 14 – 27.

CS4L/Sport for Life [Canada Sport for Life] (2015). *Canada's physical literacy consensus statement*.

CS4L/Sport for Life [Canada Sport for Life] (2019). Sport for Life website.

Dudley, D. (2015). A conceptual model of observed physical literacy. *The Physical Educator, 72*(5), 236 – 260.

Dudley, D., Cairney, J., Wainwright, N., Kriellaars, D., & Mitchell, D. (2017). Critical considerations for physical literacy policy in public health, recreation, sport, and education agencies. *Quest, 69*(4), 436 – 452.

Dudley, D., Goodyear, V., & Baxter, D. (2016). Quality and health-optimizing physical education: Using assessment at the health and education nexus. *Journal of Teaching in Physical Education, 35*(4), 324 – 336.

Durden-Myers, E. (2018). *Physical literacy. A guide for educators*. Radstock: Scholarly.

Durden-Myers, E., & Whitehead, M. (2018). Operationalizing physical literacy. Special issue editorial. *Journal of Teaching in Physical Education, 37*(3), 234 – 236.

Durden-Myers, E., Whitehead, M., & Pot, N. (2018). Physical literacy and human flourishing. *Journal of Teaching in Physical Education, 37*(3), 308 – 311.

Edwards, L., Bryant, A., Keegan, R., Morgan, K., Cooper, S., & Jones, A. (2017). "Measuring" physical literacy and related constructs: A systematic review of empirical findings. *Sports Medicine, 48*(3), 659 – 682.

Edwards, L., Bryant, A., Keegan, R., Morgan, K., & Jones, A. (2018). Definitions, foundations, and associations of physical literacy: A systematic review. *Sports Medicine, 47* (1), 113 – 126.

Francis, C. E., Longmuir, P. E., Boyer, C., Andersen, L. B., Barnes, J. D., Boiarskaia, E., et al. (2016). The Canadian assessment of physical literacy: Development of a model of children's capacity for a healthy, active lifestyle through a Delphi process. *Journal of Physical Activity and Health, 13*(2), 214 – 222.

Giblin, S., Collins, D., & Button, C. (2014). Physical literacy: Importance, assessment, and future directions. *Sports Medicine, 44*(9), 1177 – 1184.

HALO [Healthy Active Living and Obesity Research Group] (2019). *Canadian Assessment of Physical Literacy.*

IPLA [International Physical Literacy Association] (2017). *IPLA definition.*

Jurbala, P. (2015). What is physical literacy, really? *Quest, 67*(4), 367 – 383.

Longmuir, P. E., & Tremblay, M. S. (2016). Top 10 research questions related to physical literacy. *Research Quarterly for Exercise and Sport, 87*(1), 28 – 35.

Lundvall, S. (2015). Physical literacy in the field of physical education — A challenge and a possibility. *Journal of Sport and Health Science, 4*(2), 113 – 118.

Mandigo, J., Francis, N., Lodewyk, K., & Lopez, R. (2009). Physical literacy for educators. *Physical and Health Education Journal, 75*(3), 27 – 30.

PHE [Physical and Health Education, Canada] (2019). *Physical literacy.*

Pot, N., Whitehead, M. E., & Durden-Myers, E. J. (2018). Physical literacy from philosophy to practice. *Journal of Teaching in Physical Education, 37*(3), 246 – 251.

Robinson, D. B., & Randall, L. (2017). Marking physical literacy or missing the mark on physical literacy? A conceptual critique of Canada's physical literacy assessment instruments. *Measurement in Physical Education and Exercise Science, 21*(1), 40 – 55.

Roetert, E., Ellenbecker, T., & Krielaars, D. (2018). Physical literacy: Why should we embrace this construct? *British Journal of Sports Medicine, 52*, 1291 – 1292.

SHAPE America [Society of Health and Physical Educators] (2014). *National standards and grade-level outcomes for K – 12 physical education.* Champaign, IL: Human Kinetics.

SHAPE America. (2019). *Physical literacy.*

Shearer, C., Goss, H. R., Edwards, L. C., Keegan, R. J., Knowles, Z. R., Boddy, L. M., et al. (2018). How is physical literacy defined? A contemporary update. *Journal of Teaching in Physical Education, 37*(3), 237 – 245.

Sport New Zealand. (2019). *Physical literacy approach. Guidance for quality physical activity and sport experiences.*

Sport Wales. (2019). *Physical literacy — A journey through life.*

The Aspen Institute (2015a). *Physical literacy: A global environment scan.*

The Aspen Institute (2015b). *Physical literacy in the United States: A model, strategic plan, and call to action.*

Tompsett, C., Burkett, B. J., & McKean, M. (2014). Development of physical literacy and movement competency: A literature review. *Journal of Fitness Research, 3*(2), 53 – 74.

Tremblay, M., Costas-Bradstreet, C., Barnes, J. D., Bartlett, B., Dampier, D., Lalonde, C., et al. (2018a). Canada's physical literacy consensus statement: Process and outcome. *BMC Public Health, 18*(2), 1 – 18.

Tremblay, M., & Lloyd, M. (2010). Physical literacy measurement: The missing piece. *Physical and Health Education Journal, 76*(1), 26 – 30.

Tremblay, M., Longmuir, P. E., Barnes, J. D., Belanger, K., Anderson, K. D., Bruner, B., et al. (2018b). Physical literacy levels of Canadian children aged 8 – 12 years: Descriptive and normative results from the RBC Learn to Play – CAPL project. *BMC Public Health*, *18*(2), 31 – 44.

Whitehead, M. (2001). The concept of physical literacy. *European Journal of Physical Education*, *6*(2),127 – 138.

Whitehead, M. (2007). Physical literacy: Philosophical considerations in relation to developing a sense of self, universality, and propositional knowledge. *Sport, Ethics and Philosophy*, *1*(3),281 – 298.

Whitehead, M. (Ed.). (2010). *Physical literacy: Throughout the lifecourse*. New York, NY: Routledge.

Whitehead, M. (2013a). The history and development of physical literacy. *ICSSPE Journal of Sport Science and Physical Education*, *65*,22 – 28.

Whitehead, M. (2013b). Definition of physical literacy and clarification of related issues. *ICSSPE Journal of Sport Science and Physical Education, 65*,29 – 34.

乔·马丁斯

里斯本大学运动人体系助理教授,里斯本大学教育学院教育与培训发展组研究员。他的主要研究兴趣与学校体育、身体活动、身体素养以及推广积极健康的生活方式有关。他是多个研究项目(如欧洲学校体育观察站、欧洲体适能监测系统和终身身体素养)的主要研究人员,发表了多篇经同行评审的原创论文。他是国家和国际科学组织的成员,也是学校体育、运动科学和公共卫生领域多家科学杂志的审稿人。2014 年,他的博士论文《学校体育与生活方式:为什么青少年身体(不)活跃?》获得了葡萄牙奥林匹克委员会的荣誉奖。2018 年,他被授予 AIESEP 青年学者奖。

通信地址 1:Laboratório de Pedagogia, Faculdade de Motricidade Humana and Unidade de Investigação e Desenvolvimento em Educação e Formação, Instituto de Educação, Universidade de Lisboa, Alameda da Universidade, 1649 – 013 Lisboa, Portugal

通信地址 2:Centro Interdisciplinar do Estudo da Performance Humana (CIPER), Faculdade de Motricidade Humana, Universidade de Lisboa, Estrada da Costa, 1499 – 002 Cruz Quebrada, Portugal

电子邮箱:jmartins@fmh. ulisboa. pt

马科斯·奥诺弗雷

里斯本大学运动人体系副教授。他还是该校科学理事会成员,教学法实验室协调员、教育、社会科学和人文系主任以及学校体育硕士学位课程协调员。曾任葡萄牙体育协会主席、欧洲学校体育协会副主席、AIESEP 董事会成员,科学与活动委员会主席。他的研究重点是学校体育、教学和教师教育的质量。目前,他担任葡萄牙教育部和国家教育委员会的 PE 课程开发和评估顾问,以及伊拉斯谟＋计划的欧洲或国家协调员。

通信地址 1: Laboratório de Pedagogia, Faculdade de Motricidade Humana and Unidade de Investigação e Desenvolvimento em Educação e Formação, Instituto de Educação, Universidade de Lisboa, Alameda da Universidade, 1649 – 013 Lisboa, Portugal

通信地址 2:Centro Interdisciplinar do Estudo da Performance Humana (CIPER), Faculdade de Motricidade Humana, Universidade de Lisboa, Estrada da Costa, 1499 – 002 Cruz Quebrada, Portugal

乔·莫塔

里斯本大学运动人体系助理教授,教学法实验室(LaPED)的合作者。他的博士论文旨在开发并验证适用于葡萄牙学校体育环境中的身体素养测量工具。他的研究兴趣主要是学校体育、身体活动、身体素养以及身体活动对神经认知的益处。

克里斯·墨菲

从事学校体育研究、教学和推广工作已有 50 多年。他曾是一名中学教师,但在其职业生涯的最后 25 年,他成为一名大学学者。他现任欧洲学校体育协会秘书长和西北郡学校体育协会主席。在他的职业生涯中,他一直专注于体育教学和体育教师教育。他是《第三次世界学校体育调查:2013 年最终报告》的合著者(巴黎:联合国教科文组织)。

罗斯·玛丽·里庞德

自 2014 年以来,一直在瑞士联邦体育学院担任科学顾问。此前,她曾在洛桑大学运动科学学院任教 20 多年。她一直负责本科和研究生阶段的教学模块,并指导多名运动人体学和人体运动科学领域的硕士研究生。她参与了欧洲各种不同的学校体育、身体活动和竞技运动以及终身身体素养项目,包括欧洲学校体育观察站和在全欧洲活跃城市推广。她是欧洲体育协会和瑞士体育协会的主席。

通 信 地 址:European Physical Education Association (EUPEA), Landstrasse 62, 8750 Glarus, Switzerland

海伦·沃斯特

是国际青年体育信托基金的总经理,该基金是英国注册慈善机构青年体育信托基金的国际分支,其使命是通过身体活动、学校体育和运动改善青少年的生活。海伦拥有战略规划、沟通、招投标书撰写、企业赞助、筹款和活动策划方面的背景。国际青年体育信托基金是欧盟伊拉斯谟+运动资助项目的合作伙伴,如:"身体素养""欧洲学校运动日""欧洲活动广场""欧洲学校身体活动标签"和"活跃的学校社区"。

通信地址:Youth Sport Trust International (YSTI), Loughborough, UK

布鲁诺·克雷莫西尼

是一名体育教师,担任法国全国体育联盟的国家秘书,负责教育事务和国际活动。他还是 SNEP(法国国家学校体育学会)研究中心的董事会成员,该中心出版了《欧洲体育协会》杂志。布鲁诺协调过多个关于学校体育和运动训练的国际项目,并制定了学校体育和运动质量计划。

安杰尔科·斯伍德林

是一名体育教师和青少年篮球教练。他是多个专业委员会的成员,担任法国体育锻炼工会的国家秘书,并在欧洲体育协会董事会任职。他还是身体素养伊拉斯谟运动+项目的成员。

通信地址:Syndicat National de l'Education Physique (SNEP), 76 Rue des Rondeaux, 75020 Paris, France

莫贾卡·马尔科维奇

是斯洛文尼亚运动联盟(SUS)国际事务和体育基础设施的秘书。莫贾卡在打篮球和执教方面拥有丰富的个人知识和经验,同时擅长体育项目管理。她负责管理 10 个 SUS 国家项目,促进运动和定期体育活动。她在国际运动项目方面经验丰富,包括:终身身体素养、积极老龄化节、欧洲体适能监测系统、运动传递 II、CHANGE、SIMCAS、移动村庄 GO、身体素养、运动传递项目、欧洲体适能日和现在动起来项目。

通信地址:Sports Union of Slovenia (SUS), Sports Union of Slovenia, Vodnikova cesta 155, 1000 Ljubljana, Slovenia

身体素养实践:变革性体育的理论框架

道格拉斯·L.格莱迪 安德鲁·摩根

在线发布:2020 年 6 月 19 日
©联合国教科文组织国际教育局 2020 年

摘 要:本文根据相关文献提出一个理论框架,以支持体育教育中学生身体素养的培养。该框架以训练有素的教师为核心,他们努力为学生创造积极的运动文化,并在此基础上建立积极的学习氛围。该框架以有意义的学生体验为特色,赋予学生和教师自主权并整合课程。身体素养理论的四个关键构成要素是身体、认知、行为和情感,并且这四个要素被无缝融合在学生身体素养培养之中。

关键词:身体素养 教育 体育 教师

在过去的 20 年里,身体素养的概念已经成为体育教师话语体系的重要组成部分(Lundvall 2015)。在加拿大,教育是省(州)的责任,体育课程的首要目标是让孩子们终身参与体育活动(Kilborn et al. 2015)。联合国教科文组织(2015)在其优质体育政策指南中引用了《柏林宣言》,指出,"体育是为儿童青少年提供终身参与社会的技能、态度、价值观、知识和认知的最有效手段"(p. 6)。此外,在同一文件中,优质体育被定义为"终身参与体育活动和体育运动的基础"(p. 9)。体育课程的德育目标或愿景与玛格丽特·怀特黑德对身体素养的愿景是一致的:"结合每个人的个性特点,身体素养可以被描述为个人的一种性格特征,包含动机、信心、身体能力、知识和理解,并且个人在整个生命过程中应重视并担负保持有目的体育追求的责任。"(2010)许多研究人员认为,体育和身体素养是密不可分的(Almond 2013;Liu et al. 2017;Mandigo et al. 2009;Roetert and Jeferies 2014;Roetert et al. 2017;Talbot 2014;UNESCO 2004;Whitehead 2013),尽管这种关系的确切性仍存在争议(Bryant et al. 2017;Caimney and Clark 2016)。然而,学者们一致认为,身体素养理论在教育环境中的作用仍将是持续关注的焦点(e.g., Lynch 2014)。

近年来,在教育和体育运动领域,加拿大应用的与身体素养相关的理论和实践方面均处于领先地位(Higgs 2010;Roetert and MacDonald 2015),许多省级管理部

原文语言:英语

门仍将身体素养放在体育课程的突出位置(Kilborn et al. 2015)。同样,世界其他国家的管理部门也将身体素养纳入了重要文件中,如美国健康教育和体育工作者协会(SHAPE)中的全民素养(2013)和澳大利亚体育局的身体素养框架(2019)。但是,当前有关身体素养是否具有明确的教育作用仍存在争议,并且相关的实证数据也不足(Castelli et al. 2015;Jurbala 2015),因此,当下或未来,许多体育教师仍面临提供优质体育课程的挑战,而且这种课程应具有丰富的实践价值并能够提升学生身体素养。

文献综述

过去 20 年来,"身体素养"的出现在研究人员、教师和政策制定者之间引发了一些非常有趣的讨论,涉及其概念化、操作化和在教育环境中的应用——以及它重振体育的潜力(Sprake and Walker 2015)。最初,对这一主题的研究旨在进一步加深我们对这一概念的集体理解,确定其普遍性(Jurbala 2015)。尽管最早提出身体素养是在 20 世纪 30 年代的英美学术文献中,但这一概念真正得到重生是在 20 世纪后半叶玛格丽特・怀特黑德所发表的系列学术论文(1993,2001,2007,2010,2011,2013),这些研究涉及现象学、一元论和存在主义的观点。尽管在上述研究中身体素养仍处于体育话语的边缘,但也有越来越多关于身体素养理论的呈现及自我相关建构对话的研究出现在该领域(Block and Weatherford 2013; Brown 2013; Brown and Payne 2009; Stolz 2013)。

一些研究人员认为,身体素养是体育的根基,也是终身体育的基础(Edwards et al. 2018; Lundvall 2015)。也有一些人坚持认为,根本不需要身体素养这一理论,认为"受过体育教育"就足够了(Hyndman and Pill 2018; Lounsbery and McKenzie 2015)。关于身体素养的争议仍在继续,最普遍的例证是不愿接受体育课程文件中出现"身体素养"(Macdonald and Enright 2013),因此本研究试图构建一个整体理论框架来支持身体素养融入体育课程。

教师如何有效地将身体素养实施到学校体育课程中,有关这方面的实践研究相对较少,这也是进一步研究身体素养的必要性。事实上,一些学者建议使用基于模型的方法来进行体育教学(Kirk 2013),并建立一个可以支持教学模型的身体素养框架(Casey and Hastie 2014; Dudley 2015; Kirk 2013; Whitehead 2011, 2013)。

近年来,伦德瓦尔(2015)和爱德华兹等人(2018)对身体素养进行了系统的研究,结果表明,需要对身体素养结构进行概念界定,并详细说明其理论关联和预测,再结合该结构的定义和理论基础,对这些预测进行具体化表述和测评。另外,也有研究从不同视角或跨学科角度来讨论该模式的可操作性(Corbin 2016;

Doozan and Bae 2016；Kozera 2017；Robinson and Randall 2017；Roetert et al. 2017；Sheehan et al. 2016；Stevens-Smith 2016）。值得注意的是,身体素养似乎是一个"值得期待"的概念,并且处于不断发展变化中,特别是在体育中,它代表了该学科中应该包含的内容,在某种程度上有助于强化体育的教育价值（Lundvall 2015）。

综上所述,很多国际课程纲要或文件都将身体素养纳入到体育中。美国健康和体育教育协会（2013）的每一项国家标准（1—5）都以"具有身体素养的个体"这句话开头。国家标准的年级水平结果表述通常是这样的:"体育的目标是培养具有身体素养的人,他们拥有知识、技能、信心,以及终身参与体育活动的能力"。联合国教科文组织（2015）的《优质体育教育:决策者指南》（以下简称"优质体育指南"）指出:"优质体育的目的是培养具有身体素养的年轻人,他们拥有能够终身参与体育活动的技能、信心和理解力。"（P. 20）此外,身体素养被认为是全纳优质体育服务的核心内容之一,具体表现在两个方面:"第一,它是体育的基础;第二,它不是一个项目,而是任何形式体育服务的结果,如果学习者获得了适合其年龄与成长阶段特点的多种机会,这种服务则会更容易实现。"（P. 24）无独有偶,英格兰、苏格兰和威尔士的课程大纲也将身体素养理论的要素纳入体育课程中（DCELLS 2008；Department of Education［DoE］2014；Education Scotland 2015，Wainwright et al. 2016）。

基于模式的实践在体育教学中的价值

在构建身体素养框架之前,本文简要探讨了基于模式的实践（MBP）在体育中的必要性和有效性。尽管对于什么是模式和模式的构成要素目前并没有形成一致的共识（Landi et al. 2016）,但凯西和黑斯蒂在 2014 年提到,模式是"一个蓝图,它包含内容框架、任务结构和学习活动顺序等程序"（P. 422）。最近,一些学者建议将身体素养运用到更成熟的模式中,例如领悟式教学游戏、运动教育和个人与社会责任教学模式等（Kirk 2013；Landi et al. 2016）。

早期,有关 MBP 的支持者更多强调单一模式（Casey 2014）在体育教学中的应用,但最近较多研究表明,一种模式无法满足教师面临的设计挑战,即这些教师需要在广泛和多样化的环境中教授体育,而多样性环境包括学习目标、课程内容、设施、活动和相关人员（Haerens et al. 2011；Lund and Tannehill 2010；Metzler 2011）。总而言之,不论是单一模式还是复杂模式,显然教师的专业知识和职业认同都是其实施的制胜因素（Kirk 2010）。更为重要的是,凯西（2014）认为,当教师与研究人员、中小学以及高校合作探究时,身体素养模式可以成为体育中"教育权利"的核心环节。

综上所述,可以发现,体育教学模式能够对青少年的身体、认知、社会和情感习得产生积极的影响(Casey and Goodyear 2015;Dudley et al. 2016;Harvey and Jarrett 2014;Hastie et al. 2011)。研究还表明,该模式为提高体育质量提供了必要的教学框架,从而强化了年轻人与健康相关的体育活动行为(Ennis 1999;Metzler 2011)。研究人员和教师之间的持续合作、教师的专业发展以及教师对 MBP 的认识和理解(Casey 2014)都是至关重要的。这反过来也为教师实践的多样性、教学信念及教学能力的发展创造了适宜的条件(Armour and Yelling 2007;Casey 2014;Landi et al. 2016)。上述条件的发生,也需要多部门协同配合(例如学校董事会和高等教育机构)和广泛支持。

身体素养实践的框架和证据

基于上述研究,我们提出一个基于证据的身体素养实践框架(简称 PLP,见图 1),旨在弥补理论与实践之间的差距,平衡两者之间的关系。基于证据的身体素养实践框架旨在帮助实践者实施具有丰富实践经验的体育课程,进而培养学生的身体素养。为了构建基于证据的身体素养实践框架的整体框架,下面将简要说明基于证据的身体素养实践框架的结构,并对每一个结构要素进行阐述。

图 1　身体素养实践模式

该框架从训练有素的教师开始,要求这些教师具备必要知识、理解力和运动技能,同时需要教师提供一个精心设计和有目的的计划,并且这种计划一定是有价值的。第二环包括四个相互关联的要素,这些要素对于构建一个优质体育项目至关重要。尽管该框架被认为是以学生为中心的,但我们认为训练有素的教育者的作用是构建优质体育计划的切入点,因此我们从外环开始阐述该框架。在整个项目发展期间,需要借助教育者的管理,通过学习环境中的运动体验以及直接与外界环境的互动,来强调身体素养文化的重要性。同时,一门侧重于教学实践的优质课程,对于培养和发展学生身体素养也是至关重要的。

在实施体育计划时,教师需要具备教师资格证书和相应的教学能力来设计学习活动,而这种学习活动不仅包含身体素养的构成要素,还应能促进学生的个性化发展。参与该项目的学生被赋予选择权和发言权。教育者给予学生自主权,使他们成为独立学习、知识掌握、技能习得、情感态度价值观养成的建构者,并体现身体素养的宗旨,即培养学生毅力、独立性、主动性及终身学习的动力。"了解学生如何在体育中创造有意义的体验"是本环的第四个结构要素,这将有助于塑造学生对体育的态度,激发运动的乐趣。上述四个"环节"组成了身体素养实践模式的闭环,并在"以学生为中心"中被铆接,"以学生为中心"要素又包括动机和信心、运动技能、知识和理解、终身参与四个领域。

基于证据的身体素养实践框架的成功取决于体育计划,即通过各种教育经验,为学生提供不同环境中的活动,倾向于培养和发展学生的运动、认知、情感和行为四方面的素养。

训练有素的教育者

基于证据的身体素养实践框架从训练有素的体育教育工作者开始(图2)。这是一个专业术语,以避免陷入专业教师与普通教师的争论中。根据以下的证据和我们的个人经验,我们认为训练有素是一个优秀体育教师的关键因素。正如文献所示,专业教师和普通教师都可以成为杰出的体育教师。然而,拥有某种类型的学位并不能保证优秀或普通——这就是我们选择"训练有素的教师"的原因。

有研究清楚地表明,专业教师提供优质的体育课程和培养学生核心运动技能,对学生养成健康积极的生活方式具有重要作用(Constantinides et al. 2013; Hansen 1990; Mandigo et al. 2004a; Mckenzie et al. 1997; Sallis et al. 1996; Patterson and Faucette 1990; Tremblay et al. 1996)。专业体育教师比普通教师更加专业,接受过更多特定主题的培训,所以他们更有可能教授体育领域所有课程,并且能够更加自信、准确和有效地开展体育教育(Constantinides et al. 2013; DeCorby et al. 2005; Faulkner et al. 2008; Silverman 2011)。研究同时表明,专业体育教师会教授更长时间的课程、会花更多的时间发展学生技能,也会给学生提供更多的机会进行中等到剧烈的体育活动,并运用到最新体育教学实践中(Davis et al. 2005; Faulkner et al. 2008; McKenzie et al. 1995; McKenzie et al. 1997; Patterson and Faucette 1990; Sallis et al. 1996)。而且,专业体育教师更了解哪些活动是包容性的和性别平等的,哪些是适合学生发展的(Janzen et al. 2003),他们知道让学生练习还没有准备好的、过于复杂或困难的技能会影响其运动能力的形成和对待活动的态度(Silverman. 2005)。

训练有素的教育者

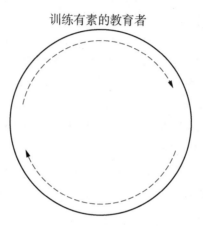

图 2   训练有素的教育者

也有大量证据表明,普通教师(那些不是体育院校毕业的教师)通过持续的专业学习,也可以通过提供优质的体育教学,改善儿童的体育效果(Elliot et al. 2013; Elliot and Campbell 2013; Miller et al. 2017; Patton et al. 2013; Sloan 2010)。同时,研究人员、专家和专业组织的共识表明,接受过适当培训的普通教师教授体育课程也会对学生学习和教学质量产生重要的作用(Mandigo et al. 2004b)。在这种情况下,我们将训练有素的教师作为基于证据的身体素养实践框架的切入点,一个训练有素的体育教师更有可能拥有通过专业发展、教育和经验获得知识和能力的机会,并能够区分不同类型的教学,因为他们知道身体素养对于个人发展是非常重要的(Whitehead 2010)。此外,基于证据的身体素养实践框架结构的许多组成部分要求教学实践、适宜的挑战及恰当的反馈来进一步发展身体素养(Kriellaars 2017; Murdoch and Whitehead 2013; Roetert and MacDonald 2015; Whitehead and Almond 2013)。在体育过程中,持续和不间断的优质专业学习,仍是教师获取和实施最佳实践的关键(图3)。

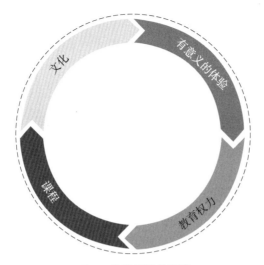

图3 优质项目的要素

有计划且有目的地提供体育课程

······体育能够从多方面有效地实现学龄儿童及青少年的教育目的······
(Kirk 2013，p.14)

2015年联合国教科文组织制定了"优质体育指南"，旨在确保体育在学校课程中的应有地位(Kirk 2010；UNESCO 2015)。虽然传统上体育被视为学校中的边缘学科(Collier 2011)，但已有相关证据证明体育具有教育价值(Kirk and Tinning 1994；Kirk 2013；Siedentop 1994；Tinning 2000)，尽管大家对体育的价值有争议(Kirk 2010；Thorburn and MacAllister 2013；Pringle 2010)，但体育确实具有变革性和教育意义(Beni et al. 2017；Kretchmar 2008)。因此，许多州(省)和国家管理部门将体育课程界定为具有各种教育价值的课程，即培养学生在健康和体育活动参与方面作出有利于健康决策的能力(〈2020年澳大利亚课程〉)，培养应对生活挑战的技能(〈2000年阿尔伯塔体育教育〉)，提升对身心健康和福祉更深入、更全面的理解(〈2015年不列颠哥伦比亚省课程〉)，培养尊重和宽容的能力，提升责任感和领导力(苏格兰教育，2015年)。

学校是培养儿童身体素养的关键场所(Mandigo et al. 2009；Roetert and Jeferies 2014；Talbot 2014；Whitehead 2010；Whitehead and Almond 2013)，事实上，正如格莱迪等(2018)所说，也是最好的地方。

　　最后,公共教育的关键基本原则之一就是全民受教育。埃格顿·瑞尔森是加拿大公共教育的主要倡导者之一,他坚信学校教育不应该是一种阶级特权,而应普及甚至应该是免费的(Alberta Teachers' Association 2015)。因此,公共教育应是一个能够保证每个学生在其发展身体素养中获得支持的地方,体育、娱乐和健康等其他部门也支持这一观点,学校是唯一一个能够通过优质的、日常的体育活动来发展全体儿童身体素养的强制性场所,且不论儿童的性别、种族或社会经济地位(P.53)。

　　优质体育课程的重要性怎么强调都不为过,并且它必须建立在政府规定的课程基础上。上述观点也反映在加拿大最近的体育课程改革中,他们将身体素养作为学校愿景的核心要素(Kilbomn et al.2015)。这种优质体育课程方案,不仅设置与健康有关的目标和活动,还鼓励学生乐于参与体育运动并养成终身体育意识。此外,这种方案不仅为学生提供他们终身参与体育活动所需的技能,也为学生反复学习精心设计的课程提供机会,并维持学生短期和长期的健康(Constantinides 2011;Garn and Cothran 2006;McKenzie 2003;O'Reilly,Tompkins,and Gallant 2001;Wallhead and Buckworth 2004)。

创造与文化支持

　　学校体育"课堂"为调查儿童的动机和发展问题提供了一个独特的环境。由于儿童在整个学校生涯中都参加学校体育课程,因此有人认为,不论是在学校内外,学校体育都有助于发展儿童积极的身体自我认知、自尊和身体活动(Fox,1992)(Taylor et al. 2014, p.575)。

　　研究人员和教师意识到需要一种学习环境来确保学生在学习过程中是受欢迎、被关怀、被尊重和安全的,而这些环境是指尊重多样性、培养归属感并促进所有学生积极自我意识(Konishi et al. 2017)。当学生在学校有归属感时,他们会乐意留在学校并参与其中。前期文献表明,参与学校和课堂活动对学生的主观幸福感(Creed et al. 2003;Eccles et al. 2004)和他们的学习成绩有显著影响(Wang and Holcombe 2010)。此外,学生对学校幸福感的体验是情感和认知投入的关键中介,这些中介对学生学习起到积极的作用(Pietarinen et al. 2014)。

　　根据自我决定理论,教师通过支持学生对相关性、能力和自主性的心理需求来调动他们的学习动机(Haerens et al. 2013)。以德西和瑞安的自我决定理论(2000)为基础,研究者对学生归属感、因果关系(Connell and Wellbom 1991)以及教师支持学生心理需求的程度进行了广泛的探索。埃克尔斯和勒泽(2011)认为,教师的教学实践会极大影响学生的动机和信念。这不仅对教师教学实践有影响,而且也会对学生学习和发展环境的"文化"产生影响。泰勒等人(2014)认为,在体育教育背景下,"心理需求支持"与学生的适应性动机、参与和心理健康之间存在正相关(Taylor and Ntoumanis 2007)。卡斯泰利等人(2015)也将研究转向有助于身体素养发展的体育项目,并建议将重点放在制定和实施整体教学方案,即体育教师提供有效的、差异化的教学内容,采用集成技术对学生进步幅度进行个性化跟踪,确保支持性的学校和课堂环境,并努力与国家政策相一致。

如前所述,学生的自我概念可能会在学校环境的熏陶下得到改善,在这种环境中,学生的权力、独立性、沟通能力和追求目标的集体责任感也会得到促进(Castelli et al. 2015)。陈(2013)认为,儿童持续进行身体活动的自我动机与早期的身体活动体验有关,因此提供一个支持积极体验的环境至关重要,即由支持性课堂环境产生的自主性最终促进了自我决定理论。相关研究表明,在体育中,教师能够通过倾听学生的声音(Mandigo et al. 2008),或通过为学生提供选择机会(Prusak et al. 2004)和主动性(Mandigo et al. 2008),以更加自主支持的方式进行教学。哈伦斯等(2013)解释说,参与与个人和周围社区相关的行为有助于实现终身体育活动的总体目标,这是身体素养的关键要素(Whitehead 2001)。

在建立一种培养学生身体素养的体育文化时,教师必须给予学生自主权,与学生建立牢固的关系,构建适宜的教学环境,以使学生获得体育教育的最佳动机(Van den Berghe et al. 2014)。后续,我们将讨论与身体素养有关的学生动机和信心。事实上,很明显,在体育教育过程中,教师的教学方法、创建的教学环境以及文化对学生的成功起着至关重要的作用。

有意义的体育体验

当运动被当作快乐来体验时,它会装饰我们的生活,让我们的日子过得更好,让我们有所期待。它给我们提供了一个令人耳目一新的插曲,它使世界不至于变成不合适的灰色阴影,使我们不至于厌倦和失去兴趣。当运动是快乐而有意义的,它甚至可能激励我们去做我们从未想过可能的事情(Kretchmar 2008, p.162)。

贝妮、弗莱彻和尼·克罗尼(2017)在关于"年轻人在体育中有意义的体验"相关文献中指出:社会互动、乐趣、挑战、运动能力和个人学习这五个核心因素,都是被快乐的概念所包围。"有意义的学习"体育(2019)研究团队的深入研究也表明促进体育中有意义体验是首选的教学法(Ni Chróinin et al. 2018)。虽然这些作者没有明确提及身体素养的构建,但为我们提供了有意义的体育五个特征与怀特黑德的定义之间的连接点。

　　怀特黑德(2013)建议,在教授培养学生身体素养的体育课程时,教师应给学生提供一套有计划、有效且有意义的教学体验活动。奥利弗(2013)将青春期女孩作为被试,让她们参与有意义的、快乐的体育体验后,发现身体素养可以更好发展学生个性(个体思考和感受他们的身体以及这如何影响他们的生活)。在此基础上,斯普雷克和沃克(2015)提出,通过应用一元论的具身认知观,教师有能力重新获得一种具有整体性的学校体育愿景,在这种愿景中,"身体作为物体"和"身体作为机器"的概念被拒绝,而"身体作为自我"是首选(Lloyd 2016;Whitehead 2001)。体育中有意义的体验:本质上是学生个人的,并且会受学生对学科的价值感的影响,以及学生个体与学习目标共鸣的影响(Chen 1998)。也有证据支持在体育过程中优先考虑有意义的参与和意义创造这种观点(Almond 2013)。有意义的体验或参与来源于具有挑战性、社交性、满足感或趣味性的活动(Beni et al. 2017;Jakobsson 2014;Smith and Parr 2007)。这些体验使个人更倾向于采取积极态度对待体育和积极的生活方式(Teixeira et al. 2012)。

　　社会互动也是体育教学中有意义体验的关键因素,它不仅仅反映学生与教师之间的关系,也反映教学环境中所有关系的动态性(Beni et al. 2017;Kretchmar 2006)。吉本斯和高尔(2004)发现,学生通过体育课堂从同伴和教师那里获得社会支持,可以增加参与感和有意义的体验。此外,体育教学中小组合作对学习成果(认知、社会、身体和情感;Casey and Goodyear 2015)、学生动机(Femmandez-Rio et al. 2017)和参与度(Smither and Xihe 2011)也会产生影响。

　　斯科特·克雷奇马尔(2000、2006、2007、2008)认为,以快乐为中心的运动体验相关研究是相对较多的。虽然在当前体育课程中,与健康相关的活动仍占据突出地位(Armourand Harris 2013:Gallotta et al, 2017:Kretchmar 2008),但克雷奇马尔认为,愉悦的和有意义的运动体验,也可以激励学生完成他们可能没有预料到的事情。也有观点认为,快乐体育教学方法应优先考虑(Blankenship and Ayers 2010)。值得注意的是,克雷奇马尔(2008)支持这样一种观点,即以快乐为导向的体育活动可以有效促进心血管健康、减肥并对其他方面有益处。相反,也有证据表明,在参加体育活动时缺乏乐趣会对参与、有意义的体验产生不利影响(Koekoek et al. 2009)。参与有意义的体育活动是身体素养构建的关键环节(Whitehead 2011),因此制定体育计划,帮助学生达成这种愿景是至关重要的。

赋予学生自主权

　　堂·海尔森(1995)的个人和社会责任教学模式(TPSR)强调赋予青少年更多的控制自己生活和参与自我发展的权力。普素等(2016)对有关 TPSR 的文献进行系统研究,发现此种教学模式具有四个主题:稳定的师生关系、给予学生权力、将责任融入体育活动、促进责任的转移(Hellison 2003)。李等(2008)通过相关分析认为，个人责任和社会责任水平越高的参与者，越能享受体育。事实上，教师赋予学生自主权，能够激发他们参与体育的内在动机，发展其独立性和自主性。

通过提供选择的机会、角色扮演和给予学生发言权，进一步说明了赋权学生(Li et al. 2008)的内涵。根据加诺·奥弗韦和吉韦尔瑙(2014)的研究，给予学生自主权是创造安全和有爱环境的关键因素。赋权学生主要包括为学生提供能动性和所有权的机会，鼓励学生发展生活技能和参与维持关爱关系的行为，促进个人目标的实现(Gano-Overway and Guivemau, 2014)。此外，高中体育教师也要为学生提供班级管理的机会(即让学生成为班级决策过程的利益相关者)，这有助于学生在课外的环境中(Whitney et al. 2017)也能够积极参与体育活动。学生在体育课上享受到的自主权会让他们更有信心进入其他体育活动环境，并愉悦地参与其中。这里有一个直接的联系，即发展身体素养是一个漫长的个人成长之旅(Whitehead 2007)，要求学生必须掌握专业知识、技能和愿景，并坚持在离开学校教育后也能积极参加体育活动。

身体素养的四个领域

依据相关文献(Dudley 2015; Longmuir et al. 2015; Tremblay and Longmuir 2017; Whitehead 2007、2010)和图4所示，身体素养包含四个领域，并且这四个领域是相互联系和相互依赖的，即：情感领域(动机和信心)，身体领域(运动技能)，认知领域(知识和理解)，以及行为领域(终身参与)。《加拿大身体素养共识声明》(*Canadian Sport for Life* 2015)也重申了这四个领域(在该文件中称为要素)的重要性。通过融合上述四个领域，使个体感受到丰富且有意义的体验，这有助于发展个人终身身体素养。

图4 身体素养的四个领域

上述四个领域也是构成身体素养的关键要素(Whitehead 2001, 2007)。身体素养作为可观察性评估指标通常被认为是有问题的，因为它超出了观察行为的精神运动领域(国际运动科学和体育理事会 2013)。然而，有关身体素养具有多维结构的观点仍然存在(Cairney and Clark 2016; Higgs 2010)。如果以整体和跨学科的方式解决上述这个问题(Dudley 2015; Lloyd 2016; Whitehead 2001)，这与怀特黑德在身体素养方面的开创性工作(2001)是一致的。达德利(2015)认为，身体素养的四个领域可以体现在可观察到的人类行为中，并支持将这四个领域作为体育课程的组成部分。

运动技能（身体领域）

概念化模式（Stodden et al. 2008；Stodden and Goodway 2007）表明，大肌肉运动能力与身体活动（Lopes et al. 2016）以及终身体育活动行为（Goodway et al. 2013）之间存在相互关系。儿童的运动技能熟练程度越高，越会更多地参与体育活动，这反过来又会促进儿童更多大肌肉运动群参与（Lopes et al. 2016）体育活动。相反，运动技能熟练程度越低的儿童，参与体育活动的频次越低（Stodden et al. 2008）。此外，研究还指出，儿童的身体感知及体验感（Erhorn 2014；Gray et al. 2008）对参与体育活动的动机和行为也会产生积极的影响（De Meester et al. 2016）。贝尼等（2017）的研究发现，可以通过参与游戏环节、体验团队合作、接受反馈（来自老师和同伴）以及班级其他成员的负面反应来提升运动能力，进而促进学生有意义的参与。上述研究将运动能力与运动技能的获得和完善，以及反映运动动机和信心的感知运动能力（Goodway et al. 2013），作为贯穿基于证据的身体素养实践框架的关键要素。尽管将基本运动技能（FMS）发展视为身体素养发展的核心是错误的，但基本运动技能仍然是身体素养的关键组成部分，同时也是个人身体素养成长之旅的基础（Lubans et al. 2010；Hulteen et al. 2017；Whitehead 2010）。

伦肖等（2010）强调，体育学习者不会将自己呈现为"白板"，每个人进入新的学习情境时，都带有一组预先存在的身体属性和技能。而且，在学习情境中，体育环境和目标任务的相互作用将促使运动行为的出现，但这些行为不一定都能达成任务目标。此外，史密斯（2016）认为，学龄儿童的运动能力可以通过一种实用的教学法来发展，这种教学法明确了基本运动技能和基本游戏技能（FGS）之间的互补关系。通过不同层次的分析，基本运动技能和基本游戏技能有着千丝万缕的联系。拉德等（2017）认为，在体育教学中加入体操类活动，可以提高学生的稳定性、位移能力、控制能力和一般身体协调能力。此外，他们认为，提高学生的稳定性也会支持更复杂的运动技能发展。

动机和信心（情感领域）

现有研究表明，学生内在动机的发展与他们参与健康和技能促进运动（如锻炼）的意愿有关（Chen 2015；Standage et al. 2003），比如参加课内体育活动（Lonsdale et al. 2009）或者参加课外体育活动等（Gordon-Larsen et al. 2000；Hagger et al. 2003）。此外，动机是否是身体素养的关键要素，也是目前争议的焦点（Jurbala 2015），怀特黑德将身体素养描述为一种性格特征，即利用运动潜能为个人生活质量作出重大贡献（Whitehead 2010）。加拿大在《加拿大体育共识声明》中（加拿大终身体育 2015)将动机和信心定义为"是个体在参加体育活动时不可或缺的热情、享受和自信"，并在定义中重申其重要性，特别强调要重视每个孩子在情感领域方面的发展，包括态度、自我效能感、动机、情绪和自尊等(Holt and Hannon 2006；Rink 2010；Wall and Murray 1994)。了解情感领域意味着提供积极的课堂文化，鼓励学习者关注个人和社会需求(Wall and Murray 1994)。

动机被定义为一种心理(感知)环境，具有情境依赖和指向行动目标的特征(Ames 1992)。在体育环境中，当教师以学生为中心，给学生提供自主权、任务分配、嘉奖、分组、评估和时间分配时，学生更有可能表现出积极的动机反应(Morgan 2019)，比如更高水平的感知能力、满意度和乐趣。他们也更有可能参与更具挑战性的任务，拥有更高的内在动机，并坚信成功是努力的结果(Braithwaite et al. 2011；Morgan and Carpenter 2002)。

许多循证教学策略可以提高学生在体育教学中的动机和信心，例如合作学习模式(Dyson and Casey 2012)或促进朝着共同目标努力的合作分组，这两种策略都能增强学生团结协作意识(Morgan 2019)。还有一些教学策略通过让学生关注自己的进步幅度，而不是将自己的表现与他人进行横向比较，这也有助于培养一种成长心态，从而增强自信、感知能力和动力(Morgan 2019)。研究还表明，在体育课堂中，教师允许那些提前完成学业的学生进行额外的练习和扩展练习，所以说体育也给学生提供了鼓励个人挑战的氛围(Morgan et al. 2005)。

知识和理解(认知领域)

2009 年，曼丁戈、弗朗西斯、洛德威克和洛佩斯在他们发表的关于身体素养的论文中指出，通过身体素养可以提升学生的认知领域。"理解、沟通、应用和分析以及策略运用"等要素(PP.7-8)都属于认知领域，并且认知领域在其终身体育运动中起着关键性作用。这些要素名称的首次引用与其他学科目的是一致的，换句话说，体育既是学术性的，也是认知性的。策略也可以被称为决策：它肯定存在于运动游戏中，并且对于舞蹈、户外活动和其他维度的体育活动来说也至关重要。知识是熟练运动表现的重要组成部分(Boufard et al. 1996；Dudley 2015；Tremblay and Lloyd 2010；Wall 2004；Wall et al. 2007)，其中陈述性知识和程序性知识对运动学习最为重要，并且认知领域也出现在理解模式的教学游戏中。此外，认知也会影响身体活动的参与(Aldinger et al. 2008；Harvey et al. 2009；Tse and Yuen 2009)和身体健康(Tremblay and Lloyd 2010；Young et al. 1996)。哈蒂(2009)认为，当学生在学习中能够恰当使用元认知(运用知识和技巧)时，他们最终会成为自己的老师。

认知领域在培养身体素养方面起着至关重要的作用，是成功参与体育活动的基础，也有助于强化学生承担终身从事体育活动的责任(Murdoch and Whitehead 2010)。只要有可能，教师就应该通过一系列活动培养学生的体育认知(Cale and

Harris, 2018）。研究表明,有两种值得重视的教学策略可以支持身体素养中知识和理解（认知领域）的发展:基于健康的体育模式（HBPE）和积极参与体育活动的生活方式（PAL）（Haerens et al. 2011; Harris et al. 2016; Cale and Harris 2018）。基于健康的体育模式结合自我决定理论、社会生态模型和行为改变理论,阐述了个体在参与体育活动时的习惯、动机、知情和助推者的特征（Cale and Harris 2018）。积极参与体育活动的生活方式原则（Harris et al. 2016）源于一项基于教师和实习教师的行动研究,该研究旨在开发和试验一种基于原则的方法来促进积极的生活方式（Cale et al. 2017）。

终身参与（行为领域）

强化对儿童参与体育活动的理解,以及了解他们对体育活动的总体动机和信心、知识和理解以及身体能力,将更好地促进儿童身体素养的发展（Longmuir et al. 2015; Lloyd et al. 2010）。达德利（2015）将"运动的动机和行为技能"（P.238）确定为身体素养的四个领域之一,他接着描述了这四个领域像俄罗斯套娃一样是相互"筑巢"的,即它们之间是相互作用,相互影响的。我们支持这一比喻,并认为行为领域是跨越其他三者的"行动"域。因此,体育的目标是让学生成为运动、思考、感知和行动（行为）的个体,这个目标也是将所学付诸行动的承诺,它与怀特黑德对身体素养存在主义本质的表述（2013）是一致的,即"个人在整个生命过程中,应重视并保持有目的的体育追求或活动"（P.29）。

根据斯金纳及其同事（Skinner and Belmont 1993; Skinner et al. 2009）的观点,行为的投入需要个体积极参与学习活动。这个活动包括行为上努力、再努力和坚持,以及精神上的努力（如集中注意力、提问和参与课堂讨论）（Curran and Standage 2017）。在体育中,构建并支持自主性的环境,是创造和支持学生参与发展的动机适应性条件的一种手段（Curran and Standage 2017）。里夫（2006）提出了几种教学方法,即通过教师促进自主支持环境来培养儿童的内在资源（优势、才能和潜能）,包括描述性反馈的传递和能力陈述、承认并接受负面影响有助于改变学生的参照系,传递价值,并提供有意义的证据。里夫还推荐了具体的教学策略,如仔细倾听、为好奇心和自我启蒙创造机会、提供同伴合作学习和交流的机会、创造积极参与的学习环境、鼓励努力和坚持、及时鼓励进步、提供正面反馈以及解答问题和疑问（Reeve 2006; Reeve et al. 1999; Deci et al. 1981）。

结　　论

身体素养的提升需要全身心的参与,包括嵌入感知、体验、记忆、预期和决策的身体能力（Whitehead 2001）。身体素养作为实现人类生存能力不可或缺的一部分,当我们习惯性地体验它时，它会极大地影响我们的生活。同时身体素养的养成和提升对于个体在自我实现、自我认知和积极自尊中起着非常重要的作用（Whitehead 2001，2007）。事实上，该理论具有变革性，因为它涉及体育、一般教育以及孩子的全面发展。教师应该对身体素养在全面发展、终身积极参与和学习方面的作用感到欣慰和兴奋，因为我们相信，学生的身体素养可以在精心设计的体育实践中发展和提升。然而，这样的教学大纲、方法和实践并不会凭空出现，它需要有目的的、有指导的、有证据支持的精心设计。

身体素养实践将理论与实践联系起来，提供了一个以证据为依据的框架，教师可以依靠这个框架来传授丰富的身体素养原则和经验。该框架是在对文献的广泛分析、与教师的实际讨论以及在中学的一项小型试点研究（论文正在撰写中）的基础上开发的，历时四年，所有这些都为该框架的形成提供前期基础。我们希望教师和研究人员能在他们的工作中采用基于证据的身体素养实践框架教学方法。我们鼓励教师在教学中使用基于证据的身体素养实践框架，去指导他们的实践，增强学生的体验。我们同样鼓励研究者继续对该框架进行研究来增加实证部分。展望未来，我们将通过播客、博客文章和同行评议的期刊文章分享该框架，以扩大该框架的实施范围。调查也发现，未来从理论研究到实践研究的迭代过程中可能需要对基于证据的身体素养实践框架进行必要的调整。实际上，在体育教师和其他研究者眼中，上述调整对于学生未来的成功和信心至关重要，并且他们认为提升在校生的身体素养是体育非常有价值的目标。

（韩改玲　译）

（申彦华　校）

参考文献

ACARA [Australian Curriculum, Assessment and Reporting Authority] (2020). *Health and physical education. Learning area. Rationale*.

Aldinger, C., Zhang, X.-W., Liu, L.-Q., Pan, X.-D., Yu, S.-H., Jones, J., et al. (2008). Changes in attitudes, knowledge and behavior associated with implementing a comprehensive school health program in a province of China. *Health Education Research, 23* (6), 1049 – 1067.

Almond, L. (2013). What is the value of physical literacy and why is physical literacy valuable? *International Council of Sport Science and Physical Education (ICSSPE), 65* (2013), 35 – 42.

Ames, C. (1992). Achievement goals, motivational climate, and motivational processes. In G. C. Roberts (Ed.), *Motivation in sport and exercise* (pp.161 – 176). Champaign, IL: Human

Kinetics.

Armour, K., & Harris, J. (2013). Making the case for developing new PE-for-health pedagogies. *Quest, 65*(2), 201–219.

Armour, K. M., & Yelling, M. (2007). Effective professional development for physical education teachers: The role of informal, collaborative learning. *Journal of Teaching in Physical Education, 26*(2), 177–200.

Alberta Physical Education Program of Studies (2000). *Alberta education.*

Australian Sport Commission. (2019). *Australian physical literacy framework*. Canberra: Australian Sport Commission.

Beni, S., Fletcher, T., & Ní Chróinín, D. (2017). Meaningful experiences in physical education and youth sport: A review of the literature. *Quest, 69*(3), 291–312.

Blankenship, B., & Ayers, S. (2010). The role of PETE in developing joy-oriented physical educators. *Quest, 62*(2), 171–183.

Block, B., & Weatherford, G. (2013). Embodied identities: Using kinesiology programming methods to diminish the hegemony of the normal. *Quest, 65*(1), 31–43.

Bouffard, M., Watkinson, J. E., Thompson, L. P., Causgrove Dunn, J. L., & Romanow, S. K. E. (1996). A test of the activity deficit hypothesis with children with movement difficulties. *Adapted Physical Activity Quarterly, 13*, 61–73.

Braithwaite, R., Spray, C. M., & Warburton, V. E. (2011). Motivational climate interventions in physical education: A meta-analysis. *Psychology of Sport and Exercise, 12*, 628–638.

British Columbia Ministry of Education (2015). *Introduction to physical and health education*.

Brown, T. D. (2013). A vision lost? (Re)articulating an Arnoldian conception of education "in" movement in physical education. *Sport, Education and Society, 18*(1), 21–37.

Brown, T. D., & Payne, P. G. (2009). Conceptualizing the phenomenology of movement in physical education: Implications for pedagogical inquiry and development. *Quest, 61*(4), 418–441.

Bryant, A. S., Edwards, L. C., Morgan, K., Keegan, R. J., & Jones, A. M. (2017). Definitions, foundations and associations of physical literacy: A systematic review. *Sports Medicine, 1*, 113–126.

Cairney, J., & Clark, H. (2016). Physical literacy in children and youth: A construct validation study. *Pediatric Exercise Science, 28*, 17.

Cale, L., & Harris, J. (2018). The role of knowledge and understanding in fostering physical literacy. *Journal of Teaching in Physical Education, 37*(3), 280–287.

Cale, L., Harris, J., & Hooper, O. (2017). *The Promoting Active Lifestyles project*. Paper presented at the 30th Australian Council for Health, Physical Education and Recreation (ACHPER) International Conference, University of Canberra, Canberra, Australia.

Canadian Sport for Life (2015). *Canada's physical literacy consensus statement.*

Casey, A. (2014). Models-based practice: Great white hope or white elephant? *Physical Education & Sport Pedagogy, 19*(1), 18–34.

Casey, A., & Goodyear, V. A. (2015). Can cooperative learning achieve the four learning outcomes of physical education? A review of the literature. *Quest, 67*(1), 56–72.

Castelli, D. M., Barcelona, J. M., & Bryant, L. (2015). Contextualizing physical literacy in the school environment: The challenges. *Journal of Sport and Health Science, 4*(2), 156–163.

Chen, A. (1998). Meaningfulness in physical education: A description of high school students' conceptions. *Journal of Teaching in Physical Education, 17*, 285–306.

Chen, A. (2013). Top 10 questions related to children physical activity motivation. *Research Quarterly for Exercise and Sport, 84*(2013), 441–447.

Chen, A. (2015). Operationalizing physical literacy for learners: Embodying the motivation to move. *Journal of Sport and Health Science*, 4(2015), 125 – 131.

Collier, D. (2011). Increasing the value of physical education: The role of assessment. *Journal of Physical Education, Recreation & Dance (JOPERD)*, 82(7), 38 – 41.

Connell, J. P., & Wellborn, J. G. (1991). Competence, autonomy, and relatedness: A motivational analysis of self-system processes. *Minnesota Symposia on Child Psychology*, 23, 43 – 77.

Constantinides, P. (2011). What classroom teachers learn in professional development workshops and what they use in class. *Problems of the 21st Century*, 21, 320 – 335.

Constantinides, P., Montalvo, R., & Silverman, S. (2013). Teaching processes in elementary physical education classes taught by specialists and non-specialists. *Teaching and Teacher Education*, 36, 68 – 76.

Corbin, C. B. (2016). Implications of physical literacy for research and practice: A commentary. *Research Quarterly for Exercise Science and Sport*, 87(1), 14 – 27.

Creed, P. A., Muller, J. J., & Patton, W. A. (2003). Leaving high school: The influence and consequences for psychological well-being and career-related confidence. *Journal of Adolescence*, 26(3), 295 – 311.

Curran, T., & Standage, M. (2017). Psychological needs and the quality of student engagement in physical education: Teachers as key facilitators. *Journal of Teaching in Physical Education*, 36(3), 262 – 276.

Davis, K. S., Burgeson, C. R., Brener, N. D., McManus, T., & Weschsler, H. (2005). The relationship between qualified personnel and self-reported implementation of recommended physical education practices and programs in U. S. schools. *Research Quarterly for Exercise and Sport*, 76, 202 – 211.

Deci, E. L., & Ryan, R. M. (2000). The "what" and "why" of goal pursuits: Human needs and the selfdetermination of behavior. *Psychological Inquiry*, 11, 227 – 268.

Deci, E. L., Schwartz, A. J., Sheinman, L., & Ryan, R. M. (1981). An instrument to assess adults' orientations toward control versus autonomy with children: Reflections on intrinsic motivation and perceived competence. *Journal of Educational Psychology*, 73, 642 – 650.

DeCorby, K., Halas, J., Dixon, S., Wintrup, L., & Janzen, H. (2005). Classroom teachers and the challenges of delivering quality physical education. *Journal of Educational Research*, 98, 208 – 220.

Department for Children, Education, Lifelong Learning and Skills. (2008). *Framework for children's learning for 3 to 7-year-olds in Wales*. Cardiff: Welsh Assembly Government.

De Meester, A., Maes, J., Stodden, D., Cardon, G., Goodway, J., Lenoir, M., et al. (2016). Identifying profiles of actual and perceived motor competence among adolescents: Associations with motivation, physical activity, and sports participation. *Journal of Sports Sciences*, 34(21), 2027 – 2037.

DoE [Department of Education] (2014 – 17). *Guidance: PE and sport premium for primary schools*.

Doozan, A., & Bae, M. (2016). Teaching physical literacy to promote healthy lives: TGfU and related approaches. *Physical Educator*, 73(3), 471 – 487.

Dudley, D. (2015). A conceptual model of observed physical literacy. *The Physical Educator*, 72(2015), 236 – 260.

Dudley, D., Goodyear, V., & Baxter, D. (2016). Quality and health-optimizing physical education: Using assessment at the health and education nexus. *Journal of Teaching in Physical Education*, 35(4), 324 – 336.

Dyson, B., & Casey, A. (2012). *Cooperative learning in physical education: A research-based approach*. London: Routledge.

Eccles, J. S., Vida, M. N., & Barber, B. (2004). The relation of early adolescents' college plans and both academic ability and task-value beliefs to subsequent college enrollment. *Journal of Early Adolescence, 24*, 63 – 77.

Eccles, J. S., & Roeser, R. W. (2011). Schools as developmental contexts during adolescence. *Journal of Research on Adolescence, 21*, 225 – 241.

Education Scotland (2015). *Better movers and thinkers*.

Edwards, L. C., Bryant, A. S., Keegan, R. J., Morgan, K., Cooper, S., & Jones, A. M. (2018). "Measuring" physical literacy and related constructs: A systematic review of empirical findings. *Sports Medicine, 48*(3),659 – 682.

Elliot, D. L., Atencio, M., Campbell, T., & Jess, M. (2013). From PE experiences to PE teaching practices? Insights from Scottish primary teachers' experiences of PE, teacher education, school entry and professional development. *Sport Education and Society, 18*(6),749 – 766.

Elliot, D. L., & Campbell, T. (2013). "Really on the ball": Exploring the implications of teachers' PECPD experience. *Sport Education and Society, 20*(3),381 – 397.

Ennis, C. (1999). Creating a culturally relevant curriculum for disengaged girls. *Sport Education and Society, 4*(1),31 – 49.

Erhorn, J. (2014). Physical education and the everyday movement of primary school children. *International Sports Studies, 36*, 39 – 62.

Faulkner, G. J., Dwyer, J. M., Irving, H., Allison, K. R., Adlaf, E. M., & Goodman, J. (2008). Specialist or non-specialist physical education teachers in Ontario elementary schools: Examining differences in opportunities for physical activity. *Alberta Journal of Educational Research, 54*(4),407 – 419.

Fernandez-Rio, J., Sanz, N., Fernandez-Cando, J., & Santos, L. (2017). Impact of a sustained Cooperative Learning intervention on student motivation. *Physical Education & Sport Pedagogy, 22*(1),89 – 105.

Gallotta, M. C., Emerenziani, G. P., Iazzoni, S., Iasevoli, L., Guidetti, L., & Baldari, C. (2017). Effects of different physical education programmes on children's skill and health-related outcomes: A pilot randomised controlled trial. *Journal of Sports Sciences, 35*(15), 1547 – 1555.

Gano-Overway, L., & Guivernau, M. (2014). Caring in the gym: Reflections from middle school physical education teachers. *European Physical Education Review, 20*(2),264 – 281.

Garn, A. C., & Cothran, D. J. (2006). The fun factor in physical education. *Journal of Teaching in Physical Education, 25*, 281 – 297.

Gleddie, D. L., Hickson, C., & Bradford, B. (2018). *Physical education for elementary school teachers: Foundations of a physical literacy journey*. Victoria: Ripon Publishing.

Gibbons, S. L., & Gaul, C. A. (2004). Making physical education meaningful for young women: Case study in educational change. *Avante, 10*(2),1 – 16.

Goodway, J. D., Brian, A., Ho Chang, S., Famelia, R., Tsuda, E., & Robinson, L. E. (2013). Promoting physical literacy in the early years through Project SKIP. *ICSSPE Bulletin — Journal of Sport Science and Physical Education, 65*(2013),122 – 130.

Gordon-Larsen, P., McMurray, R. G., & Popkin, B. M. (2000). Determinants of adolescent physical activity and inactivity patterns. *Pediatrics, 105*(6),E83.

Gray, S., Sproule, J., & Wang, C. K. J. (2008). Pupils' perceptions of and experiences in team invasion games: A case study of a Scottish secondary school and its three feeder primary schools. *European Physical Education Review, 14,* 179 – 201.

Haerens, L., Kirk, D., Cardon, G., & De Bourdeaudhuij, I. (2011). Toward the development of a pedagogical model for health-based physical education. *Quest, 63*(3),321 – 338.

Haerens, L., Aelterman, N., Van den Berghe, L., De Meyer, J., Soenens, B., & Vansteenkiste, M. (2013). Observing physical education teachers' need-supportive interactions in classroom settings. *Journal of Sport & Exercise Psychology, 35*(1),3 – 17.

Hagger, M. S., Chatzisarantis, N. L. D., Culverhouse, T., & Biddle, S. J. H. (2003). The processes by which perceived autonomy support in physical education promotes leisure-time physical activity intentions and behavior: A trans-contextual model. *Journal of Educational Psychology, 95*(4),784 – 795.

Hansen, H. (1990). Barriers to QDPE and how to overcome them. *Canadian Association for Health, Physical Education, Recreation, and Dance Journal, 56*(2),16 – 21.

Harris, J., Cale, L., Casey, A., Tyne, A., & Samaria, B. (2016). Promoting active lifestyles in schools. The PAL Project. *Physical Education Matters, 11*(3),52 – 53.

Harvey, W. J., Reid, G., Bloom, G. A., Staples, K., Grizenko, N., Mbekou, V., et al. (2009). Physical activity experiences of boys with and without ADHD. *Adapted Physical Activity Quarterly, 26*(2),131 – 150.

Harvey, S., & Jarrett, K. (2014). A review of the game-centered approaches to teaching and coaching literature since 2006. *Physical Education and Sport Pedagogy, 19*(3),278 – 300.

Hastie, P. A., de Ojeda, D. M., & Luquin, A. C. (2011). A review of research on sport education: 2004 to the present. *Physical Education and Sport Pedagogy, 16*(2),103 – 132.

Hastie, P. A., & Casey, A. (2014). Fidelity in models-based practice research in sport pedagogy: A guide for future investigations. *Journal of Teaching in Physical Education, 33*(3),422 – 431.

Hattie, J. (2009). *Visible learning*. London: Routledge.

Hellison, D. (1995). *Teaching responsibility through physical activity*. Champaign, IL: Human Kinetics.

Hellison, D. (2003). *Teaching responsibility through physical activity* (2nd ed.). Champaign, IL: Human Kinetics.

Higgs, C. (2010). Physical literacy — Two approaches, one concept. *Physical & Health Education Journal, 76*(1),6 – 7.

Holt, B. J., & Hannon, J. C. (2006). Teaching-learning in the affective domain. *Strategies: A Journal for Physical and Sport Educators, 20*(1),11 – 13.

Hulteen, R., Morgan, P., Barnett, L., Stodden, D., & Lubans, D. (2017). The role of movement skill competency in the pursuit of physical literacy: Are fundamental movement skills the only pathway? *Journal of Science and Medicine in Sport, 20*(Supplement 1),e77.

Hyndman, B., & Pill, S. (2018). What's in a concept? A Leximancer text mining analysis of physical literacy across the international literature. *European Physical Education Review, 24*(3), 292 – 313.

Jakobsson, B. (2014). What makes teenagers continue? A salutogenic approach to understanding youth participation in Swedish club sports. *Physical Education & Sport Pedagogy, 19,* 239 – 252.

Janzen, H., Halas, J., Dixon, S., DeCorby, K., Booke, J., & Wintrup, L. (2003). The quality of physical education in Manitoba schools: A three-year study. *Physical and Health Education Journal, 69*(2),44.

Jurbala, P. (2015). What is physical literacy, really? *Quest, 67*(4),367 – 383.

Kilborn, M., Lorusso, J., & Francis, N. (2015). An analysis of Canadian physical education curricula. *European Physical Education Review, 22*(1), 23 - 46.

Kirk, D. (2010). *Physical education futures*. London: Routledge.

Kirk, D. (2013). Educational value and models-based practice in physical education. *Educational Philosophy & Theory, 45*(9), 973 - 986.

Kirk, D., & Tinning, R. (1994). Embodied self-identity, healthy lifestyles and school physical education. *Sociology of Health and Fitness, 16*(5), 600 - 625.

Koekoek, J., Knoppers, A., & Stegeman, H. (2009). How do children think they learn skills in physical education? *Journal of Teaching in Physical Education, 28*, 310 - 332.

Konishi, C., Miyazaki, Y., Hymel, S., & Waterhouse, T. (2017). Investigating associations between school climate and bullying in secondary schools: Multilevel contextual effects modeling. *School Psychology International, 38*(3), 240 - 263.

Kozera, T. R. (2017). *Physical literacy in children and youth*.

Kretchmar, R. S. (2000). Movement subcultures: Sites for meaning. *JOPERD: The Journal of Physical Education, Recreation & Dance, 71*(5), 19 - 25.

Kretchmar, R. S. (2006). Ten more reasons for quality physical education. *Journal of Physical Education, Recreation & Dance, 77*(9), 6 - 9.

Kretchmar, R. S. (2007). What to do with meaning? A research conundrum for the 21st century. *Quest, 59*, 373 - 383.

Kretchmar, R. S. (2008). The increasing utility of elementary school physical education: A mixed blessing and unique challenge. *The Elementary School Journal, 108*(3), 161 - 170.

Kriellaars, D. (2017). *Closing Keynote*. Presented at the Live Active Summit, Edmonton, Alberta.

Landi, D., Fitzpatrick, K., & McGlashan, H. (2016). Models-based practices in physical education: A sociocritical reflection. *Journal of Teaching in Physical Education, 35*(4), 400 - 411.

Learning about Meaningful Physical Education (2019). *Learning about meaningful physical education*.

Liu, J., Xiang, P., Lee, J., & Li, W. (2017). Developing physically literacy in K-12 physical education through achievement goal theory. *Journal of Teaching in Physical Education, 36*(3), 292 - 302.

Lloyd, M., Colley, R. C., & Tremblay, M. S. (2010). Advancing the debate on 'fitness testing' for children: Perhaps we're riding the wrong animal. *Pediatric Exercise Science, 22*(2), 176 - 182.

Lloyd, R. J. (2016). Becoming physically literate for life: Embracing the functions, forms, feelings and flows of alternative and mainstream physical activity. *Journal of Teaching in Physical Education, 35*(2), 107 - 116.

Longmuir, P. E., Boyer, C., Lloyd, M., Yang, Y., Boiarskaia, E., Zhu, W., et al. (2015). The Canadian Assessment of Physical Literacy: Methods for children in grades 4 to 6 (8 to 12 years). *BMC Public Health, 15*(1), 767 - 778.

Lonsdale, C., Sabiston, C. M., Raedeke, T. D., Ha, A. S. C., & Sum, R. K. W. (2009). Self-determined motivation and students' physical activity during structured physical education lessons and free choice periods. *Preventive Medicine, 48*(1), 69 - 73.

Lopes, V., Barnett, L., & Rodrigues, L. (2016). Is there an association among actual motor competence, perceived motor competence, physical activity, and sedentary behavior in preschool children? *Journal of Motor Learning & Development, 4*(2), 129 - 141.

Lounsbery, M. A. F., & McKenzie, T. L. (2015). Physically literate and physically educated: A rose by any other name? *Journal of Sport and Health Science, 4*(2), 139 - 144.

Lubans, D. R., Morgan, P. J., Cliff, D. P., Barnett, L. M., & Okely, A. D. (2010). Review of the benefits associated with fundamental movement skill competency in youth. *Sports Medicine, 40* (12),1019 – 1035.

Lund, J., & Tannehill, D. (2010). *Standards-based physical education curriculum development* (2nd ed.). Sudbury, MA: Jones and Bartlett Publishers.

Lundvall, S. (2015). Physical literacy in the feld of physical education — A challenge and a possibility. *Journal of Sport and Health Science, 4*(2),113 – 118.

Lynch, T. (2014). Australian curriculum reform II: Health and physical education. *European Physical Education Review, 20*(4),508 – 524.

Macdonald, D., & Enright, E. (2013). Physical literacy and the Australian health and physical education curriculum. *Journal of Sport Science and Physical Education, 65,* 351 – 359.

Mandigo, J., Spence, J., Thompson, L., Melnychuk, N., Schwartz, M., Marshall, D., et al. (2004a). Factors influencing the delivery and content of physical education classes in Alberta. *Avante, 10*(1),1 – 15.

Mandigo, J., Spence, J., Thompson, L., Melnychuk, N., Schwartz, M., Marshall, D., et al. (2004b). A descriptive profile of physical education teachers and related program characteristics in Alberta. *The Alberta Journal of Educational Research, 50*(1),87 – 102.

Mandigo, J., Holt, N., Anderson, A., & Sheppard, J. (2008). Children's motivational experiences following autonomy-supportive games lessons. *European Physical Education Review, 14* (3),407 – 425.

Mandigo, J., Francis, N., Lodewyk, K., & Lopez, R. (2009). *Position paper: Physical literacy for educators*. Ottawa: Physical and Health Education Canada.

Murdoch, E., & Whitehead, M. (2010). Physical literacy, fostering the attributes and curriculum planning. In M. Whitehead (Ed.), *Physical literacy: Throughout the lifecourse* (pp. 175 – 188). London: Routledge.

McKenzie, T. L., Feldman, H., Woods, S. E., Romero, K. A., Dahlstrom, V., & Stone, E. J. (1995). Student activity levels and lesson context during third-grade physical education. *Research Quarterly for Exercise and Sport, 66,* 184 – 193.

McKenzie, T. L., Sallis, J. F., Kolody, B., & Faucette, F. N. (1997). Long-term effects of a physical education curriculum and staff development program: SPARK. *Research Quarterly for Exercise and Sport, 68,* 280 – 291.

McKenzie, T. L. (2003). Health-related physical education: Physical activity, fitness, and wellness. In S. Silverman & C. Ennis (Eds.), *Student learning in physical education: Applying research to enhance instruction* (2nd ed., pp. 207–226). Champaign, IL: Human Kinetics.

Metzler, M. (2011). *Instructional models for physical education* (3rd ed.). Scottsdale, AZ: Holcomb Hathway.

Miller, A., Eather, N., Williams, C., Gore, J., Lubans, D., Gray, S., et al. (2017). Can continuing professional development utilizing a game-centered approach improve the quality of physical education teaching delivered by generalist primary school teachers? *European Physical Education Review, 23*(2),171 – 195.

Morgan, K. (2019). Applying the TARGET pedagogical principles in physical education to enhance students' physical literacy. *Journal of Physical Education, Recreation & Dance, 90* (1), 9 – 14.

Morgan, K., & Carpenter, P. J. (2002). Effects of manipulating the motivational climate in physical education lessons. *European Journal of Physical Education, 8,* 209 – 232.

Morgan, K., Sproule, J., & Kingston, K. (2005). Teaching styles, motivational climate and pupils' cognitive and affective responses in physical education. *European Physical Education Review*, 11(3), 1 - 27.

Murdoch, E., & Whitehead, M. E. (2013). What should pupils learn in physical education? In S. Capel & M. Whitehead (Eds.), *Debates in physical education* (pp. 55 - 73). London: Routledge.

Ni Chróinín, D., Fletcher, T., & Griffin, C. A. (2018). Exploring pedagogies that promote meaningful participation in primary physical education. *Physical Education Matters*, 13(2), 70 - 73.

Oliver, K. L. (2013). Engaging adolescent girls in physical education — Supporting girls in the process of becoming physically literate. *ICSSPE Bulletin: Journal of Sport Science and Physical Education*, 65(2013), 167 - 177.

Ontario Ministry of Education (2015). *The Ontario curriculum, grades 1 - 8 — Health and physical education*.

O'Reilly, E., Tompkins, J., & Gallant, M. (2001). "They ought to enjoy physical activity, you know?": Struggling with fun in physical education. *Sport, Education, and Society, 6*, 211 - 221.

Patton, K., Parker, M., & Pratt, E. (2013). Meaningful learning in professional development: Teaching without telling. *Journal of Teaching in Physical Education*, 32(4), 441 - 459.

Patterson, P., & Faucette, N. (1990). Children's attitudes toward physical activity in classes taught by specialist versus non-specialist P. E. teachers. *Journal of Teaching in Physical Education*, 9, 324 - 331.

Pietarinen, J., Soini, T., & Pyhältö, K. (2014). Students' emotional and cognitive engagement as the determinants of well-being and achievement in school. *International Journal of Educational Research, 67*, 40 - 51.

Pozo, P., Grao-Cruces, A., & Perez-Ordas, R. (2016). Teaching personal and social responsibility model-based programmes in physical education: A systematic review. *European Physical Education Review, 24*(1), 56 - 75.

Pringle, R. (2010). Finding pleasure in physical education: A critical examination of the educative value of positive movement affects. *Quest, 62*(2), 119 - 134.

Prusak, K. A., Treasure, D. C., Darst, P. W., & Pangrazi, R. P. (2004). The effects of choice on the motivation of adolescent girls in physical education. *Journal of Teaching in Physical Education*, 23(1), 19 - 29.

Reeve, J. (2006). Teachers as facilitators: What autonomy-supportive teachers do and why their students benefit. *The Elementary School Journal, 106*, 225 - 236.

Reeve, J., Bolt, E., & Cai, Y. (1999). Autonomy-supportive teachers: How they teach and motivate students. *Journal of Educational Psychology, 91*, 537 - 548.

Renshaw, I., Chow, J., Davids, K., & Hammond, J. (2010). A constraints-led perspective to understanding skill acquisition and game play: A basis for integration of motor learning theory and physical education praxis? *Physical Education & Sport Pedagogy, 15*(2), 117 - 137.

Rink, J. (2010). *Teaching physical education for learning* (6th ed.). New York, NY: McGraw-Hill.

Robinson, D. B., & Randall, L. (2017). Marking physical literacy or missing the mark on physical literacy? A conceptual critique of Canada's physical literacy assessment instruments. *Measurement in Physical Education & Exercise Science, 21*(1), 40 - 55.

Rudd, J. R., Barnett, L. M., Farrow, D., Berry, J., Borkoles, E., & Polman, R. (2017). Effectiveness of a 16-week gymnastics curriculum at developing movement competence in children. *Journal of Science and Medicine in Sport*, 20(2),164 - 169.

Roetert, E. P. , & Jeferies, S. C. (2014). Embracing physical literacy. *Journal of Physical Education, Recreation and Dance*, 85(8),38 - 39.

Roetert, E. P. , & MacDonald, L. C. (2015). Unpacking the physical literacy concept for K-12 physical education: What we should expect the learner to master? *Journal of Sport and Health Science*, 4(2015),108 - 112.

Roetert, E.P. , Richardson, C. , Kriellaars, D. , & Ellenbecker, T. S. (2017). Preparing students for a physically literate life. *JOPERD: The Journal of Physical Education, Recreation & Dance*, 88(1),57 - 62.

Sallis, J. F. , McKenzie, T. L. , Kolody, B. , & Curtis, P. (1996). Assessing district administrators' perceptions of elementary school physical education. *Journal of Physical Education, Recreation, and Dance*, 67(8),25 - 29.

SHAPE America [Society of Health and Physical Educators] (2013). *National standards for K-12 physical education*. Reston, VA.

Sheehan, D. , Van Wyk, N. , Johnson, E. , & Blanch, A. (2016). Functional physical literacy for child and youth recreation programming: A community response to the 2015 Canadian recreation framework. *International Journal of Sport Management, Recreation & Tourism*, 25, 9 - 21.

Siedentop, D. (Ed.). (1994). *Sport education: Quality PE through positive sport experiences*. Champaign, IL: Human Kinetics.

Silverman, S. (2005). Low skilled children in physical education: A model of the factors that impact their experiences and learning. In F. Carreiro da Costa, M. Cloes, & M. Gonzalex Valiero (Eds.), *The art and science of teaching physical education and sport: A homage to Maurice Pieron* (pp. 211 - 226). Lisbon: Faculdade de Motricidal Servico de Edicoes.

Silverman, S. (2011). Teaching for student learning in physical education. *The Journal of Physical Education, Recreation & Dance*, 82(6),1 - 58.

Skinner, E. A. , & Belmont, M. J. (1993). Motivation in the classroom: Reciprocal effects of teacher behavior and student engagement across the school year. *Journal of Educational Psychology*, 85, 571 - 581.

Skinner, E. A. , Kindermann, T. A. , & Furrer, C. J. (2009). A motivational perspective on engagement and disaffection: Conceptualization and assessment of children's behavioral and emotional participation in academic activities in the classroom. *Educational and Psychological Measurement*, 69, 493 - 525.

Sloan, S. (2010). The continuing development of primary sector physical education: Working together to raise quality of provision. *European Physical Education Review*, 16, 267 - 281.

Smith, A. , & Parr, M. (2007). Young people's views on the nature and purposes of physical education: A sociological analysis. *Sport, Education & Society*, 12, 37 - 58.

Smith, W. (2016). Fundamental movement skills and fundamental games skills are complementary pairs and should be taught in complementary ways at all stages of skill development. *Sport, Education and Society*, 21(3),431 - 442.

Smither, K. , & Xihe, Z. (2011). High school students' experiences in a sport education unit: The importance of team autonomy and problem-solving opportunities. *European Physical Education Review*, 17(2),203 - 217.

Sprake, S. , & Walker, S. (2015). "Blurred lines": The duty of physical education to establish a unified rationale. *European Physical Education Review*, 21(3),394 - 406.

Standage, M. , Duda, J. L. , & Ntoumanis, N. (2003). A model of contextual motivation in physical education: Using constructs from self-determination and achievement goal theories to predict physical activity intentions. *Journal of Educational Psychology, 95*(1),97 – 110.

Stevens-Smith, D. A. (2016). Physical literacy: Getting kids active for life. *Strategies: A Journal for Physical and Sport Educators, 29*(5),3 – 9.

Stodden, D. F., Goodway, J. D., Langendorfer, S. J., Robertson, M. A., Rudisill, M. E., Garcia, C., et al. (2008). A developmental perspective on the role of motor skill competence in physical activity: An emergent relationship. *Quest, 60,* 290 – 306.

Stodden, D. F., & Goodway, J. D. (2007). The dynamic association between motor skill development and physical activity. *Journal of Physical Education, Recreation and Dance, 78,* 33 – 49.

Stolz, S. A. (2013). Phenomenology and physical education. *Educational Philosophy and Theory, 45* (9),949 – 962.

Talbot, M. (2014). *Physical literacy symposium.* Paper presented at the AAHPERD National Convention, St. Louis, MO.

Taylor, I. M., & Ntoumanis, N. (2007). Teacher motivational strategies and student self-determination in physical education. *Journal of Educational Psychology, 99,* 747 – 760.

Taylor, I. M., Spray, C. M., & Pearson, N. (2014). The influence of the physical education environment on children's well-being and physical activity across the transition from primary to secondary school. *Journal of Sport & Exercise Psychology, 36*(6),574 – 583.

Teixeira, P. J., Carraça, E. V., Markland, D., Silva, M. N., & Ryan, R. M. (2012). Exercise, physical activity, and self-determination theory: A systematic review. *International Journal of Behavioral Nutrition and Physical Activity, 9,* 1 – 30.

Thorburn, M., & MacAllister, J. (2013). Dewey, interest, and well-being: Prospects for improving the educational value of physical education. *Quest, 65*(4),458 – 468.

Tinning, R. (2000). Seeking a realistic contribution: Considering physical education within HPE in New Zealand and Australia. *Journal of Physical Education New Zealand, 33*(3),8 – 21.

Tremblay, M., Pella, T., & Taylor, K. (1996). The quality and quantity of school-based physical education: A growing concern. *Canadian Association for Health, Physical Education, Recreation, and Dance Journal, 62*(4),4 – 7.

Tremblay, M., & Lloyd, M. (2010). Physical literacy measurement: The missing piece. *Physical & Health Education Journal, 76*(1),26 – 30.

Tremblay, M., & Longmuir, P. (2017). Conceptual critique of Canada's physical literacy assessment instruments also misses the mark. *Measurement in Physical Education and Exercise Science, 21*(3),174 – 176.

Tse, M. M., & Yuen, D. T. (2009). Effects of providing a nutrition education program for teenagers: Dietary and physical activity patterns. *Nursing & Health Sciences, 11* (2), 160 – 165.

UNESCO (2004). *The plurality of literacy and its implications for policies and* programmes. Paris: UNESCO.

UNESCO (2015). *Quality physical education (QPE) guidelines for policy-makers.* Paris: UNESCO.

Van den Berghe, L., Vansteenkiste, M., Cardon, G., Kirk, D., & Haerens, L. (2014). Research on self-determination in physical education: Key findings and proposals for future research. *Physical Education & Sport Pedagogy, 19*(1),97 – 121.

Wainwright, N., Goodway, J., Whitehead, M., Williams, A., & Kirk, D. (2016). The Foundation Phase in Wales — A play-based curriculum that supports the development of physical literacy. *Education 3 – 13, 44*(5),513 – 524.

Wall, J., & Murray, N. (1994). *Children and movement* (2nd ed.). Madison, WI: WCB Brown and Benchmark.

Wall, A. E. (2004). The developmental skill-learning gap hypothesis: Implications for children with movement difficulties. *Adapted Physical Activity Quarterly, 21*, 197 – 218.

Wall, A. E., Reid, G., & Harvey, W. J. (2007). Interface of the knowledge-based and ecological task analysis approaches. In W. E. Davis & D. Broadhead (Eds.), *Ecological approach to analyzing movement* (pp. 259 – 277). Champaign, IL: Human Kinetics.

Wallhead, T. L., & Buckworth, J. (2004). The role of physical education in the promotion of youth physical activity. *Quest, 56*, 285 – 301.

Wang, M., & Holcombe, R. (2010). Adolescents' perceptions of school environment, engagement and academic achievement in middle school. *American Educational Research Journal, 47*, 633 – 662.

Li, W., Wright, P. M., Rukavina, P. B., & Pickering, M. (2008). Measuring students' perceptions of personal and social responsibility and the relationship to intrinsic motivation in urban physical education. *Journal of Teaching in Physical Education, 27*(2),167 – 178.

Whitehead, M. (1993). *Physical literacy*. Paper delivered at IAPESWG Congress, Melbourne, Australia.

Whitehead, M. (2001). The concept of physical literacy. *European Journal of Physical Education, 6* (2),127 – 138.

Whitehead, M. (2007). Physical literacy: Philosophical considerations in relation to developing a sense of self, universality and propositional knowledge. *Sport, Ethics & Philosophy, 1* (3), 281 – 298.

Whitehead, M. (2010). *Physical literacy: Throughout the lifecourse*. London: Routledge.

Whitehead, M. (2011). *Key features of a curriculum to promote physical literacy*. Keynote presentation to the International Physical Literacy Conference. University of Bedfordshire, Putteridge Bury Campus.

Whitehead, M. (2013). Definition of physical literacy and clarification of related. *Journal of Sport Science and Physical Education, 65*, 28 – 33.

Whitehead, M., & Almond, L. (2013). Creating learning experiences to foster physical literacy. *ICSSPE Bulletin Journal of Sports Science and Physical Education, 65*, 72 – 79.

Whitney, E., Moore, G., & Fry, M. D. (2017). Physical education students' ownership, empowerment, and satisfaction with PE and physical activity. *Research Quarterly for Exercise and Sport, 88*(4),468 – 478.

Young, D. R., Haskell, W. L., Taylor, C. B., & Fortmann, S. P. (1996). Effect of community health education on physical activity knowledge, attitudes, and behavior. The Stanford Five City-Project. *American Journal of Epidemiology, 144*(3),264 – 274.

道格拉斯·L. 格莱迪

阿尔伯塔大学教育学院教授。主讲本科生体育课程和教学法、健康与体育、反思实践、身体素养和研究方法等研究生课程。主要研究方向:体育叙事、学校教育身体素养、教师教育和有意义的体育教育体验。

通信地址:University of Alberta, Faculty of Education, Edmonton, AB, Canada

电子邮箱:dgleddie@ualberta. ca

安德鲁·摩根

埃德蒙顿公立学校董事会的副校长兼教师。从事教师职业 15 年之多,曾担任所在学校董事会(健康和体育教育)和阿尔伯塔省政府教育顾问,致力于制定省级课程,文中身体素养实践框架研究是他博士论文研究的重点。

通信地址:同上

幼儿教育与养护:我们需要培养教育工作者的身体素养吗?

E. 吉恩·巴克勒　伊莱·普特曼　盖伊·E. 福克纳

在线出版时间:2020 年 6 月 23 日
©联合国教科文组织国际教育局 2020

摘　要:幼儿阶段是身体素养和身体活动发展的关键时期。随着越来越多的儿童接受幼儿教育和养护(ECEC),教育工作者在幼儿发展过程中扮演着重要的角色,并可能影响幼儿身体素养的发展过程。教育工作者接受的有关身体素养和身体活动的培训较少,但将相关概念整合运用到幼儿早期教育与养护中的意愿却越来越强。本研究旨在评估教育工作者的身体素养水平,从而确定其身体素养中哪些要素与其推动身体素养和身体活动的意愿及行为具有相关性。研究结果显示,当教育工作者的身体素养处于中等水平时,其自我报告的有关推动身体素养和身体活动发展的意愿及行为水平是比较高的。此外,研究还发现,身体素养中只有一个构成要素与他们的意愿和行为相关。因此,教育工作者的身体素养水平可能无法预测他们在ECEC 框架下提供身体素养和身体活动的意愿和行为。

关键词:儿童养护　幼儿早期教育　身体素养　身体活动

幼儿早期,特别是学龄前 3—5 岁,运动技能的形成性发展是众多有助于身体素养发展的重要领域之一(Cairney et al. 2019a; LeGear et al. 2012)。身体素养被定义为重视和负责任地终身从事体育活动所需的动机、自信心、身体能力、知识和理解能力(Whitehead 2010;2013)。越来越多的加拿大儿童在幼儿教育工作者的照顾下成长(Friendly et al. 2015),超过 50% 的 5 岁以下幼儿的父母经常把孩子送到托幼机构(Sinha 2014),这使得幼儿教育工作者在 ECEC 教育框架内对支持与促进幼儿身体素养的发展起着关键作用。

原文语言:英语

我们要感谢汤米·杨、西奥班·麦克科密克,哈雷·蒙哥马利、麦迪逊·奥布罗瓦茨和斯宾塞·普拉特在数据收集方面提供的帮助。同时,我们感谢马克·波尚在编写本手稿方面作出的贡献。E. 吉恩·巴克勒得到了加拿大卫生研究院博士奖(FRN:140279)的支持。

在不列颠哥伦比亚省,学习成果以早期的学习框架(不列颠哥伦比亚省,2020 年)为指导。除此之外,正规持牌托儿中心的幼儿教育工作者必须遵守许可标准。截至 2016 年,该标准包括一项纳入基本动作技能的规定,强调幼儿基本动作技能的练习要以身体素养的发展理念为指导(不列颠哥伦比亚省,2016年)。遗憾的是,加拿大的幼儿教育工作者几乎没有接受过身体素养或与之相关的培训,如大肌肉运动发展、基本动作技能和身体活动等,但他们对这一领域的专业发展机会表现出浓厚的兴趣(Buckler and Bredin 2018;Martyniuk and Tucker 2014)。

在幼儿教育和养护环境中研究身体素养的研究有限,但从身体活动和运动技能发展研究的推断表明,这种环境背景具有重要的潜在作用。之前的研究表明,在学前教育中,在那些有着更高比例接受过大学教育的幼儿教育工作者的幼儿园中,幼儿能参与更多的身体活动(与那些接受过大学教育的教育工作者占比较低的幼儿园相比)。幼儿养护中心的许多政策和实践都与身体活动的时间与久坐行为有关(Bower et al. 2008;Dowda et al. 2004;Erinosho et al. 2016),然而,政策在多大程度上与这些行为相关尚不清楚。培训和政策可能在为幼儿养护中发展身体素养提供机会方面发挥重要作用,但明确这种关系需要从身体素养视角出发进行更加详细的研究。

虽然许多因素都与幼儿养护中支持身体素养发展的机会有关,但幼儿教育工作者个体的身体素养水平可能在身体活动环境中发挥着独特的作用。因此,为了给他们所照顾的孩子提供适宜的身体素养发展机会,幼儿教育工作者应具备相应的能力,为幼儿提供身体素养的示范教导。同样,身体素养较高的幼儿教育工作者可能更有动力为孩子提供发展身体素养的机会。一些以质性数据和量化数据为基础,并以小学教师为研究样本的研究结果显示,通过教师个体对身体活动的重视程度以及身体活动行为状况,可以预测到教师为他们的学生提供体育教育和身体活动机会的意愿程度(Faulkner et al. 2004;Weatherson et al. 2017)。梳理相关文献发现,目前鲜见与幼儿教育工作者身体素养的相关研究。

同样,研究者虽然已经探讨了小学全科教师的身体活动与体育教学之间的关系(e.g., Faulkner et al. 2004),但学者们尚未对各阶段教育者的身体素养进行研究。迄今为止,尚未发布成人身体素养的综合性评估(Edwards et al. 2018)。现有的心理学和运动发展研究已经探究了与身体素养相关的概念,可他们并没有在教育实践中落实身体素养相关的理念。这一研究证明,至少从独立的视角看,身体素养的构成要素是分别对身体活动产生影响的。例如,已经发现的动机(Wilson et al. 2003)、信心(McAuley and Blissmer 2000)、身体能力(Barnett et al. 2009;Jaakkola et al. 2016)与身体活动参与是呈正相关的。因此,无论是从将身体素养相关理念应用于成年人的角度,还是从成年人支持儿童身体素养发展的能力角度看,成年人群的身体素养研究仍然是必要的。

　　需要对幼儿教育工作者的身体素养有更深入的了解,并确定身体素养是否与幼儿教育工作者为他们所照顾的儿童提供身体活动和身体素养发展机会(作为身体能力运作)的意愿和行为有关。找出身体素养的哪些构成要素与提供发展机会相关,以及幼儿教育工作者本身的身体素养是否存在差距,可能有助于为幼儿教育工作者提供职前培训和在职专业发展的信息,最终改善日常 ECEC 活动中幼儿教育工作者为孩子提供身体素养机会的现状。

　　因此,本研究的目的是,首先,评估幼儿教育工作者的身体素养水平,其次,确定身体素养的哪些构成要素与他们为所照顾的儿童提供身体素养发展机会的行为和意愿有关联。文献中涉及了身体素养的多样化研究,例如终身身体素养研究/身体素养的发展过程研究,以及运动过程中平衡且经济有效的研究(Edwards et al. 2017)。为了达成本研究的目的,我们使用怀特黑德对身体素养定义中的构成要素,包括动机、信心、身体能力和理解力,从这四个方面入手评估幼儿教育工作者的身体素养水平和身体活动行为,以便与现有的研究结果(Edwards et al. 2018)进行比较。最近的研究表明,在统计上采用成分分析法是最合理的数理统计方法(Cairney et al. 2019b)。我们假设,通过动机、信心、身体能力和理解力来评估的那些身体素养水平较高的幼儿教育工作者,以及那些有着更多参与身体活动行为的人,更可能有更高的意愿为他们所照顾的儿童提供促进身体活动和身体素养的活动。同时,也会有更多相关活动的案例与报告。

研究方法

研究参与者

　　招募的教育工作者来自一家有营业许可执照的幼儿教育中心,该中心位于一所大学校园内,大多数研究参与者来自一个大型的多元中心幼儿教育机构。纳入标准为:(1)目前在不列颠哥伦比亚省担任幼儿教育工作,(2)全职、兼职或随叫随到模式,(3)年满 18 岁。所有参与者都提供了所签署的知情同意文件。在签署知情同意书的 95 名参与者中,有 94 人参与完成了这项研究。

研究方案

人口信息统计、参与培训的情况和工作经历

　　参与者们完成了本研究设计的调查问卷,通过问卷调查收集人口统计信息,并了解他们的幼儿教育工作背景。

理解力的评估

通过运动结果期望量表(Resnick et al. 2004)来衡量定期参与身体活动的益处。该评估方法要求参与者对 9 个参加体育运动的好处作出感受选择,例如"运动有助于强健我的骨骼"和"运动使我精力充沛"等。作答时的选项区间从非常不同意(得分为 1)到非常同意(得分为 5)。该量表具有较强的效度,在之前文献中(Resnick et al. 2000)的 alpha 系数为 0.89,在本研究中的 alpha 系数为 0.90。

动机和信心评估

本研究采用运动行为调节问卷第三版(BREQ - 3; Markland 2014)来评估动机。BREQ - 3 以自我决定理论为指导,旨在了解个体参与锻炼的动机来源于哪里(Markland 2014)。BREQ - 3 包括六个子量表——动机、外部调节、内摄调节、识别调节、整合调节和内部调节——它们代表动机发展的过程连续性,从单纯的外部动机过渡到纯粹的内在动机(Markland 2014)。根据测量工具(Markland 2014)对子量表评分进行加权和求和,计算相对自主指数(Relative Autonomy Index, RAI)得分。公式为 $(-3) * \sum \text{amotivation} + (-2) * \sum \text{external regulation} + (-1) * \sum \text{introjected} + \sum \text{identified regulation} + 2 * \sum \text{integrated regulation} + 3 * \sum \text{intrinsic regulation} = \text{RAI}$ (Markland 2014)。由于分数的转换,没有报告该变量的克龙巴赫系数。

运动自我效能感量表(Resnick et al. 2004)用于评估运动中面对各种障碍时能进行自我调节的信心。该量表涉及 9 个问题,关于受访者在困难条件下定期锻炼的信心,例如"如果天气困扰你"或"如果你感到疲倦"。参与者对每个问题的回答得分范围都是 0—10 分,0 分代表不自信,10 分代表非常自信。先前的验证研究发现 α 系数为 0.92(Resnick and Jenkins 2000),本研究的内部一致性为 $\alpha=0.86$。

身体能力评估

大肌肉运动发展测验 2(TGMD - 2)是对基本动作技能的测量,用于评估身体能力(Ulrich 2000),其信效度检验数据仅适用于 3—10 岁的儿童。然而,最近的一份研究已经在青少年群体中验证了该测量方法(Issarte let al. 2017),也有一些研究在研究目的不是将研究结果与常模进行比较的情况下使用该测量方法对非传统年龄人群进行测量评估(McGrane et al. 2017; O'Brien et al. 2016)。伊萨特尔及其同事(2017)在一项以爱尔兰人为对象的研究证实,将最初包含在测试中的 12 项技能减少到 7 项后,该技能测量模型变得更为适合青少年群体。然而,这个研究的参与者群体是爱尔兰人,且由于体育项目普及程度和体育文化的不同(如北美棒球运动),他们减掉的这些技能(如击球、挥臂投掷)可能会对北美受测者造成一定限制(Coolers et al. 2009)。

我们选择纳入所有 12 项技能,首先,是因为我们的研究是在北美进行的;其次,我们的研究有两个目标:总结幼儿教育工作者的身体素养水平,并确定他们的身体素养水平是否与自我报告中的身体活动和身体素养活动相关。第三,减少为 7 项技能并没有提高内部一致性(使用伊萨特尔和同事(2017)的 7 项技能时 α＝0.33)。先前报道的 TGMD－2 测试分数在位移技能分量表和操作技能分量表上的内部信度分别为 α＝0.85 和 α＝0.88(Ulrich 2000)。在本研究中,位移技能分量表得分(跑步、前滑步、单脚跳、跨跳、立定跳远、侧滑步)的内部一致性为 α＝0.30,操作技能分量表得分(击打、运球、接球、踢球、过臂投掷、下手滚球)的内部一致性为 α＝0.59。

身体活动评估

使用 PiezoRx(加拿大 StepsCount)计步器测量身体活动,与加速度计相比,该计步器已在测量步数(r＝0.88)、中等强度至高等强度身体活动(r＝0.70)和久坐行为(r＝0.93)方面得到验证(O'Brien et al. 2018)。

提供身体活动和身体素养机会的意愿和行为评估

提供身体活动和身体素养的意愿和行为是通过 6 个本研究项目专门设计的 Likert 量表进行测量评估的。量表中的问题是根据阿杰恩(2013)报告的相关指南来设计的,旨在反映加拿大幼儿身体活动指南,该指南表明,2—4 岁的儿童应该从参加 180 分钟任意强度的身体活动逐步过渡为每天 60 分钟的精力充沛的游戏活动(Tremblay et al. 2017)。通过询问参与者运动技能发展来评估其身体能力发展,并用身体能力发展来判断其身体素养水平的发展。根据加拿大身体活动指南(Tremblay et al. 2017)设计的 3 个关于为幼儿提供身体活动和身体素养的行为题目,陈述如下:"我为工作中照顾与养护的孩子提供这样的机会:(1)每天参加 180 分钟的体育活动,(2)每天参加 60 分钟的充满活力的游戏,(3)每天学习和发展运动技能。"关于为幼儿提供身体活动和身体素养的意愿题目,陈述如下:"我打算且愿意为我照顾的孩子提供机会,让他们:(1)每天参加 180 分钟的体育活动,(2)每天参加 60 分钟的精力充沛的游戏,(3)每天学习和发展运动技能"。每个问题都设有 5 个答案供参与者去选择,从非常不同意(回答 1)到非常同意(回答 5),中立立场为不确定(回答 3)。行为和意愿的克朗巴赫 a 值很低:分别为 0.42 和 0.60,因此需要对每个变量进行独立检验。

研究过程

在幼儿教育工作者的工作场所招募志愿者,并征得他们的同意,自愿参与研究。一旦获得同意,参与者完成身体活动准备情况的问卷(身体活动 R－Q＋;Warburton et al. 2011),并为他们提供计步器佩戴使用的说明。通过身体活动 R－Q 问卷调查的结果筛选出存在伤病的参与者或健康状况良好的参与者,其中,5 名参与者(5.3％)由于存在伤病没有完成运动技能评估中的所有动作技能测试,需要参与运动技能评估的参与者要在技能评估前完成所有调查。他们在一个大的健身房里完成了运动技能评估，研究者对整个运动技能评估过程进行了实时录像，以确保分析的可靠性，同时由经过 TGMD-2 测试培训的研究助理进行评分。EJB 对评估中的一个子集（20%）进行评分，位移技能测试评分间相关性得分为 0.87，操作技能测试的评分间相关性得分为 0.73，高于 TGMD-2 的公认最小值 0.70（Ulrich 2000）。

统计分析

分析前对计步器步数数据进行清理，少于 1,000 步或超过 40,000 步的天数被视为无效日，有效天数少于 5 天的参与者数据不纳入数据统计分析中（Mitchell et al. 2018）。

使用 G*Power 先验计算样本量。估计中等效应大小（f 2=0.15），a=0.05，功效为 80%，6 个经过测试的预测因子，需要 98 名参与者的样本量（G* power，Germany）。使用统计软件 IBM SPSS（IBM Corp, USA）进行统计分析，对数据进行正态性检验，如果通过偏度和峰度检验确定数据是非正态分布，则进行对数转换。对每天的平均步数和位移技能子分数进行对数转换。对（1）行为和意愿变量和（2）身体素养的 6 个构成要素之间进行皮尔逊相关性检验，通过线性回归分析来确定身体素养的哪些构成要素（即动机、信心、身体能力和理解力）和身体活动水平与幼儿教育者提供身体活动和身体素养机会的意愿和行为测试中的哪一种变量具有相关性。幼儿教育工作者的年龄和从事幼儿保育工作的年限被纳为协变量，以解释经验效应。我们选择不控制错误发现率，因为这项研究本质上是探索性的，我们不想忽视未来研究中可能出现的潜在关系（Goeman and Solari 2011）。

研究结果

参与者的人口统计信息、培训和实验数据见表 1。

表 1　参与者的人口统计信息、职业和前期培训情况

	N(%)
年龄（年），平均值（SD）	38.0(10.1)
性别	
女	89(94.7%)
男	5(5.3%)
当前持有的幼儿教育（ECE）职业证书	
初级证书	16(17.0%)
婴幼儿	43(45.7%)

	N(%)
有特殊需要的儿童	2(2.1%)
婴幼儿及有特殊需要的儿童	22(23.4%)
幼儿教育助理	3(3.2%)
未作答	8(8.5%)
从事幼儿教育工作的年数,平均值(SD)	11.0(8.5)
在当前职位工作的年数,平均值(SD)	6.5(7.1)
当前工作中孩子的年龄段	
0—1.5 岁	6(6.4%)
0—3 岁	26(27.7%)
3—5 岁	27(28.7%)
多年龄段	34(36.1%)
未作答	1(1.1%)
完成身体活动职前培训的	47(50.0%)
完成 FMS 职前培训的	47(50.0%)
完成身体素养职前培训的	17(18.1%)
完成身体活动专业发展培训的	23(24.5%)
完成 FMS 专业发展培训的	16(17.0%)
完成身体素养专业发展培训的	8(8.5%)

注:ECE=幼儿教育工作者,FMS=基本动作技能,PA=身体活动,PL=身体素养

　　94.7%的参与者为女性,并且多数接受过幼儿职业教育,其中 71.2%的参与者持有最低标准要求以上的幼儿教育证书。很少一部分(6.4%)参与者的工作是照看 18 个月以下的婴儿。一半的参与者表示他们完成了身体活动和 FMS 的职前培训(各占 50%),18.7%的参与者完成了身体素养的职前专业发展培训。25%的参与者表示完成了身体活动的专业发展培训,FMS 和身体素养的职前专业发展培训比率分别为 17%和 8.5%。

　　身体素养测量的概要描述性统计数据见表 2,包括动机、信心、身体能力、理解力和身体活动行为。表 2 报告了参与者 7 天内的平均步数,61%的人平均达到 10,000 步/天,每天达到 10,000 步是获得最佳健康益处所需的最低步数(Le Masurier, Sidman, and Corbin 2003; Tudor-Locke and Bassett 2004)。身体素养的 5 个要素中,理解力的(通过运动效果预期量表测量)得分均值较高,达到 4.2/5,但身体素养的其他要素评估为中等至较低水平。在 BREQ-3 测量动机量表中,每个子项满分为 4 分,共 24 分。每个动机分项得分的均值和标准差为:动机=0.30(0.55),外部调节=0.66(0.74),内摄调节=1.88(1.02),识别调节=2.95(0.74),整合调节=2.25

(1.13),内部调节=2.71(0.91)。表3显示的是参与者为幼儿提供身体活动和身体素养活动的行为和意愿测试的描述性统计结果(包括平均值、标准差、最小值和最大值)。总体而言,行为和意愿的得分相对较高,方差较小,平均值范围为4.2—4.5(满分5分),标准差范围为0.6—0.8。

表2 幼儿教育工作者身体素养构成要素的均值与标准差统计情况

身体素养要素	测试方法	平均值(标准差)	得分范畴
动机	BREQ-3	11.5(6.4)	-24—24
信心	自我效能感实验	5.0(1.9)	0—10
理解力	运动效果预期	4.2(0.6)	1—5
身体活动	平均步数/天	11,832(4,744)	1,000—40,000
动作技能(位移)	TGMD-2 位移技能分量表	39.0(4.0)	0—48
动作技能(操作)	TGMD-2 操作技能分量表	36.7(6.2)	0—48

表3 关于意愿与行为评估的统计结果

	平均值(SD)	范围
行为:每天提供180分钟的身体活动时间	4.2(0.8)	1—5
行为:身体活动,每天60分钟精力充沛的游戏活动	4.3(0.7)	3—5
行为:每天学习和发展运动技能	4.3(0.6)	3—5
意愿:每天参加180分钟的身体活动	4.3(0.8)	1—5
意愿:每天参加60分钟精力充沛的游戏活动	4.5(0.6)	3—5
意愿:每天学习和发展运动技能	4.5(0.6)	3—5

为幼儿提供身体活动和身体素养活动的行为和意愿之间的相关性统计结果见表4。理解力与自我报告中的提供身体素养活动($r=0.24$,$p<0.05$)、提供60分钟精力充沛游戏的意愿($r=0.24$,$p<0.05$)和提供身体素养活动的意愿($r=0.28$,$p<0.01$)显著相关。操作技能与提供身体素养活动的意愿呈负相关($r=-0.24$,$p<0.05$)。

表4 自我报告中提供身体活动的行为和意向与身体素养构成要素的相关性分析

	动机	信心	理解力	位移技能	操作技能	步数(对数转换)
提供180分钟体力活动的行为	-0.02	0.03	0.06	0.12	-0.14	-0.02
提供60分钟精力充沛活动的行为	-0.05	-0.01	0.08	0.09	0.01	-0.01

	动机	信心	理解力	位移技能	操作技能	步数 (对数转换)
提供身体素养活动的行为	0.10	−0.06	0.24*	0.08	−0.06	−0.13
提供180分钟体力活动的意向	0.02	0.02	0.12*	0.15	−0.16	−0.08
提供60分钟精力充沛活动的意向	0.01	0.06	0.24*	0.01	0.00	0.04
提供身体素养活动的意向	0.09	0.01	0.28**	−0.02	−0.24*	−0.09

＊＊在 p<0.01 水平上显著相关，＊在 p<0.05 水平上显著相关。

　　自我报告中提供180分钟身体活动的行为与幼儿教育工作者身体素养的各构成要素之间没有关联，自我报告中提供60分钟精力充沛游戏的行为与幼儿教育工作者身体素养的各构成要素之间没有关联，自我报告中提供身体素养发展机会的行为与幼儿教育工作者的理解力之间有显著相关，自我报告中提供180分钟身体活动的意愿与幼儿教育工作者身体素养的各构成要素之间没有关联。

　　相比之下，自我报告中提供60分钟充满活力游戏的意愿与幼儿教育工作者的理解力之间存在显著的相关，提供身体素养活动的意愿与教育者自己的身体素养之间存在显著的相关，自我报告的提供身体素养活动的意图与幼儿教育工作者的理解力之间也存在显著的相关。与我们的假设相反，操作技能和每天提供身体素养活动的意愿之间存在显著相关，即操作技能水平较低的人在每天提供身体素养活动方面表现出较强的意愿。

讨　论

　　本次探索性研究的第一个目标是探究幼儿教育工作者的身体素养现状，使用主成分分析法分析评估幼儿教育工作者的身体素养。目前的研究表明，使用这种研究方法分析此类研究问题在统计上是最合理的(Cairney et al. 2019b)。使用现有的测量方法，通过动机、信心、身体能力和理解力几个方面来评估参与者的身体素养，结果显示参与者们的整体处于中等水平，我们得出这个结论是因为分别看各构成要素的评估结果，理解力得分较高，自信心和动机水平处于中等，身体能力得分较低。

　　身体素养构成要素中的理解力是运用运动效果预期量表来测量的。虽然测量对身体活动的理解力时使用的量表并非典型的测量方法，但测量中提出的问题(例如，"运动使我心情更好"，"运动给我一种个人成就感"和"运动有助于强健我的骨骼")符合我们使用的怀特黑德对身体素养的定义阐释，其中理解力与一个人重视和承担身体活动责任的能力有关(Whitehead 2010;2013)。怀特黑德(2013)进一步解释说，身体素养包括"对身体健康原则的理解，涉及运动、睡眠和营养等基本方面"（p. 30）。对身体活动效果有积极的认知是身体素养的一个关键组成要素，本研究中参与者对运动效果期望的平均得分很高（5 分中达到 4. 2 分），变异性很低（SD＝0. 6）。

根据 BREQ - 3 的相对自主性指数测量结果，动机是处于中等水平的。参与者对运动的识别、整合和内在调节三个子量表的反应高于对动机、外部调节和内摄调节三个子量表，总体平均得分为 11. 5 分。有趣的是，与其他五个子量表相比，内部动机的平均反应最高。内部动机是自我决定理论的核心，即参与者为了参与活动的内在满足感而从事某种行为（Ryan and Deci 2000），内部动机是对行为改变或行为坚持最有意义的影响因素（Ryan and Deci 2000）。运用运动自我效能感量表测量的自信心处于中等水平，平均得分为 5. 0 分（满分为 10 分）。

本研究进行了自我调节、自我效能的评估（Bandura 1990；Maddux 1995）。自我调节、自我效能感是一个人在面对挑战（例如，恶劣的天气，疾病或受伤）时对自己从事锻炼能力的信心，而任务自我效能感是指一个人对自己有能力满足特定运动任务要求的信心（例如，以规定的速度上坡 20 分钟）（Bandura 1990；Maddux 1995；Rodgers, Hall, Blanchard, McAuley and Munroe 2002）。任务自我效能感可能是身体素养中自信心的替代概念，然而，如果参与者从事测量工具中未识别的多样化身体活动，这可能会给测量带来挑战。

通过 TGMD - 2 的位移技能量表和操作技能量表测量的身体能力，得分相对较低，操作技能水平略低于位移技能，并且这种情况在女性参与者中是典型的（Crane et al. 2017）。TGMD - 2 反映的是 3. 0—10. 9 岁儿童测量结果的百分位分数，因此，无法为当前参与者群体测量结果生成准确的百分位分数。也就是说，如果本研究的参与者处于 TGMD - 2 允许的最大年龄范围（10. 9 岁），那么位移技能平均得分将处于第 16 个百分位数，而操作技能得分将使他们处于女性的第 16 个百分位数和男性的第 5 个百分位数（Ulrich, 2000）。尽管这些百分位数得分没有功能意义，但他们确实提出了这样一个问题，即幼儿教育工作者在工作中为幼儿提供学习动作技能的机会时，是否能够准确地展示基本动作技能。有证据表明，在获得新技能时，示范可以起到促进的作用——也就是说，那些在学习早期观看示范的人比那些只听口头技能指导的人更有可能获得准确的动作模式（Horn, Williams, Hayes, Hodges, and Scott 2007）。

有研究显示，尽管从运动行为的角度来看，专业示范本身可能不是学习新技能的最有效工具（Darden 1997），但在这种情况下，基本动作技能是基础的运动技能，因此专业示范并不是达到熟练程度的先决条件。先前对加拿大学龄前儿童的研究也表明，动作技能得分（通过 TGMD - 2 测量）显著低于当前研究中的幼儿教育工作者群体：莱吉尔及其同事（2012）记录了 25—27 个幼儿的位移技能得分和 19—22 个幼儿的操作技能的分数。在目前的研究中,位移技能平均得分为 39.0 分,操作技能得分为 36.7 分。在其他研究中,学龄前儿童和本研究中的幼儿教育工作者在技能能力上的差异可能足够大,以至于幼儿教育工作者可以向新手群体展示这些技能。最终,幼儿教育工作者的动作技能熟练程度是否预测幼儿群体中运动技能的纵向学习效果,需要随着时间的推移进行纵向追踪,以确定二者是否存在关联以及在什么方向上存在关联。

大多数参与者达到了平均每天 10,000 步的水平。每天至少走 10,000 步,就更有可能达到成人身体活动指南的要求,即每周进行 150 分钟中等到高等强度的身体活动(Le Masurier et al. 2003)。由于招募的所有参与者都在一个大型的大学校园工作,从停车场或公共交通工具处到工作地点之间可能有很大的步行距离,这可能有助于他们每天走更多的步数。此外,由于幼儿教育工作者的职业是一项积极活跃的工作,参与者能在工作期间进行有意义的步数计算,那些从事积极活跃工作的人更有可能每天达到 10,000 步(McCormack et al. 2006)。

本研究的第二个目标是确定身体素养的哪些方面预测了参与者自我报告中为他们所照顾的儿童提供身体活动和身体素养活动的行为和意愿,特别是身体活动能力方面。身体素养的构成要素与日常提供身体活动或身体素养活动的行为和意愿之间的关联水平较低。值得注意的是,关于身体素养,只要求参与者考虑身体素养之身体能力的方面。我们发现理解力(通过对运动的结果预期来衡量)与(1)每天提供 60 分钟精力充沛的游戏机会的意愿和(2)每天提供身体素养活动的行为之间存在关联。

这些关系表明,幼儿教育工作者对身体活动重要性和益处的理解可能与在幼儿教育和养护环境中促进身体活动和身体素养发展有关。了解并重视身体活动益处的幼儿教育工作者可能更倾向于将身体活动和身体素养整合到幼儿教育和养护的教育框架中。然而,由于这是该量表的非传统用途,这一发现可能只是反映了参与者(1)期望从身体活动中获得工具性利益和/或(2)期望享受参与身体活动的乐趣。操作技能的熟练程度与每天提供基本运动技能/身体素养活动的意愿之间存在关系,但与假设正好相反。提供身体素养机会的意愿和操作技能之间的关系是预期结果之外的,这可能是由于测量中较低的内部一致性。

对意向和行为的相关性和回归分析结果基本无效,可能是由于对这些问题的回答差异受限。意向和行为的回答均值接近最大值,标准差较小,6 个问题中有 4 个问题的回答范围仅从中间选项答案(3)到最大选项答案(5)。这种较低的答案范围可能是多种因素造成的。大多数参与者在同一家大型托儿机构工作,其总体课程理念和政策是集团内所有中心必须遵循的。如果理念和政策优先考虑身体活动和身体素养,幼儿教育工作者更有可能表现出实施这些活动的较高行为和意向,而不管他们个人的身体素养如何。

关于身体活动政策与托儿所测量的幼儿身体活动之间的关系，研究结果不一（Bower et al. 2008；Erinosho et al. 2016；Gubbels et al. 2012）。然而，由于研究数量较少，应该考虑继续探索政策（例如，时间表，物理空间）对身体活动的预测效果，包括初步探索政策对基本动作技能和身体素养的影响。也许，身体素养及其构成要素仅在托儿中心没有在日常教育活动中优先考虑身体活动和身体素养的政策时才会影响意向和行为。

此外，参与者被问及他们为身体活动和/或身体素养提供机会的频率，但这些机会的质量没有被评估。问题仍然是，在这些机会中，有多少幼儿参与到身体活动中，以及这些机会在多大程度上发展了儿童的身体素养。需要测评幼儿的身体活动行为和观察日常育儿实践，以确定自我报告中的行为以及提供这些机会的意向和行为能否转化为身体活动和/或身体素养活动的参与。

本研究的优势与局限

这项研究对现有文献具有独特的贡献作用，是第一个研究幼儿教育工作者身体素养的文献，包括个人身体素养与向托儿所幼儿提供身体活动和身体素养活动的行为和意向之间的关系。虽然一些工具（例如，通过运动结果预期量表测量理解力）在其传统背景之外使用，但我们使用了幼儿教育工作者身体活动的客观测量方法，并使用了既定的测量方法来评估身体素养构成要素。然而，结果数据受到使用自我报告调查参与者提供身体活动和身体素养机会意向和行为的方法限制。我们招募了足够的样本量，只比预估的 98 个样本量少了 4 个参与者，因此从样本量的角度看不太可能对结果产生重大影响。所有的统计分析都是推定的。

本研究的局限性包括使用的参与者样本都在同一个大学校园工作，其中大多数在同一个机构工作。没有测量关于身体素养构成要素的知识，关于提供身体素养活动的行为和意向的问题范畴相对狭窄，没有直接提供旨在改善身体素养构成要素范围的活动，包括动机、信心、知识和理解力。我们选择只使用动作技能，因为有证据表明，教师和教育工作者对身体素养的定义和意义存在混淆和误解（Buckler and Bredin 2018；Stoddart and Humbert 2017）。样本的选取可能偏向于积极活跃的人群，因为大多数参与者都达到了显著的每日身体活动水平（平均＞10,000 步/天）。

测量项目的重大内部一致性问题使得研究者很难得出一些结论。位移和操作技能测量量表的内部一致性较低，这可能表明它们在评估成人基本动作技能方面的可靠性和有效性不足。最后，意向问题和行为问题必须单独分析，因为这些问题没有足够高的内部一致性，无法通过综合得分进行分析，需要谨慎对待我们关于意向和行为的研究结果。

结　　论

　　在幼儿教育中,支持孩子的身体素养发展应该是重中之重,要融入他们日常活动和整体教育框架之中。为了做到这一点,幼儿教育工作者的培训计划可能不需要强调教育工作者身体素养的发展,而是关注并促进他们对于身体素养对健康和幸福生活的重要性的理解,以及在工作中提供身体素养机会的实用策略。总体而言,当使用已有的工具进行评估时,尽管幼儿教育工作者本身的身体活动活跃,但他们的身体素养处于中等水平。未来的研究工作需要为成年人建立一个有效可靠的身体素养知识衡量标准,也需要进一步探索幼儿教育工作者自我报告的提供身体活动和身体素养体验的行为和意向是否会为幼儿带来更高质量的运动体验,以及这些体验是否会提高这些孩子的身体活动和身体素养水平。

（杨秋颖　译）

（申彦华　校）

参考文献

Ajzen, I. (2013). *Constructing a theory of planned behavior questionnaire.*

Bandura, A. (1990). Perceived self-efficacy in the exercise of personal agency. *Journal of Applied Sport Psychology, 2*(2),128 - 163.

Barnett, L. M., Van Beurden, E., Morgan, P. J., Brooks, L. O., & Beard, J. R. (2009). Childhood motor skill proficiency as a predictor of adolescent physical activity. *Journal of Adolescent Health, 44*(3),252 - 259.

Bower, J. K., Hales, D. P., Tate, D. F., Rubin, D. A., Benjamin, S. E., & Ward, D. S. (2008). The childcare environment and children's physical activity. *American Journal of Preventive Medicine, 34*(1),23 - 29.

Buckler, E. J., & Bredin, S. S. (2018). Examining the knowledge base and level of confidence of early childhood educators in physical literacy and its application to practice. *Early Years*, 2018, 1 - 16.

Cairney, J., Clark, H., Dudley, D., & Kriellaars, D. (2019a). Physical literacy in children and youth — A construct validation study. *Journal of Teaching in Physical Education, 38*, 84 - 90.

Cairney, J., Dudley, D., Kwan, M., Bulten, R., & Kriellaars, D. (2019b). Physical literacy, physical activityand health: Toward an evidence-informed conceptual model. *Sports Medicine, 49*,1 - 13.

Cools, W., De Martelaer, K., Samaey, C., & Andries, C. (2009). Movement skill assessment of typically developing preschool children: A review of seven movement skill assessment tools. *Journal of Sports Science & Medicine, 8*(2),154 - 168.

Crane, J. R., Foley, J. T., Naylor, P. J., & Temple, V. A. (2017). Longitudinal change in the relationship between fundamental motor skills and perceived competence: Kindergarten to grade 2. *Sports*, 5(3), 59.

Darden, G. F. (1997). Demonstrating motor skills — Rethinking that expert demonstration. *Journal of Physical Education, Recreation & Dance*, 68(6), 31 – 35.

Dowda, M., Pate, R. R., Trost, S. G., Almeida, M. J. C. A., & Pate, J. R. (2004). Influences of preschool policies and practices on children's physical activity. *Journal of Community Health*, 29(3), 183 – 196.

Edwards, L. C., Bryant, A. S., Keegan, R. J., Morgan, K., Cooper, S. M., & Jones, A. M. (2018). "Measuring" physical literacy and related constructs: A systematic review of empirical findings. *Sports Medicine*, 48(3), 659 – 682.

Edwards, L. C., Bryant, A. S., Keegan, R. J., Morgan, K., & Jones, A. M. (2017). Definitions, foundations and associations of physical literacy: A systematic review. *Sports Medicine*, 47(1), 113 – 126.

Erinosho, T., Hales, D., Vaughn, A., Mazzucca, S., & Ward, D. S. (2016). Impact of policies on physical activity and screen time practices in 50 child-care centers in North Carolina. *Journal of Physical Activity and Health*, 13(1), 59 – 66.

Faulkner, G., Reeves, C., & Chedzoy, S. (2004). Nonspecialist preservice primary-school teachers: Predicting intent to teach physical education. *Journal of Teaching in Physical Education*, 23(3), 200 – 215.

Friendly, M., Grady, B., MacDonald, L., & Forer, B. (2015). *Early childhood education and care in Canada 2014*.

Goeman, J. J., & Solari, A. (2011). Multiple testing for exploratory research. *Statistical Science*, 26(4), 584 – 597.

Government of British Columbia (2016). *Director of licensing standard of practice — Active play*.

Government of British Columbia (2020). *British Columbia's early learning framework*.

Gubbels, J. S., Van Kann, D. H., & Jansen, M. W. (2012). Play equipment, physical activity opportunities, and children's activity levels at childcare. *Journal of Environmental and Public Health*, 2012, 1 – 8.

Horn, R. R., Williams, A. M., Hayes, S. J., Hodges, N. J., & Scott, M. A. (2007). Demonstration as a rate enhancer to changes in coordination during early skill acquisition. *Journal of Sports Sciences*, 25(5), 599 – 614.

Issartel, J., McGrane, B., Fletcher, R., O'Brien, W., Powell, D., & Belton, S. (2017). A cross-validation study of the TGMD - 2: The case of an adolescent population. *Journal of Science and Medicine in Sport*, 20(5), 475 – 479.

Jaakkola, T., Yli-Piipari, S., Huotari, P., Watt, A., & Liukkonen, J. (2016). Fundamental movement skills and physical fitness as predictors of physical activity: A 6-year follow-up study. *Scandinavian Journal of Medicine & Science in Sports*, 26(1), 74 – 81.

LeGear, M., Greyling, L., Sloan, E., Bell, R. I., Williams, B. L., Naylor, P. J., et al. (2012). A window of opportunity? Motor skills and perceptions of competence of children in kindergarten. *International Journal of Behavioral Nutrition and Physical Activity*, 9, 29 – 33.

Le Masurier, G. C., Sidman, C. L., & Corbin, C. B. (2003). Accumulating 10,000 steps: Does this meet current physical activity guidelines? *Research Quarterly for Exercise and Sport*, 74(4), 389 – 394.

Maddux, J. E. (1995). Looking for common ground: A comment on Kirsch and Bandura. In J.

E. Maddux (Ed.), *Self-efficacy, adaptation and adjustment. Theory, research, and application* (pp.377 – 385). New York, NY: Plenum.

Markland, D. (2014). *Exercise regulations questionnaire (BREQ - 3)*.

Martyniuk, O. J., & Tucker, P. (2014). An exploration of early childhood education students' knowledge and preparation to facilitate physical activity for preschoolers: A cross-sectional study. *BMC Public Health, 14* (1),727 – 737.

McAuley, E., & Blissmer, B. (2000). Self-efficacy determinants and consequences of physical activity. *Exercise and Sport Science Reviews, 28* (2),85 – 88.

McCormack, G., Giles-Corti, B., & Milligan, R. (2006). Demographic and individual correlates of achieving 10,000 steps/day: Use of pedometers in a population-based study. *Health Promotion Journal of Australia, 17* (1),43 – 47.

McGrane, B., Belton, S., Powell, D., & Issartel, J. (2017). The relationship between fundamental movement skill proficiency and physical self-confidence among adolescents. *Journal of Sports Sciences, 35* (17),1709 – 1714.

Mitchell, M., White, L., Lau, E., Leahey, T., Adams, M. A., & Faulkner, G. (2018). Evaluating the carrot rewards app, a population-level incentive-based intervention promoting step counts across two Canadian provinces: Quasi-experimental study. *JMIR mHealth and uHealth, 6* (9),e178.

O'Brien, M. W., Wojcik, W. R., d'Entremont, L., & Fowles, J. R. (2018). Validation of the PiezoRx® step countand moderate to vigorous physical activity times in free living conditions in adults: A pilot study. *International Journal of Exercise Science, 11* (7),541 – 551.

O'Brien, W., Belton, S., & Issartel, J. (2016). The relationship between adolescents' physical activity, fundamental movement skills, and weight status. *Journal of Sports Sciences, 34* (12),1159 – 1167.

Resnick, B., & Jenkins, L. S. (2000). Testing the reliability and validity of the self-efficacy for exercise scale. *Nursing Research, 49* (3),154 – 159.

Resnick, B., Luisi, D., Vogel, A., & Junaleepa, P. (2004). Reliability and validity of the self-efficacy for exercise and outcome expectations for exercise scales with minority older adults. *Journal of Nursing Measurement, 12* (3),235 – 247.

Resnick, B., Zimmerman, S. I., Orwig, D., Furstenberg, A. L., & Magaziner, J. (2000). Outcome expectations for exercise scale: Utility and psychometrics. *The Journals of Gerontology Series B: Psychological Sciences and Social Sciences, 55* (6),S352 – S356.

Rodgers, W. M., Hall, C. R., Blanchard, C. M., McAuley, E., & Munroe, K. J. (2002). Task and scheduling self-efficacy as predictors of exercise behavior. *Psychology and Health, 17* (4), 405 – 416.

Ryan, R. M., & Deci, E. L. (2000). Self-determination theory and the facilitation of intrinsic motivation, social development, and well-being. *American Psychologist, 55* (1),68 – 78.

Sinha, M. (2014). *Spotlight on Canadians: Results from the general social survey — Child Care in Canada*. Ottawa, ON: Statistics Canada.

Stoddart, A. L., & Humbert, M. L. (2017). Physical literacy is …? What teachers really know. *PHEnex Journal, 8* (3),1 – 20.

Tremblay, M. S., Chaput, J. P., Adamo, K. B., Aubert, S., Barnes, J. D., Choquette, L., et al. (2017). Canadian 24-hour movement guidelines for the early years (0 – 4 years): An integration of physical activity, sedentary behaviour, and sleep. *BMC Public Health, 17* (5),1 – 32.

Tudor-Locke, C., & Bassett, D. R. (2004). How many steps/day are enough? Preliminary pedometer indices for public health. *Sports Medicine*, 34, 1 - 8.

Ulrich, D. A. (2000). *Test of gross motor development 2*. Austin, TX: Pro-ed.

Warburton, D. E., Jamnik, V. K., Bredin, S. S., & Gledhill, N. (2011). The physical activity readiness questionnaire for everyone (PAR - Q+) and electronic physical activity readiness medical examination (ePARmed-X+). *The Health & Fitness Journal of Canada*, 4(2), 3 - 17.

Weatherson, K. A., McKay, R., Gainforth, H. L., & Jung, M. E. (2017). Barriers and facilitators to the implementation of a school-based physical activity policy in Canada: Application of the theoretical domains framework. *BMC Public Health*, 17(1), 835.

Whitehead, M. (Ed.) (2010). *Physical literacy: Throughout the lifecourse*. New York, NY: Routledge.

Whitehead, M. (2013). Definition of physical literacy and clarification of related issues. *ICSSPE Bulletin Journal of Sport Science and Physical Education*, 65, 28 - 33.

Wilson, P. M., Rodgers, W. M., Blanchard, C. M., & Gessell, J. (2003). The relationship between psychological needs, self-determined motivation, exercise attitudes, and physical fitness. *Journal of Applied Social Psychology*, 33(11), 2373 - 2392.

E. 吉恩·巴克勒

不列颠哥伦比亚大学人口与卫生学院的博士后研究员。她获得了不列颠哥伦比亚大学体育运动学博士学位,重点关注幼儿教育与养护中心环境中的身体素养。她的研究方向是通过增加教育工作者的培训项目,帮助他们适应当前的教育环境,以及改变与身体活动体验相关的文化规范等途径,最大程度地改善与提高幼儿在教育环境中接受身体素养和身体活动的体验。

通信地址:School of Kinesiology, University of British Columbia, 6081 University Blvd, Vancouver, BC V6T 1Z1, Canada

电子邮箱:ejean. burrows@alumni. ubc. ca

伊莱·普特曼

加拿大体育活动与健康领域的研究主席(二级),也是健康研究领域的迈克尔·史密斯学者。他的研究旨在了解压力、年龄和运动之间的相互作用。他目前正在开发新的干预试验,并基于实验室实验去探讨急性运动和长期性运动锻炼在多大程度上可以增强儿童和成人的心理和生物应激反应与免疫功能。

通信地址:School of Kinesiology, University of British Columbia, 6081 University Blvd, Vancouver, BC V6T 1Z1, Canada

电子邮箱:eli. puterman@ubc. ca

盖伊·E. 福克纳

不列颠哥伦比亚大学体育运动学院应用公共卫生专业的教授兼主席。从广义上讲,他的研究主要集中于两个相互关联的主题:体育活动干预措施的发展与评估;以及体育活动与心理健康之间的关系。他是参与行动研究咨询小组的主席,是加拿大儿童和青少年身体活动年度报告卡研究工作组的成员,是早期开创性研究加拿大儿童、青少年和成人24小时运动指南和知识翻译工作组的成员,他也是《心理健康与身体活动》杂志的创始编辑。

通信地址:School of Kinesiology, University of British Columbia, 6081 University Blvd, Vancouver, BC V6T 1Z1, Canada

电子邮箱:guy. faulkner@ubc. ca

论教师在发展和评估儿童身体素养方面的作用

伊妮姆方·艾尼莫·埃希特　乔·萨蒙　纳塔利·J.兰德
迈克尔·J.邓肯　爱玛·L.J.艾尔　莉萨·M.巴尼特

在线出版时间:2020 年 7 月 22 日

　　摘　要:身体素养是终身参与体育活动所需的一些技能或要素的基础。基于其与体育活动的关联,身体素养一直与各种积极的健康结果有关。虽然研究表明,教师在培养儿童的身体素养方面发挥着至关重要的作用,然而,很少有合理的心理测量学的测量方法可供教师评估儿童的身体素养。教师代理报告工具可以评估四个身体素养领域(即身体、心理、社会和认知),以及《澳大利亚身体素养框架》提出的 30 个综合要素,可以为教师评估儿童的身体素养水平提供有用的尺度。因此,本文提供了使用澳大利亚体育协会的身体素养定义和框架、开发针对 5—12 岁儿童身体素养评估工具的基本原理。

　　关键词:身体素养　体育活动　评价　教师代理报告

背景:理解"素养"这个词

　　对"素养"一词的理解和解释自 20 世纪中期以来一直在发展(Fransman 2005)。一些国家根据各自的认识论、信仰、政治和社会文化经验对其定义、意义和翻译提出了争辩(Fransman 2005;Street 2006)。在学术界,"素养"曾被认为是获得阅读、写作以及进行简单算术所需的基本的认知技能的过程,同时对沟通保持更广泛的理解(UNESCO 2004)。现在已经扩展到包括更复杂的含义,包括使用这些技能有效地促进社会经济发展和在更广泛的社会中建立关系(UNESCO 2004,2006)。联合国教科文组织继续推动全球素养培育,并将素养确定为每个人的基本权利(UNESCO 2019)。

原文语言:英语

向身体素养转变

此后出现了许多与素养相关的领域,包括信息素养、数字素养(Fransman 2005)、政治素养和健康素养(Pot et al. 2018)。在健康和体育教育(HPE)、运动、娱乐和公共卫生领域,身体素养的概念在教育工作者、实践者和决策者中越来越受欢迎(Lundvall 2015; Pot et al. 2018)。利益相关者(包括研究者和教育管理者)主张,虽然精通语言或数学素养对每个孩子的教育发展都很重要,但身体素养也应该被高度重视(Delaney et al. 2008; Edwards et al. 2018; Tremblay 2012),其应被视为任何优质教育框架中不可或缺的组成部分(Roetert and Jeferies 2014; Tremblay 2012)。

在联合国教科文组织制定的《优质体育教育:决策者指南》(2015)中,优质体育被认为是学校课程的一个组成部分,应该提供培养学龄儿童身体素养的环境。人们对这一概念一直很感兴趣,许多国家都制定了旨在促进不同人群身体素养的举措(Spengler and Cohen 2015)。在澳大利亚,尽管在官方健康和体育教育课程(ACARA 2016)中,"健康素养"比身体素养更受青睐,但最近启动的澳大利亚国家体育计划将身体素养视为提高澳大利亚儿童体育活动和运动参与的一种方式(Sport Australia 2018)。其他国家的体育教育(PE)课程文件中也牢固确定了这一概念,包括美国、英格兰和威尔士(Spengler and Cohen 2015)。

身体素养的概念并不新鲜。最近发表的一篇关于身体素养源起的文章强调,身体素养可以追溯到19世纪80年代,当时美国陆军工程兵团的爱德华·玛奎尔上尉用这一术语来描述土著文化群体的运动质量。然而,过去对这一构想的描述并未将参与体育活动看作是形成身体素养的最终目标(Cairney et al. 2019b)。怀特黑德(2010)在研究了具象化的活动维度在我们生活中所发挥的作用后,反驳了人类环境的二元论观点。她借鉴了哲学思想流派(包括存在主义、一元论和现象学),将身体素养重新定义为一个整体概念,核心是每个个体通过运动和体育活动与世界进行具象互动。最近,她将身体素养描述为"重视并负责任地终身从事体育活动的动机、信心、体能、认识和理解"(Whitehead 2019, p. 8)。然而,尽管身体素养自重新引入以来受到了极大的关注,但这种日益受欢迎的方式使得这一概念有许多不同定义(Jurbala 2015)。目前,尽管许多国家和组织认为身体素养是促进终身体育活动的重要途径(Belton et al. 2019),但国际上对身体素养的定义和操作化尚未达成共识(Spengler and Cohen 2015; Tremblay et al. 2018)。

身体素养:当前研究的重要性和局限性

越来越多的证据支持身体素养的重要性。身体素养被认为是一个多方面的概念(Cairney et al. 2019a),与身体、心理、社会和认知健康等许多变量之间存在着某种关联(Edwardset al. 2018)。事实上,在最近的一篇文章中,凯尔尼及其同事提供了一个全面的、基于证据的概念模型,将身体素养定位为习惯性锻炼、身体活动和健康的决定因素(Cairney et al. 2019a)。新出现的经验证据表明,身体素养及其组成要素(如动机和信心、体能、知识和理解)与客观测量的中高强度体育活动(MVPA)(Coyne et al. 2018)、遵守 24 小时体育活动指南的程度(Belanger et al. 2018),以及减少加拿大儿童不同形式的久坐行为(Saunders et al. 2018)有关。

然而,一些研究对身体素养的要素/领域与健康结果之间的关系进行了剖析和批评。例如,赛德(2019)报告说,印度尼西亚戈隆塔洛 338 名小学生(7—12 岁)接受了几项体能测试(包括冲刺测试、引体向上测试、仰卧起坐测试、垂直跳跃测试和中跑测试),以评估他们的身体素养水平。作者得出的结论是,学生们的身体素养水平各不相同,从"非常低"到"好"。重要的是,体育健身的某些要素与运动技能一起被认为是身体素养的身体领域的一部分,此外身体素养这一概念还包括心理、社会和认知方面(Sport Australia 2019)。

另一项研究使用加拿大身体素养评估工具(CAPL)评估了加拿大儿童的身体素养,研究认为,较高的动机、信心以及体能领域得分可以预测是否符合体育活动(≥12,000 步≥6 天/周)和久坐行为(≤2 小时屏幕时间/天)指标(Belanger et al. 2018)。以这种方式建构概念会阻碍对身体素养的全面和完整的理解。事实上,目前还不清楚这些研究——尽管是在"身体素养"的框架下进行的——与其他研究(如动机、体能和信心)和健康结果之间关系的研究有何不同。

未来的研究应调查身体素养(作为其所有构成要素/领域的综合衡量标准)与健康结果(包括身体、社会和认知健康)之间的关系。这种方法可以更全面地说明这个概念的重要性和预测有效性。它还可以利用横向和纵向研究设计,帮助阐明整体身体素养水平的提高是否确实与体育活动水平的提高有关,反之亦然。对于纵向设计,如果有工具可以追踪儿童时期的身体素养,看看身体素养水平是如何随着时间和生活环境而变化的,这将是非常有用的。当然,这些工具必须考虑环境敏感性,并且只适用于特定年龄的人,以提供身体素养各阶段的一个概貌。

教师在培养儿童身体素养中的作用

现有的研究认为,教师在培养儿童对身体素养的理解和发展方面发挥着基础性作用(Durden-Myers and Keegan 2019;Stanec and Murray-Orr 2011)。根据怀特黑德(2013)的说法,HPE 教师是合格的专业人士,他们可以帮助孩子们在早期打下扎实的基础,并帮助他们在身体素养发展中取得进步。事实上,以学校为基础的 HPE 课程已被确定为提高儿童身体素养的最常见的环境(Edwards et al. 2019)。教师可以培养孩子们参与广泛运动所需的动机、信心、创造力和能力,使个人受益(Stanec and Murray-Orr 2011)。然而,为了有效地教授孩子们身体素养中的概念,教师必须精通这些概念。通过对身体素养的充分认识和理解,教师可以让学生做好准备,承担起保持健康生活方式的责任(Sum et al. 2018)。因此,有必要探讨教师(特别是体育教育工作者)如何阐明身体素养的概念。

教师对身体素养的理解

迄今为止,很少有研究调查教师对身体素养的理解(Robinson et al. 2018)。现存文献表明,这一概念经常被教师误解,考虑到不同的定义和概念,这是一个可以理解的结果(Lynch and Soukup 2016;Stoddart and Humbert 2017;Robinson et al. 2018)。使问题进一步复杂化的是,包括澳大利亚在内的一些国家的 HPE 课程中没有明确说明身体素养(Macdonald and Enright 2013)。因此,教师很可能认为教学/评估儿童的身体素养不是他们"工作职责"的一部分。事实上,由于缺乏课程一致性、政策和强制性实践,教师不必对身体素养评估或教学负责。然而,来自加拿大的调查结果表明,许多教师优先考虑学生的健康,并愿意为他们提供机会来发展他们的身体素养(Stanec and Murray-Orr 2011)。

斯塔内茨和默里-奥尔(2011)指出,尽管加拿大小学课堂教师自认为具有一定的身体素养,但他们对后续问题的回答表明他们对这一概念知之甚少。这些数据还强调了教师们认为缺乏教育和专业发展机会,这可能阻碍在教学中纳入身体素养的概念。据报道,教师需要充分的专业准备,了解如何有效和成功地将身体素养概念融入他们的课堂空间,以支持儿童的身体素养发展。

最近,鲁宾逊及其同事(2018)对来自加拿大 4 个体育教师协会的 12 名体育教师进行了定性案例研究,得出了一些有趣的结论。作者的研究结果表明,一些教师没有看到身体素养和体育教育之间的任何差异(Robinson et al. 2018)。怀特黑德(2013)认为体育教育和身体素养是两个不同的概念;前者是促进后者发展的途径。此外,一些教师将基本运动技能(FMS)等同于身体素养(Robinson et al. 2018)。澄清一下,基本运动技能是进行更专业的动作、游戏、运动和其他形式的体育活动所需的基本技能,包括物体控制技能(如投掷和接球),运动技能(如跳跃和跑步)和稳定技能(如伸展和平衡)(Gallahue et al. 2012)。身体素养相关文献认可这些技能的重要性;然而,一些学者认为基本运动技能本身并不构成身体素养整体概念的真正本质(Keegan et al. 2019;Whitehead 2019, 2013)。

鲁宾逊及其同事(2018)研究中的教师也试图将他们对"素养"(即能够阅读和写作)的传统理解应用于身体素养,从某种意义上说,对一些教师而言,身体素养代表着对运动语言有清晰的认识和理解(Robinson et al. 2018)。在美国的另一项研究中,林奇和塞库普(2016)试图澄清围绕体育教育相关术语的不确定性,包括健康和体育教育、健康素养和身体素养。调查结果显示,"尽管健康和体育教育标准中规定了身体素养一词,但在某些情况下,教师指出的话语和意识形态与二元论哲学有关,而不是一元哲学"(Lynch and Soukup 2016, p.17)。这与怀特黑德(2010)对身体素养的概念化不一致,后者主张从二元论向一元论的哲学转变,其中身体和心灵被视为一种错综复杂的联系。

根据德莱尼等人(2008)的研究,旨在提高儿童身体素养的项目在何种程度上取得成功,这取决于一系列因素,其中之一是提供项目的个人(通常是健康和体育教育专业人员)能力。教师教育和持续的专业发展对于适当开展旨在培养儿童身体素养的项目至关重要(Delaney et al. 2008),并且可以有效地提高教师对身体素养概念的理解(Durden-Myers and Keegan 2019)。在最近的一项研究中,爱德华兹等人(2019)指出,为期6个月的专业发展干预可有效提高小学教师的身体素养知识水平和操作能力。鉴于教师在培养幼儿身体素养方面发挥的重要作用(Stanec and Murray-Orr 2011; Stoddart and Humbert 2017; Whitehead 2013),努力的目标应该是更好地理解和解决教师对身体素养和体育教育、体育活动等相关概念之间的困惑。身体素养研究人员还应加强与教师的合作,使理论与实践相结合(Durden-Myers and Keegan 2019)。

此外,杰巴拉(2015)认为,通常从不同定义出发的身体素养评估方案,进一步加剧了对这一概念的困惑。我们认为,为了澄清这一概念及其组成部分,教师需要对身体素养进行全面和综合的评估。这种评估应该确定身体素养的具体定义,例如澳大利亚的定义,然后强调构成这一概念的不同领域和要素。事实上,这有可能拓宽一些教师对身体素养的看法,从一个有点狭隘和碎片化的定义(例如基本运动技能)转变为一个更完整和全面的定义。然而,在这个过程中至关重要的是,教师通过提供他们关于身体素养评估的想法来帮助开发工具,从而确保工具的价值和与教育的相关性。

教师在评估儿童的身体素养方面有作用吗?

评估儿童(5—12岁)的身体素养至关重要,因为最近的证据表明,世界各地儿童的体育活动水平很低(Aubert et al. 2018)。此外,童年是重要体育活动行为和相关因素形成的关键阶段,如运动能力、协调能力和自信心(Belanger et al. 2018)。特伦布莱和他的同事们强调了开发概念健全且全面客观的身体素养测量方法的重要性,这是提高健康与体育教育相关性的一种手段,可以为决策者提供分配资源所需的监测数据,并监测健康与体育教育课程效果(Tremblay and Lloyd 2010)。

教师还需要对5—12岁儿童的身体素养进行代理报告,因为文献表明,儿童(尤其是 8 岁以下的儿童)的认知能力有限,无法对自己的能力进行准确或可靠的自我评估(Barnett et al. 2016; Estevan et al. 2018; Harter and Pike, 1984)。儿童回忆过去发生的具体活动/事件的能力也有限(Baranowski 1988)。事实上,研究人员(包括那些研究体育活动的人)已经依赖教师作为代理受访者来获取有关儿童的信息(Manios et al. 1998; Telford et al. 2004)。巴迪德等人(2018)建议,教师可以提供比自我报告更可靠的儿童能力评估(例如,运动能力)。运动能力是身体素养身体领域的一个核心方面,其研究提供了一些证据,表明对于幼儿来说,体育教师的代理报告与实际运动技能之间的关联可能比儿童的自我报告更强(Estevan et al. 2018; Liong et al. 2015)。也有证据表明,教师对儿童运动能力的看法可以预测儿童身体素养的其他要素(如身体协调、力量和敏捷性)(Lalor et al. 2016)。

类似的,伯恩斯坦(1977)也证明了整合和调整课程、教学法和评估的必要性,以实现高质量的健康和体育教育。事实上,评估是教与学的核心,也是了解儿童进步和成就不可或缺的一部分(Government of Ireland 1999)。研究表明,教师认识到监测学生进步是教学法一部分的重要性(Green et al. 2018)。然而,在体育教学中实施评估存在许多障碍,最明显的是学生学习的时间不足(Lund and Kirk 2019)。据伦德和柯克(2019)称,在完成评估时,没有足够的时间来指导和满足对儿童的活动建议。此外,尽管教师知道他们应该进行评估,但他们往往无法确定适当的评估手段来衡量学生的学习情况。体育教学中使用的大多数评估都是由教师自己开发的(Lund and Kirk 2019)。巴尼特等人(2019)还指出,教师在使用身体素养评估方案方面往往只能获得有限的指导。身体素养评估工具可能会与课程相配套,特别是如果课程中规定了身体素养的评估,同时也会影响健康和体育教育课程和活动。教师对儿童身体素养的评估有助于确定儿童的身体素养水平和最不理想、需要立即干预的特定领域;它还可以提供一个评估儿童在身体素养学习方面的成绩标准。然而,在监测身体素养时,几乎没有全面的工具可供教师使用(Robinson and Randall 2017)。

对身体素养进行广泛评估的必要

在考虑教师评估身体素养的可用工具之前,重要的是简要讨论评估方法。近年来,很少有措施被开发出来全面地测量/评估身体素养。测量或评估被定义为通过定量或定性方法收集经验数据,以便记录、监测、观察和/或评估身体素养(Edwards et al. 2018)。现有关于评估全面身体素养的各种方案在评估的领域和要素方面有所不同。这可能归因于工具开发人员采用了不同的身体素养定义(例如加拿大对身体素养的共识定义)。怀特黑德(2019)建议,这些不同的定义可能具有环境敏感性,应根据其被采用的环境对有效促进体育活动提升实践的能力进行评估。

爱德华兹等人(2018)主张在尝试任何测量之前,应先从定义和哲学立场开始。他们确定了身体素养评估的两种哲学观点:理想主义和实用主义方法。理想主义者反对割裂和测量身体素养的组成要素,并倾向于通过深度访谈等定性方法来认识这一概念。相比之下,实用主义者支持测量身体素养,因为他们认为,研究只能根据其实际意义进行评估(Edwards et al. 2018)。我们支持一种实用的方法,可以而且应该定量地测量身体素养。我们证实,测量可以为从业者和决策者提供关于世界各地身体素养干预措施和举措影响的经验数据(Tremblay and Lloyd 2010),并有助于确定特定人群身体素养的相关因素和决定因素(Edwards et al. 2018)。本文将采用澳大利亚体育局提出的全面的身体素养定义和框架——参见基冈等人(2019),详细阐述得出这一定义和框架所涉及的过程。

《澳大利亚身体素养框架》

澳大利亚的身体素养定义包括四个方面:核心——身体素养是终身的,在运动和体育活动环境中获得和应用的整体性学习;构成——身体素养反映了身体、心理、认知和社会能力的持续变化;价值——身体素养对于帮助我们通过运动和体育活动过上健康和充实的生活至关重要;愿景——一个有身体素养的人能够利用他们身体、心理、社会和认知的综合能力来促进健康和充实的运动和体育活动。最后一个组成部分是与个人状况和整个生命周期的环境有关(Keegan et al. 2019)。《澳大利亚身体素养框架》确定了 30 个被认为是个人身体素养发展的基础要素(Sport Australia 2019)。这些要素跨越了四个相互关联的领域(身体、心理、社会和认知),可以使用可观察的学习成果结构(SOLO)分类法来解释。也就是说,学习者的身体素养学习可能会从单结构(学习特定任务的一个方面)发展到多结构(学习任务的几个方面)(Barnett et al. 2019)。表 1 说明了与《澳大利亚身体素养框架》中的要素相匹配的领域、要素(及其定义)和可用的身体素养教师评估工具。下一步是建立一个可以评估儿童 30 个全部要素的教师工具,以便全面了解儿童的身体素养。

表 1 与《澳大利亚身体素养框架》相匹配的领域、要素(及其定义)和可用的身体素养教师评估工具

序号	《澳大利亚身体素养框架》的要素(Sport Australia 2019)	定义(Sport Australia 2019)	与《澳大利亚身体素养框架》相匹配的教师执行的身体素养评估
身体领域			
1	运动技能	允许个人从一个地方向另一个地方移动(在陆地、水、雪或冰上)的运动技能	CAPL♯,兴趣测评,基础测评,PFL♯

续　表

序号	《澳大利亚身体素养框架》的要素（Sport Australia 2019）	定义（Sport Australia 2019）	与《澳大利亚身体素养框架》相匹配的教师执行的身体素养评估
2	带着设备移动	使用或携带装备从一个地方向另一个地方移动的运动技能	
3	操控物体	使用一个或多个身体部位来移动或操控物体的运动技能。	兴趣测评
4	协调	能够以可控、平稳和有效的方式移动身体的不同部位	兴趣测评
5	稳定性/平衡	涉及平衡和重量转移的技能	兴趣测评，基础测评，PFL♯
6	灵活性	关节或肌肉在其全部运动范围内活动的能力	CAPL♯
7	敏捷性	快速改变身体位置和/或方向的能力	
8	强度	具有抗阻力工作的能力	CAPL♯，PFL♯
9	肌肉耐力	在一段持续的时间内使用肌肉反复施加力量的能力	CAPL♯
10	心血管耐力	心脏和肺向工作肌肉输送氧气的能力	CAPL♯，PFL♯
11	反应时间	对给定的刺激作出反应所需的时间	
12	速度	在地面、水中或空中快速移动的能力，或快速移动四肢的能力	
心理领域			
13	参与和享受	从运动和体育活动中产生的积极情绪和体验	
14	信心	对自我价值，以及对运动和体育活动能力的信念	
15	动机	应对内部或外部因素，从事运动和体育活动的原因	
16	与地方的联系	欣赏与运动和体育活动有关的环境，并与之关联，无论是人造的还是自然的	
17	自我认知	了解自己与运动和体育活动的关系，并认识到个人的优势和发展领域	
18	自律（情绪）	管理与运动和体育活动相关的情绪和行为的能力	
19	自律（身体）	能够识别和管理身体信号，如疼痛、疲劳和劳累	

序号	《澳大利亚身体素养框架》的要素（Sport Australia 2019）	定义（Sport Australia 2019）	与《澳大利亚身体素养框架》相匹配的教师执行的身体素养评估
社会领域			
20	关系	建立和保持相互尊重的关系，使个人能够与他人有效地互动	
21	协作	成功与他人互动的社交技能，包括沟通、合作、领导和解决冲突	
22	道德	规范个人行为的道德原则，涉及公平和正义、包容、公平、正直和尊重	
23	社会与文化	欣赏存在于群体、组织和社区中的文化价值	
认知领域			
24	内容知识	个人能够理解和传达的事实性知识；通常在认识、回忆和计划中很重要	
25	安全与风险	了解风险、风险管理，以及在运动环境中为自己和他人的安全考虑	
26	规则	运动和体育活动中管理行为或程序的明确或心照不宣的规定和原则	
27	推理	通过验证事实和运用逻辑来构建、改变或证明实践和信仰，有意识地理解事物	
28	策略与规划	确定如何利用反思和可用资源来实现既定目标	
29	战术	有计划的和临时的决定和行动，用于追求目标	
30	感性认识	用于快速识别环境并根据经验、观察、情感和直觉作出准确决策的隐性知识	

♯CAPL 加拿大身体素养评估，PFL 生命护照

评估儿童身体素养的教师报告工具

虽然本文不足以详尽地回顾和分析所有可用的身体素养要素测量方法，但本节总结了现有的评估儿童身体素养的教师报告工具。通过对全球开展身体素养倡议

的国家进行分析显示,北美,特别是加拿大,在开发身体素养评估工具方面取得了重大进展(Green et al. 2018; Spengler and Cohen 2015)。专为教师设计用来评估身体素养的受欢迎的工具包括青少年身体素养评估(PLAY)兴趣(*fun*)和基础(*basic*)工具(CS4L 2013),生命护照(PHE 2013)和加拿大身体素养评估(HALO 2017)。青少年身体素养评估兴趣工具(PLAYfun)和基础工具(PLAYbasic)包含在一套由加拿大终身运动项目(CS4L)设计的六项措施中。它们都是为训练有素的专业人员而设计的,包括体育教师,使他们能够评估 7 岁及以上儿童的基本运动技能(CS4L 2013)。最近,青少年身体素养评估体育教师(PLAY PE teacher)被添加到青少年身体素养评估工具中(Whitehead 2019)。CS4L 建议使用所有的青少年身体素养评估工具(即,兴趣测评,基础测评,自测,家庭测评,教练测评和清单测评)一起对身体素养进行完整的评估(PLAY 工具的评估类别参见表2)。凯尔尼等(2018)和斯特恩斯等(2019)为心理特性的兴趣测评工具提供了依据。

表2　PLAY 工具的评估类别(Canadian Sport for Life Society 2013)

测评工具	兴趣测评	基础测评	自测	家庭测评	教练测评	清单测评
评估类别	五个基本的运动技能,包括跑、跳、过顶掷球踢和平衡	18项基本动作技能和运动相关技能,分为 5 类:移动、跑步、物体控制—上半身、物体控制—下半身、平衡和稳定、控制	环境(参加水上、健身房、户外、雪/冰、游乐场活动),自我描述、健身,以及素养的相对排名(识字、算术和身体素养)	认知领域(动机、信心和理解)、运动能力(移动和操控物体)、环境(参与水中、室内、室外和雪/冰活动)和健身运动	认知领域(动机、自信和理解)、运动能力(一般运动能力、平衡、物体控制和移动)、环境(参与水中、室内、室外和雪/冰活动)和健身运动	在闲暇时间参加活动
有针对性的评估员	训练有素的专业人士:教练、身体治疗师、运动治疗师、运动专业人士,以及在运动分析方面受过训练的个人	训练有素的专业人士:教练、身体治疗师、运动治疗师,运动专业人士,以及在运动分析方面受过训练的个人	儿童和青少年	父母	教练、身体治疗师、运动治疗师、运动专业人士和休闲活动专业人士	儿童和青少年

　　加拿大体育与健康教育协会(2013)是加拿大体育与健康教育工作者和学校管理人员的全国性专业机构(Green et al. 2018),其开发的"生命护照"(PFL)是一种

供学前至 12 年级的体育教师使用的形成性评估工具（Lodewyk 2019）。该工具评估分四个部分：积极参与、运动技能、健身技能和生活技能（PHE 2013）。有新的证据表明 PFL 工具的心理测量特性（Lodewyk 2019）。加拿大身体素养评估工具由健康积极生活和肥胖研究小组（HALO 2017）开发。加拿大身体素养评估工具经过了广泛的修改，其最新版本评估了加拿大身体素养共识声明中规定的四个身体素养领域：情感（动机和信心），行为（PA 参与），身体（体能）和认知（知识和理解）（Gunnell et al. 2018）。也有证据验证了加拿大身体素养评估工具的效度（Longmuir et al. 2015）。最近，国际身体素养协会（IPLA）提供了一个初步的模型/工具，教师可以与年轻人合作，用与动机、信心、体能、知识和理解相关的表述来绘制身体素养图表，这符合他们目前对身体素养的定义（Whitehead 2019）。

虽然基于工具开发者采用的定义，现有工具评估的要素和领域（例如，动机和信心，体能，知识和理解）有一定的一致性，但它们在评估《澳大利亚身体素养框架》提出的四个领域（身体、心理、社会和认知）中的 30 个全部要素（例如，安全和风险、与地方的联系、道德和协作）方面存在不足。目前，加拿大身体素养评估工具、PFL、兴趣测评和基础测评是教师评估儿童身体素养水平的主要方法。然而，如果孤立地使用这些工具，如这些工具过分侧重于身体素养的体能方面，就会忽视了身体素养的其他方面，如社会和认知领域（见表 1）。

基于澳大利亚定义的儿童身体素养教师报告

尽管身体素养的发展势头日益强劲，但目前缺乏教师代理报告的举措，特别是那些专为 5—12 岁儿童设计、体现《澳大利亚身体素养框架》30 个全部要素的措施。身体素养评估倾向于关注体育领域内可以通过标准化的客观评估进行评估的要素（例如，体能）（Robinson and Randall 2017），而不是身体素养领域内主要通过自我或代理报告措施进行评估的其他要素。这是对身体素养的多维和整体概念的狭隘理解。这种理解可能很普遍，因为一些国家仅仅从运动能力的角度来定义身体素养（Spengler and Cohen 2015），或者因为身体素养和健康状况的任何概念中的最有力证据都是运动能力。这种方法形成了一个自我应验的循环，造成的结果就是研究人员只评估身体素养的运动能力方面。

从单独的概念架构来看，《澳大利亚身体素养框架》中的大多数要素已经可以测量（Barnett et al. 2019）。考虑到身体素养的全面性，一个能够体现《澳大利亚身体素养框架》中 30 个全部要素的全面、有效、可靠的评估工具，对于澳大利亚的教师和其他想要衡量学生表现和成就以改善学习的人来说，将是非常有益的。例如，《澳大利亚身体素养框架》中社会领域的"协作"要素表明，每个有身体素养的人都应该具备在运动和体育活动环境中与他人成功互动所需的社交技能（即表现出同理心、解决冲突、合作和领导能力)(Sport Australia 2019)。这个要素是基本的,可以说和其他要素一样重要,所以应该对儿童进行这一要素的评估。向教师提供全面、有效和可靠的身体素养代理报告工具,要考虑到《澳大利亚身体素养框架》所认可的全部要素,将为儿童提供对身体素养的所有相关组成部分进行评估的机会。这种方法也有可能将人们的注意力从狭隘的、仅仅从基本运动技能的角度来解读身体素养转移开。

结　论

尽管越来越多的证据表明身体素养的重要性,但仍然难以找到关于这一概念的定义、应用和操作的国际共识(即研究者和实践者之间)(Belton et al. 2019;Edwards et al. 2017)。身体素养的定义方式对旨在促进身体素养的政策和实践、教学方法以及对身体素养学习的监测和评估都具有重要影响。即便如此,身体素养作为一种可以增加体育活动参与的媒介,在世界各地的研究者和实践者中越来越受欢迎。教师在培养儿童承担自己终身体育活动的责任所需的技能、信心和动机方面发挥着关键的、基础性的作用。文献表明,教师们确实认识到监测学生进步程度是教学法的重要部分(Green et al. 2018)。《澳大利亚身体素养框架》为身体素养提供了一个全面的框架,并提出学习跨越四个领域 30 个要素。目前,可能对该框架中的要素感兴趣的教师没有适当的措施来评估儿童的身体素养。明确身体素养的概念,为教师提供一个全面、有效、可靠的代理报告工具,将有助于对儿童进行全面的身体素养评估。本文确定了开发 5—12 岁儿童身体素养评估工具的必要性和基本理论。

(王　薇　译)

参考文献

ACARA [Australian Curriculum, Assessment, and Reporting Authority] (2016). *The Australian curriculum: Health and physical education.*

Aubert, S., Barnes, J. D., Abdeta, C., Abi Nader, P., Adeniyi, A. F., Aguilar-Farias, N., et al. (2018). Global matrix 3.0 physical activity report card grades for children and youth: Results and analysis from 49 countries. *Journal of Physical Activity and Health*, 15(2), S251 – S273.

Baranowski, T. (1988). Validity and reliability of self-report measures of physical activity: An information-processing perspective. *Research Quarterly for Exercise and Sport*, 59(4), 314 – 327.

Bardid, F., Vannozzi, G., Logan, S. W., Hardy, L. L., & Barnett, L. M. (2018). A hitchhiker's guide to assessing young people's motor competence: Deciding what method to use. *Journal of*

Science Medicine in Sport, *22*(3), 311 - 318.

Barnett, L. M., Dudley, D. A., Telford, R. D., Lubans, D. R., Bryant, A. S., Roberts, W. M., et al. (2019). Guidelines for the selection of physical literacy measures in physical education in Australia. *Journal of Teaching in Physical Education*, *38*(2), 119 - 125.

Barnett, L. M., Vazou, S., Abbott, G., Bowe, S. J., Robinson, L. E., Ridgers, N. D., et al. (2016). Construct validity of the pictorial scale of Perceived Movement Skill Competence. *Psychology of Sport Exercise*, *22*, 294 - 302.

Bernstein, B. (1977). *Class codes and control, Volume 3: Towards a theory of educational transmissions.* London: Routledge and Kegan Paul.

Belanger, K., Barnes, J. D., Longmuir, P. E., Anderson, K. D., Bruner, B., Copeland, J. L., et al. (2018). The relationship between physical literacy scores and adherence to Canadian physical activity andsedentary behaviour guidelines. *BMC Public Health*, *18*(2), 113 - 121.

Belton, S., Issartel, J., McGrane, B., Powell, D., & O'Brien, W. (2019). A consideration for physical literacy in Irish youth, and implications for physical education in a changing landscape. *Irish Educational Studies*, *38*(2), 193 - 211.

Cairney, J., Dudley, D., Kwan, M., Bulten, R., & Kriellaars, D. (2019a). Physical literacy, physical activity and health: Toward an evidence-informed conceptual model. *Sports Medicine*, *49*(3), 371 - 383.

Cairney, J., Kiez, T., Roetert, E. P., & Kriellaars, D. (2019b). A 20th-century narrative on the origins of the physical literacy construct. *Journal of Teaching in Physical Education*, *38*(2), 79 - 83.

Cairney, J., Veldhuizen, S., Graham, J. D., Rodriguez, C., Bedard, C., Bremer, E., et al. (2018). A construct validation study of PLAYfun. *Medicine and Science in Sports and Exercise*, *50*(4), 855 - 862.

CS4L [Canadian Sport for Life] (2013). *Physical literacy assessment for youth.* Victoria, BC: Canadian Sport Institute.

Coyne, P., Dubé, P., Santarossa, S., & Woodruf, S. J. (2018). The relationship between physical literacy and moderate to vigorous physical activity among children 8 - 12 years. *Physical & Health Education Journal*, *84*(4), 1 - 17.

Delaney, B., Donnelly, P., News, J., & Haughey, T. J. (2008). *Improving physical literacy.* Belfast: Sport Northern Ireland.

Durden-Myers, E. J., & Keegan, S. (2019). Physical literacy and teacher professional development. *Journal of Physical Education, Recreation Dance*, *90*(5), 30 - 35.

Edwards, L. C., Bryant, A. S., Keegan, R. J., Morgan, K., Cooper, S. M., & Jones, A. M. (2018). "Measuring" physical literacy and related constructs: A systematic review of empirical findings. *Sports Medicine*, *48*(3), 659 - 682.

Edwards, L. C., Bryant, A. S., Keegan, R. J., Morgan, K., & Jones, A. M. (2017). Definitions, foundations and associations of physical literacy: a systematic review. *Sports Medicine*, *47*(1), 113 - 126.

Edwards, L. C., Bryant, A. S., Morgan, K., Cooper, S. M., Jones, A. M., & Keegan, R. J. (2019). A professional development program to enhance primary school teachers' knowledge and operationalization of physical literacy. *Journal of Teaching in Physical Education*, *38*(2), 126 - 135.

Estevan, I., Molina-García, J., Bowe, S. J., Álvarez, O., Castillo, I., & Barnett, L. M. (2018). Who can best report on children's motor competence: Parents, teachers, or the children themselves? *Psychology of Sport Exercise*, *34*, 1 - 9.

Fransman, J. (2005). *Understanding literacy: A concept paper.* Background paper for EFA global monitoring report. Paris: UNESCO.

Gallahue, D., Ozmun, J.C., & Goodway, J.D. (2012). *Understanding motor development: Infant, children, adolescents, adults.* New York, NY: McGraw-Hill.

Government of Ireland (1999). *Primary School curriculum.* Dublin: The Stationery Office.

Green, N.R., Roberts, W.M., Sheehan, D., & Keegan, R.J. (2018). Charting physical literacy journeys within physical education settings. *Journal of Teaching in Physical Education, 37* (3), 272 – 279.

Gunnell, K.E., Longmuir, P.E., Barnes, J.D., Belanger, K., & Tremblay, M.S. (2018). Refning the Canadian Assessment of Physical Literacy based on theory and factor analyses. *BMC Public Health, 18*(2), 131 – 145.

Harter, S., & Pike, R. (1984). The pictorial scale of perceived competence and social acceptance for young children. *Child Development, 55*(6), 1969 – 1982.

HALO [Healthy Active Living and Obesity Research Group] (2017). *Canadian Assessment of Physical Literacy.*

Jurbala, P. (2015). What is physical literacy, really? *Quest, 67*(4), 367 – 383.

Keegan, R.J., Barnett, L.M., Dudley, D.A., Telford, R.D., Lubans, D.R., Bryant, A.S., et al. (2019). Defining physical literacy for application in Australia: A modified Delphi method. *Journal of Teaching in Physical Education, 38*(2), 105 – 118.

Lalor, A., Brown, T., & Murdolo, Y. (2016). Relationship between children's performance-based motor skills and child, parent, and teacher perceptions of children's motor abilities using self/informant-report questionnaires. *Australian Occupational Therapy Journal, 63*(2), 105 – 116.

Liong, G.H., Ridgers, N.D., & Barnett, L.M. (2015). Associations between skill perceptions and young children's actual fundamental movement skills. *Perceptual Motor Skills, 120* (2), 591 – 603.

Lodewyk, K.R. (2019). Early validation evidence of the Canadian Practitioner-Based Assessment of Physical Literacy in secondary physical education. *The Physical Educator, 76*(3), 634 – 660.

Longmuir, P.E., Boyer, C., Lloyd, M., Yang, Y., Boiarskaia, E., Zhu, W., et al. (2015). The Canadian Assessment of Physical Literacy: Methods for children in grades 4 to 6 (8 to 12 years). *BMC Public Health, 15*(1), 1 – 11.

Lund, J.L., & Kirk, M.F. (2019). *Performance-based assessment for middle and high school physical education.* Champaign, IL: Human Kinetics.

Lundvall, S. (2015). Physical literacy in the field of physical education-A challenge and a possibility. *Journal of Sport and Health Science, 4*(2), 113 – 118.

Lynch, T., & Soukup, G.J. (2016). "Physical education", "health and physical education", "physical literacy", and "health literacy": Global nomenclature confusion. *Cogent Education, 3*(1), 1 – 21.

Macdonald, D., & Enright, E. (2013). Physical literacy and the Australian health and physical education curriculum. *ICSSPE Bulletin Journal of Sport Science and Physical Education, 65*, 351 – 359.

Manios, Y., Kafatos, A., & Markakis, G. (1998). Physical activity of 6-year-old children: Validation of two proxy reports. *Pediatric Exercise Science, 10*(2), 176 – 188.

PHE [Physical & Health Education, Canada] (2013). Passport for Life: Teacher's guide.

Pot, N., Whitehead, M.E., & Durden-Myers, E.J. (2018). Physical literacy from philosophy to practice. *Journal of Teaching in Physical Education, 37*(3), 246 – 251.

Robinson, D.B., & Randall, L. (2017). Marking physical literacy or missing the mark on physical literacy? A conceptual critique of Canada's physical literacy assessment instruments.

Measurement in Physical Education Exercise Science, 21(1), 40 – 55.

Robinson, D. B., Randall, L., & Barrett, J. (2018). Physical literacy (mis)understandings: What do leading physical education teachers know about physical literacy? *Journal of Teaching in Physical Education, 37*(3), 288 – 298.

Roetert, E. P., & Jeferies, S. C. (2014). Embracing physical literacy. *Journal of Physical Education, Recreation and Dance*, 85(8), 38 – 40.

Said, H. (2019). Physical literacy of elementary school students in Gorontalo 2018. In *1st International Conference on Education Social Sciences and Humanities (ICESSHum 2019)*. Atlantis Press, 430 – 434.

Saunders, T. J., MacDonald, D. J., Copeland, J. L., Longmuir, P. E., Barnes, J. D., Belanger, K., et al. (2018). The relationship between sedentary behaviour and physical literacy in Canadian children: A cross-sectional analysis from the RBC-CAPL Learn to Play study. *BMC Public Health*, 18(2), 45 – 65.

Spengler, J. O., & Cohen, J. J. (2015). *Physical literacy: A global environmental scan.* Washington, DC: The Aspen Institute.

Sport Australia (2018). Sport 2030: *Participation, performance, integrity, industry.* Canberra: Government of Australia.

Sport Australia (2019). *The Australian Physical Literacy Framework version 2.*

Stanec, A., & Murray-Orr, A. (2011). Elementary generalists' perceptions of integrating physical literacy into their classrooms and collaborating with physical education specialists. *Revue phénEPS/ PHEnex Journal*, 3(1), 1 – 18.

Stearns, J. A., Wohlers, B., McHugh, T.-L. F., Kuzik, N., & Spence, J. C. (2019). Reliability and validity of the PLAY fun tool with children and youth in Northern Canada. *Measurement in Physical Education and Exercise Science*, 23(1), 47 – 57.

Stoddart, A. L., & Humbert, M. L. (2017). Physical literacy is …? What teachers really know. *Revue phénEPS/PHEnex Journal*, 8(3), 1 – 20.

Street, B. (2006). *Understanding and defining literacy.* Background paper for EFA global monitoring report. Paris: UNESCO.

Sum, K., Wallhead, T., Ha, S., & Sit, H. (2018). Efects of physical education continuing professional development on teachers' physical literacy and self-efcacy and students' learning outcomes. *International Journal of Educational Research*, 88, 1 – 8.

Telford, A., Salmon, J., Jolley, D., & Crawford, D. (2004). Reliability and validity of physical activity questionnaires for children: The Children's Leisure Activities Study Survey (CLASS). *Pediatric Exercise Science, 16*(1), 64 – 78.

Tremblay, L., & Lloyd, M. (2010). Physical literacy measurement: The missing piece. *Physical and Health Education Journal*, 76(1), 26 – 30.

Tremblay, M. S., Costas-Bradstreet, C., Barnes, J. D., Bartlett, B., Dampier, D., Lalonde, C., et al. (2018). Canada's physical literacy consensus statement: Process and outcome. *BMC Public Health*, 18(2), 1 – 18.

Tremblay, M. S. (2012). Major initiatives related to childhood obesity and physical inactivity in Canada: The year in review. *Canadian Journal of Public Health*, 103(3), 164 – 169.

UNESCO (2004). *The plurality of literacy and its implications for policies and programmes.* Paris: UNESCO.

UNESCO (2006). *Literacy for life.* Education for All global monitoring report. Paris: UNESCO.

UNESCO (2015). *Quality physical education (QPE): Guidelines for policy makers.* Paris: UNESCO.

UNESCO (2019). *Literacy.* Paris: UNESCO.

Whitehead, M. (Ed.). (2010). *Physical literacy: Throughout the lifecourse.* London: Routledge.

Whitehead, M. (2013). Defnition of physical literacy and clarifcation of related issues. *ICSSPE Bulletin Journal of Sport Science and Physical Education, 65*, 29 - 34.

Whitehead, M. (2019). *Physical Literacy across the World.* London: Routledge.

伊妮姆方·艾尼莫·埃希特

目前是澳大利亚迪肯大学和英国考文垂大学联合培养的博士生。她的研究兴趣是发展公众体育活动。她过去的研究利用社会生态模型来了解促进或阻碍青少年参加体育活动的因素。目前,她的研究重点是开发儿童身体素养评估工具。

通讯地址:School of Health and Social Development, Faculty of Health, Deakin University, Geelong, Australia

电子信箱:lisa. barnett@deakin. edu. au

乔·萨蒙

迪肯大学体育活动与营养研究所的联合主任。她获得行为流行病学博士学位,在过去的 20 年里,她一直在研究如何制定有效的可推广的项目来促进儿童的体育活动。她发表了 330 多篇同行评议论文,在过去的 5 年里,她被评为"科睿唯安高被引"研究员,在她的学科领域,她在被引用最多的作者中排名前 1%。她在澳大利亚青少年体育活动指南的制定中发挥了关键作用(2004,2008,2014)。

通讯地址:School of Exercise and Nutrition Science, Institute of Physical Activity and Nutrition (IPAN), Deakin University, Geelong, Australia

纳塔利·J. 兰德

迪肯大学艺术与教育学院的"阿尔弗雷德迪肯博士后"研究员。纳塔利成功地开辟了一个细分领域,将积极的教学关系作为提高学生参与度和促进健康成果的基础。她发表过多个学科(如教育、医学、运动科学和健康)的文章,并在这些领域获得了国际认可。她指导过荣誉学生成功完成学业,目前正在共同指导 3 名联合培养博士研究生。

通讯地址:School of Education, Faculty of Arts and Education, Deakin University, Geelong, Australia

迈克尔·J. 邓肯

考文垂大学体育、运动和生命科学研究中心的体育和运动科学教授。他的博士研究重点是儿童体育活动、体重状况和体象之间的纵向联系。在过去的 18 年里,他一直在进行研究,试图了解儿童体育活动和锻炼的经历和相关性。发表同行评议论文 190 余篇。迈克尔是英国体育和运动科学协会认可的体育和运动科学家,他拥有科学委员会的特许科学家身份。

爱玛·L. J. 艾尔

体育运动与生命科学中心的一名早期职业研究员。她在体育活动、运动和健康领域有 10 年的研究经验,研究范围包括幼儿到老年人,涉及多个学科。爱玛在这些领域撰写了超过 35 篇论文,并与他人合作撰写了几本书的章节。她是英国心脏基金会、英国学院、英国体育协会、世界羽毛球联合会、百利达和伊拉斯谟+项目等一系列资助项目的首席研究员和联合研究员。

通讯地址:Centre for Sport, Exercise and Life Sciences (CSELS), Faculty of Health and Life Sciences (HLS), Coventry University, Coventry, United Kingdom

莉萨·M. 巴尼特

迪肯大学体育活动与营养研究所的成员。她是国际运动发展研究联盟的当选主席和澳大利亚运动医学研究员。她在评估儿童实际和感知的运动能力以及运动技能与健康行为的关系方面获得国际认可。她的职业生涯总共发表了 135 篇文章。她开发了感知运动技能的图示量表,已经在 25 个国家使用。她是制定澳大利亚身体素养定义和标准的三位主要研究者之一。

通讯地址:School of Health and Social Development, Institute of Physical Activity and Nutrition (IPAN), Deakin University, Geelong, Australia

定制化持续专业发展项目对体育教师感知身体素养和自我效能的影响

沈剑威 凯文·摩根 马文兴 蔡绍明

在线出版时间:2020 年 6 月 25 日
©联合国教科文组织国际教育局 2020 年

摘 要:本研究旨在探讨香港地区体育教师定制化持续专业发展项目(PE-CPD)对体育教师感知身体素养和自我效能的影响。研究通过开展个别和焦点小组访谈,以深入了解参与者的持续专业发展体验,并探讨该项目对他们感知身体素养和自我效能的影响。研究采用了主题分析法对访谈数据进行分析。结果显示,所有参与者在完成定制化持续专业发展项目后,他们对身体素养和教学效果的自我认知都发生了一定的直接和间接的变化。结论是,利益相关者应该强调通过类似的项目来培养教师的身体素养和自我效能的重要性,以便在学校课程中提供优质体育教育(QPE),进而提高学生的身体素养。

关键词:体育教育 持续专业发展 教师效能 身体素养 定性研究

背 景

根据联合国教科文组织(UNESCO)的决策者指南,"持续专业发展(CPD)应该是任何国家优质体育教育战略的关键优先事项"(UNESCO 2015, p.53)。该声明主张加强教师在优质体育教育中的能力和发展,因为提高体育教师的专业能力也会使学生受益(Sum et al. 2018)。由于没有相关文献追溯持续专业发展项目对体育教师感知身体素养和自我效能的影响,本研究开创了通过定性评估香港地区体育教师定制化持续专业发展项目的先河。

教师的持续专业发展需要随着时间的推移而改变(Harvey, Sinclair and Dowson 2005)。按照终身学习的方法,教师的专业发展通常分为三个阶段:职前教师教育、入职教学和持续专业发展(Lee 2013)。有学者已经提出持续专业发展分为

原文语言:英语

三个阶段:初期、中期和后期(Asaf, Shachar, Tohar, and Kainan 2008)。体育教师持续专业发展的早期研究(Armour and Yelling, 2004, 2007; Bechtel and O'Sullivan 2006; Ha et al. 2008; Keay 2006)和专业化经历(Sum and Dimmock 2014)始终表明,具有协作、互动、创新、实践或/和反思学习的持续专业发展机会是最有效的(Armour et al. 2017; Armour and Yelling 2007; Bechtel and O'Sullivan 2006; Ko, Wallhead, and Ward 2006; O'Sullivan and Deglau 2006)。

亨齐克(2011)指出了使用定制化持续专业发展的重要性,他宣称有效的持续专业发展应该是"嵌入工作的",并考虑教师的"个人和专业需求、个人学习偏好,以及他们对将学习什么和如何学习的投入"(p.177)。韦伯斯特-赖特(2009)还指出,教师的专业发展需要灵活的、可获得的和支持性的实践,以及根据他们当前能力和所处环境量身定制的时间框架和活动。

香港的持续专业发展

根据香港教育局的规定,中小学体育教师必须是学科专家。香港的体育教师大多在香港中文大学或香港教育大学接受过教育;两所大学都提供五年制体育教育的教育学士学位。少数体育教师来自其他当地或国外大学,他们通常在那里获得了另外的体育教育专业的研究生文凭。

香港在过去 20 年经历了前所未有的教育改革。2001 年,课程发展委员会(CDC)提倡建立"专业发展和终身学习的个人计划"(CDC 2001, p.116)。目的是通过提高教学质量,促进学生的学习和全人发展,因此对持续专业发展的需求,确实是香港教育界根深蒂固的原则。师训与师资咨询委员会(ACTEQ)于 2003 年为本港教师推出持续专业发展框架。在这个框架中,新教师必须在三年的周期内完成 150 个小时与教师能力框架(TCF)相关的持续专业培训。在师训与师资咨询委员会关于教师持续专业发展的第三份报告(ACTEQ, 2009)中,支持性证据证实了该框架的适当性,并记录了大多数校长和教师对该框架的支持。该报告还提出了提高持续专业发展质量和效率的若干进展。

师训与师资咨询委员会现更名为教师和校长专业发展委员会(COTAP),负责评估教师的持续专业发展已有 13 年,完成了 4 个三年周期。然而,只有两项研究(Ha et al. 2004; Ha et al. 2010)评估了香港地区体育教师定制化持续专业发展项目的进展和效果。他们的研究结果显示,在职培训被认为是切实有效的,符合课程改革的要求,并建议有效的体育教育持续专业发展应该包括课程设计者、大学学者和一线学校教师之间的相互理解和支持。

2015 年,由香港教育局委托开展的体育教师体育教育持续专业发展项目首次引入了身体素养的概念。因此,身体素养在香港是一个相对较新的概念,是近十年才出现的。身体素养的概念比体育教育、身体健康、运动和体育活动等相关术语更广泛、更深入:它要求的不仅仅是体育能力和采取积极的体育生活方式。身体素养研究的先驱玛格丽特·怀特黑德将身体素养定义为"终身保持体育活动的动机、信心、体能、知识和理解"(Whitehead 2010, p.5)。因此,任何旨在提高身体素养的项目都应该考虑参与者在项目期间和/或之后对身体素养的自我认知。

与此类似,廷宁(2010)指出体育教师的自我效能感是他们信念的一个关键因素,它也会影响他们的行为和专业实践。在此之前,马丁和卡琳娜(2004)发现,与自我效能低的体育教师相比,自我效能高的体育教师克服障碍的能力更强,意图更明确,控制水平更高。

理论基础

身体素养

怀特黑德(2001)是研究身体素养的先驱者之一,她提出了一个定义身体素养的语境。她所描述的具有身体素养的个体包括三个先决条件:运动能力、应对身体挑战的能力,以及理解环境的能力。一个有身体素养的人具有与环境互动所需的动机、信心和运动能力(基本运动技能)。在自然界或人工环境中具有身体挑战性的情况下,个人会在非语言水平上产生有效的自我表达,并根据积累的经验作出反应。

身体素养有六个属性:动机、自信和体能、与环境的互动、自我意识和自信、自我表达和与他人的沟通、知识和理解(Whitehead 2010)。这不仅仅是个人总是追求最好的卓越概念,而是一个广泛的概念,在这个概念中,个人根据承诺和朝着个人目标取得进步来定义卓越。特伦布莱和劳埃德(2010, p.28)将身体素养描述为:

> 一种结构体,体现了旨在实现优质体育教育或优质社区体育/活动项目的本质。它是与健康积极生活和提升体育娱乐机会有关的特征、属性、行为、意识、知识和理解的基础。

体育教育的一个主要目的是发展儿童的身体素养(Whitehead 2001)。最近的研究表明,体育课程应该采用一种身体素养的方法,将基本的运动技能(Higgs 2010)和身体素养的整体发展视为长期健康的关键(McKean 2013)。身体素养是体育教育的一个重要目标。此外,对身体素养的理解将有助于人们认识到体育教育的特殊性。因此,体育教师对自身身体素养的了解和自我认知在体育教学中尤为重要。

教学效果

与关于身体素养的文献类似,有相当多的文献表明,教师的能力、动机以及和知识相关的信念与他们的实践息息相关。自我效能被定义为"人们对自身能否有能力去完成既定任务所需的组织和执行过程的自信程度"(Bandura 1997, p.2)。班杜拉引入了自我效能感的概念,提出了两种截然不同的期望,即效能预期和结果预期。效能预期是个体成功执行任务的信念,而结果预期是个体对特定能力水平执行任务的估计(Bandura 1986)。对自我效能的信念可以影响许多行为,如决策、行动过程、内心演练、动机,以及在逆境中应对压力和抑郁(Bandura 1999)。特别是,据报道,教师相信自我效能对激励和加强学生学习的重要性,能够影响教师提供的学习环境风格和学生的学习进步程度(Bandura 1993)。

教学效能被定义为"教师对他们有能力影响学生学习的信念程度"(Armor et al. 1976, p.23)。教学效能通常被称为一般效能,它与教师能够影响学生学习的信念程度有关,而个人效能则与教师对能够影响学生学习的自我能力的信念程度有关(Humphries, Hebert, Daigle, and Martin 2012)。本研究以身体素养和教学效能的概念为理论框架,探讨定制化体育教育持续专业发展对体育教师感知身体素养和教学自我效能的影响。这可能关系到身体素养发展带来的学生动机和体育活动参与的变化(Sum et al. 2018)。

持续专业发展的成效

调查持续专业发展的有效性是很复杂的(Armour, Quennerstedt, Chambers, and Makopoulou 2017):调查可能涉及教师成果和学生学习的特征,这些特征在不同的项目、内容方面和教育水平之间可能存在很大差异(Sum et al. 2018)。持续专业发展可以有即时、中期和长期的影响(Scher and O'Reilly 2009)。长期影响会引起学生对学科(体育)的态度和学生成绩的积极变化(Scher and O'Reilly 2009, p.212)。此外,有效的持续专业发展应该是一个无缝的、持续的、贯穿整个职业生涯的过程,并关注教师的日常工作活动(Desimone 2011)。

从早期的研究中总结出有效持续专业发展的关键原则,即对教师专业学习和学生成绩发展有积极影响(Timperley, Wilson, Barrar, and Fung, 2007)。一项研究考察了持续专业发展对中学体育教师在体育课上的有效性(Sears, Edgington, and Hynes 2014)。结果显示,往往由于时间限制或机会有限,体育教师没有获得足够的与体育相关的持续专业发展机会,以及很少利用专业协会提供的持续专业发展机会。因此,持续专业发展在体育教学中的有效性是微乎其微的。最近,阿莫、昆纳斯泰特、钱伯斯和马科普洛(2017, p.799)认为,当代体育教师有效的持续专业发展(CPD)应该(1)关注学习过程的令人眼花缭乱的复杂性,(2)优先考虑环境和时代挑战,(3)以创新的方式将研究/理论与实践联系起来,(4)助力体育教师的职业成长。

考虑有效持续专业发展的先决条件,并根据教师的需求和时间偏好(Hunzicker 2011)来构建的一项定制化持续专业发展项目,可以填补这些空白,并阐明参与者的身体素养和教学效能的变化。因此,本研究以香港为研究对象,探讨定制化的体育教师持续专业发展对体育教师感知身体素养和教学自我效能的影响。

研究方法

本研究采用深入的定性方法(Glaser and Strauss 1967),通过三个阶段的调查,调查定制化持续专业发展项目如何影响体育教师自我感知的身体素养和教学自我效能的变化。

定制化体育教师持续专业发展的设计

定制化持续专业发展项目的内容是根据在开展定制化持续专业发展项目之前和期间进行的两轮访谈而设计的。表1描述了定制化体育教师持续专业发展项目的详情。

表 1　定制化体育教育持续专业发展项目(PE‐CPD)详情

	日期	时长	主题	理论	实践	数据收集
PE‐CPD 的 第一部分	2016.09.17	1	介绍,教学效能感和身体素养	√		
	2016.09.17	2	躯体和伸展训练		√	
	2016.10.05	1.5	体育教学与体育活动中的法律责任	√		
	2016.10.05	1.5	通过游戏和活动开展运动教学		√	
	2016.10.22	2	高强度间歇训练(HIIT)和健身		√	
	2016.10.22	1	设计你的 PE‐CPD 和焦点小组访谈			√
PE‐CPD 的 第二部分	2016.11.09	1	跳绳		√	
	2016.11.09	2	信息技术在体育教育课和体育活动中的应用	√		
	2016.11.26	1.5	棒球和垒球		√	
	2016.11.26	1.5	体育教育和体育活动保险	√		
	2016.12.03	2	运动损伤与康复	√		
	2016.12.03	1	最后的焦点小组访谈			√
	总时长	16				

体育教师参与共同设计持续专业发展的教材,这样对教师的学习有益(Voogt et al. 2015)。与已有研究一致,他们提出的主题和教学模式具有创新性、互动性、实

践性和反思性(Armour, Quennerstedt, Chambers, and Makopoulou 2017；Armour and Yelling 2007；Bechtel and O'Sullivan 2006；Ko, Wallhead, and Wald 2006；O'Sullivan and Deglau 2006)。持续专业发展项目第一部分的主题是由第一阶段的个别访谈决定的,而第二部分的主题则是由体育教师参与者在第二阶段的小组访谈中集体决定的。总的来说,这些工作坊的理论(8 小时)和实践(8 小时)课程是相等的。此外,体育教学的具体主题和教学策略类型旨在提高体育教师的身体素养和教学效能感。所有参与者都同意,这种定制化持续专业发展项目应在香港中文大学这样的教师教育机构实施。

参与者

图 1 说明了通过招募、纳入和排除参与者的三个调查阶段。5 名小学体育教师(均为男性)和 4 名中学体育教师(1 名女性和 3 名男性)被招募参加体育教育持续专

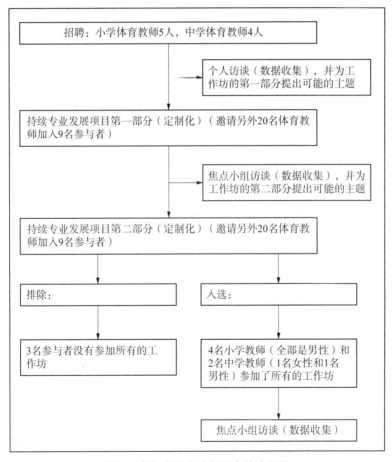

图 1　参与者三个阶段调查的流程图

业发展项目的第一部分。入选标准为:(1)目前担任全职教师,(2)教授至少一门体育课程,以及(3)可以参加完整的定制化体育教育持续专业发展项目。为了提升项目,并营造一个更具合作和互动性的学习环境,又邀请了20名体育老师参与该项目。在体育教育持续专业发展项目结束时,只有4名小学教师(均为男性)及2名中学教师(1名女性和1名男性)参加了全部的持续专业发展项目(共16学时),符合入选标准。没有参加所有工作坊的3名参与者被排除在研究之外。表2总结了参与者的特征。

表 2　参与者特征汇总

序号	姓名	性别	年龄	学校			教学经验(年)	持续专业发展参加时数	其他角色/职责
				等级	类型	类别			
1	/	M	26	初中	受资助	男女同校	3	1.5	排除
2	亚当	M	37	初中	受资助	男女同校	17	18	体育部主任,课外活动副主任
3	本	M	36	小学	受资助	男女同校	15	18	负责学校的英语和道德教育,管理学校的持续专业发展,纪律委员会委员
4	卡洛斯	M	39	小学	受资助	男女同校	16	18	体育部主任,语文教学委员,校委会委员
5	/	M	29	初中	私人	男女同校	6	7.5	排除
6	黛安娜	F	28	初中	私人	女校	5	18	教数学,学科委员会委员
7	埃尔维斯	M	26	小学	私人	男女同校	1.5	18	教数学
8	/	M	51	小学	受资助	男女同校	27	15	排除
9	弗雷德	M	40	小学	受资助	男女同校	18	18	教数学,学科委员会委员

数据收集

第一阶段

在开展任何持续专业发展之前,进行了半结构化访谈。要求所有9名参与者谈论他们理想的体育教育持续专业发展主题、他们过去的持续专业发展经历、他们参加持续专业发展项目的动机和障碍,以及他们对有效的体育教育持续专业发展的看法。这些数据将影响第二阶段的内容。

第二阶段

在8小时持续专业发展的第一部分结束时进行了焦点小组访谈。要求教师评估体育教育持续专业发展项目第一部分相关的身体素养和教学效能感。此外,在提供反馈以促进讨论和交流实际想法之后(Armour and Yelling 2004;Edmonds and Lee 2002),要求他们头脑风暴,为定制化体育教育持续专业发展项目的第二部分提出他们感兴趣的可能的工作坊主题。

第三阶段

最后的焦点小组访谈在 8 小时持续专业发展项目的第二部分结束时进行。要求参与者分享他们关于该项目对他们自身身体素养和教学效能感的影响的看法,并对项目的有效性发表评论。会问他们以下问题:你如何看待与身体素养相关的你的信心、体能、自我意识和知识? 你是否相信你已经提高了自己的能力,以适应与学生成绩和学生学习相关的预期学习成果?

数据分析

个别访谈和焦点小组访谈都被录音和逐字转录。为了确保保密,通过使用笔名对笔录进行匿名处理。使用主题编码进行分析(Braun and Clarke 2006)。对文字进行编码,并对类似的概念进行不断的比较。这些类别(Lincoln and Guba 1985)分为以下几组:(a)过去的持续专业发展经历,(b)对有效体育教育持续专业发展项目的看法,(c)教学效能感,(d)对身体素养的自我认知。

可信度

使用审计跟踪来为调查结果提供可信度。在个人和焦点小组访谈的反馈中进行人员校对,以验证调查结果。使用数据源三角测量提高研究结果的可信度(Strauss and Corbin 1998)。

伦理审批

本研究已获香港中文大学调查与行为研究伦理委员会批准进行。告知所有参与者他们的参与是自愿的,不会在任何书面报告或出版物中出现或透露他们的名字。

研究结果

第一阶段:个人访谈

在第一组访谈中,受访者从三个方面描述了他们过去的持续专业发展经历:(1)持续专业发展的模式,(2)持续专业发展的吸引力和偏好,(3)参与持续专业发展的动机和障碍。

持续专业发展模式

体育教师关心的是一个有效的体育教育持续专业发展将如何运作。例如,他们提到了它的持续时间、结构、使用非学校时间、一次性研讨、自上而下法和校外网站。在政策实施之初,体育教师普遍对达到要求的持续专业发展项目的学时感到有压力。然而,本(R3)评论道:

> 我感到轻松,因为我发现许多其他结构化和非结构化的模块,如关于备课的讨论或在地区运动会担任裁判,也可以算作持续专业发展学时。(R3)

负责协调持续专业发展活动的本还表示:"一天的校内员工发展活动是大多数同事首选的持续专业发展活动。"(R3)

通过参加各种形式的持续专业发展活动,亚当(R2)改变了自己的体育教学理念。他参加了由曼联足球学校(香港)举办的一个场外的自发的足球教练课程。他的教学理念从高度关注技能发展转变为一种更有趣的方法:

> ……在参加了教育局举办的体育教师暑期学校的互动工作坊后,我发现我的教学方法与以前有了很大的不同。我过去在体育课上的常规是先热身,然后是分组和技术练习,最后是小组比赛。我的学生现在比以往更喜欢体育课。我能看到转变……他们中的一些人过去经常忘记穿体育课制服,因为他们不愿意去上体育课。然而,在过去的两年里,我很少遇到这个问题。(R2)

对持续专业发展的吸引力和偏好

体育教师可根据个人需要、兴趣、时间安排及场地便利,通过教育局(EDB)电子服务网上系统报名参加会议、工作坊及课程。体育教师还考虑了活动的吸引力及其对教学的有用性。亚当(R2)指出,"我参加了短期课程,学习了新知识,没有太多的工作负担"(R2)。本(R3)表示,在最初几年的教学中,他非常渴望参加暑期课程,但他声称:"这些年的课程或多或少都是一样的。因此我停止了报名。"(R3)

黛安娜(R6)报名参加了夏季工作坊,因为有一些她从未尝试过的体育活动。她认为教育局提供的体育教育持续专业发展是不够的。卡洛斯(R4)也认为他参加的持续专业发展项目缺乏吸引力:

> 在市政厅有一个持续3个小时的研讨会。我认为内容没有意义,没有实用性,也没有创新性。我认为读一本书可能对我更有用。(R4)

参与持续专业发展的动机和障碍

就不同的持续专业发展模式而言,所有受访者(R1－R9)表示,他们参与持续专业发展的动机包括个人需要、个人兴趣、学习新知识、课程内容的吸引力、对教学的有用性、提升自我的渴望、同事的影响、地点是否便利,以及时间安排。另一方面,参与持续专业发展的障碍包括家庭问题、时间限制、不愿意在假期或周末参加课程,以及多年来反复出现的主题。

第二和第三阶段:焦点小组访谈

对有效持续专业发展的看法

本研究的主要目标之一是检验定制化体育教育持续专业发展的有效性。所有受访者都认为积极参与、提高体育教学的新知识和专业教师是有效持续专业发展最重要的因素。经过 16 个小时的定制化体育教育持续专业发展,所有受访者都认为,他们在认知领域学到了一些新的知识。在完成了"信息技术在体育课和体育活动中的应用"和高强度间歇训练(HIIT)工作坊后,亚当(R2)反映:

> 通过回顾过去的知识,我获得了新的见解。实际上,给了我很多教学灵感,尤其是在体育训练方面……IT 工作坊提供了新的想法。通过这个持续专业发展,我可以跟上该领域目前的发展情况。(R2)

弗雷德(R9)从事体育教学有 18 年了。他表示,新的教学法启发了他的教学方式。

> 在跳绳工作坊,我从来没有想过要把绳子剪成两半跳。通过这样的修改,学生们可以在步法和跳跃节奏上进行练习,且不会被绳子绊倒。我的教学有了很大的进步。对我来说,这是一个突破。(R9)

定制化体育教育持续专业发展项目中新发起的主题促使亚当(R2)和弗雷德(R9)进一步学习运动教练项目。他们都参加了新的"运动损伤和康复"工作坊。

卡洛斯(R4)则指出:

> 在我们的日常体育教学中,有很多事情与体育无关。这些与体育无关的任务包括纪律和其他行政工作。教学是我们日常工作的一部分。我是否仍然接受将体育教师作为我的主要角色?我不认为我可以,因为缺乏最新的体育知识和体育教师的特征。然而,这次体育教育持续专业发展让我意识到,在体育方面还有很多东西要学。当我参加这个体育教育持续专业发展项目时,重新发现

了职业的乐趣,这对我来说很重要。未来的持续专业发展项目也是如此。(R4)

卡洛斯的经历表明,当教师的学习建立在反思和共同行动的基础上时,就会得到提升。此外,通过在持续专业发展项目中接受有意识和有计划活动的学习经历,这些体育教师能够唤醒并推广他们作为变革推动者的承诺,鼓励他们在整个职业生涯中与学生一起实践。

对身体素养的自我认知

在身体素养方面,体育教师认为他们的信心、体能、自我意识和知识都因为参加了定制化的体育教育持续专业发展项目而得到了增强。黛安娜(R6)认为:

> 我的能力足以教我的学生,但与我的同行相比,尚有不足,尤其是在运动技能方面。然而,我为自己从事体育工作感到骄傲,因为我不会累,也不易生病。我承认通过参加体育教育持续专业发展项目和持续开展的体育教学,我的体育能力和知识得到了提升。(R6)

黛安娜的说法有力地证实了具有价值的持续专业发展学习和教学经验一样宝贵,教学经验在确定教师专业技能水平方面发挥了重要作用。亚当(R2)是一位经验丰富的体育老师,体育教学的教龄超过17年。他承认,"因为年龄和缺乏锻炼我显然是不适宜的,尽管我在学生面前很自信"(R2)。相反,尽管工作量很大,弗雷德还是参加了很多持续专业发展项目活动。他(R9)分享道:

> 自从上完这门课,我就喜欢上了太极拳。我一直在练太极。在体育部主任的领导下,我们将太极纳入校本课程,并参加了行政长官卓越教学奖评比。这些活动激励着我继续练习太极拳。根据教练的要求,我也会参加太极比赛,因为我想了解自己,把自己看作一名运动员。(R9)

持续专业发展不仅对体育教师的专业实践和职业生涯产生积极的影响,而且对他们的个人生活也有重要的影响。亚当(R2)证实了这一趋势:

> 关于动机,在HIIT工作坊之后,我意识到这样高强度的运动可以在一个小的区域和/或没有太多设备的情况下进行。我很有动力,计划做更多的运动。(R2)

在知识和理解方面,埃尔维斯(R7)强调:

　　通过参加体育教育持续专业发展项目,目前我已经更新了一些科学知识,如基本的运动技能,训练和教练中的生理和生物力学方面、体育教学的新教学方法,等等。在体育课上,我更有身体素养、更有动力、更有信心地传授所学知识。(R7)

此外,埃尔维斯(R7)阐述了他如何将在体育教育持续专业发展项目中学到的知识应用于他自己在真实学校环境中的体育教学:

　　我把我在自由运动和跳绳中学到的知识运用到体育课上。相比之下,我的同事们的体育教学常规往往包括跑步、拉伸、锻炼时间和自由时间。作为一名体育老师,我的自我价值感很强烈。当我看到学生在课堂上笑的时候,我很受鼓舞……我觉得学生比以前更喜欢我的体育课了。(R7)

教学效能感

当被问及教学效能感是否可以衡量这种定制化体育教育持续专业发展的有效性时,黛安娜(R6)回答说:

　　一开始,我没有告诉体育部主任我来这里参加体育教育持续专业发展,但我告诉了我的体育课同事……我想我不能说在参加体育教育持续专业发展项目之后我有信心去教他人……我只能说我有一些东西要在我的体育部门分享。(R6)

然而,亚当(R2)认为在参加了定制化体育教育持续专业发展的特定课程后,其教学效能感得到了加强。他提到:

　　HIIT 工作坊的第二天,我试着把我在体育课上学到的东西付诸实践。起初,我试着在优秀班级上进行更剧烈的运动,效果很好。令人惊讶的是,当我将HIIT 与更具挑战性的课程结合起来时,效果甚至更好。同学们都觉得很有挑战性,很开心……不仅我自己学到了一些东西,当我把我的教学计划分享给我的同事的时候,他们也从我的经验中学到了一些东西。(R2)

从这个意义上说,体育教师对自己能力提升的信念可以产生预期的成绩或学习成果。

埃尔维斯(R7)认为他的教学效能感也得到了加强。他透露,他有机会与同事们分享从体育教育持续专业发展中学到的知识：

> 尽管我在跳绳和棒球方面的教学经验较少，但我相信我在体育课上做这些运动的时候是感到有趣和享受的。我的教学包括了教学技巧和教学用具。由于这些运动项目不是我的专业领域，体育教育持续专业发展给了我极大的帮助。(R7)

可以认为，一个拥有强烈自我效能感的人可以在一系列环境中增强他或她的个人满足感。在这种情况下，体育教育持续专业发展项目正向增强了教师的自我效能感，并可能影响他们的教学方法，正如弗雷德(R9)所透露的那样：

> 在参加完法律责任和保险工作坊后，我非常担心我的体育教学的效果。我在网上搜索了所有与体育和运动有关的法庭案件，我意识到我过去教授体育和指导运动的方式可能会受到法庭诉讼。我应该买保险吗？我还应该做什么？我开始怀疑自己。一方面，这次持续专业发展项目激励了我学习。但另一方面，我开始对自己的体育教学感到不安。

这些发现重申了这样一个事实，即创新和协作的定制化体育教育持续专业发展可以增加体育教师对学习的获得感。此外，定制化体育教育持续专业发展经历也激发了体育教师更大的学习热情，并将他们在持续专业发展期间所学到的知识运用到日常教学中。

讨　论

本研究的目的是探讨在香港的背景下，定制化体育教育持续专业发展(PE-CPD)项目对体育教师感知身体素养和教学效能的影响。分析显示，在参加定制化体育教育持续专业发展项目后，所有参与者在身体素养和教学效能感方面的自我认知都出现了一些直接和间接的变化。

一个有效持续专业发展项目设计的体验感悟

由于他们之前的经历，参与本研究的体育教师可以很容易地陈述他们在过去的体育教育持续专业发展工作坊中的个人感受，以及他们认为有效的持续专业发展项目设计中至关重要的因素。早期的研究表明，如果提供的持续专业发展机会本质上是协作的、互动的、创新的、实用的和/或具有反思的(Armour et al. 2017; Armour and Yelling 2007; Bechtel and O'Sullivan 2006; Ko, Wallhead, and Ward 2006;

O'Sullivan and Deglau 2006)，体育教师可能认为这些机会对他们的专业发展最有效。本研究发现，体育教师更喜欢参加互动工作坊，聆听有研究证据的教学讲座，这有助于他们反思自己的教学，获得新的体育或教学知识，并感觉自己是焕然一新和赋予能量的体育专业人员。

此外，我们的研究结果还证实，体育教师应该作为积极的学习者和有效持续专业发展项目的合作参与者(Blank and de las Alas 2009)。显然，如果持续专业发展的教学是积极的、实用的、具有挑战性的、引人深思的，并且由优秀的演讲者提供(Day 1999；Edmonds and Lee 2002；Sparks 2002)，体育教师很有可能遵循课程设计并获得预期的专业发展，特别是关于教师学习和学生成就方面(Blank and de las Alas 2009；Cordingley，Bell，and Rundell 2003)。

我们对体育教师的访谈强调了吸引体育教师参加持续专业发展项目的各种动机和障碍。高质量的持续专业发展设计不仅要考虑持续时间、特色主题、上课时数和学习活动的类型(Blank and de las Alas 2009；Timperley，Wilson，Barrar，and Fung 2007)，接受者的偏好和需求也应该是关键因素(Armour and Yelling 2007；Goodall et al. 2005；Ha et al. 2008；Hunzicker 2011；O'Sullivan and Deglau 2006)。例如，我们的研究发现，一些体育教师更喜欢一天的校内持续专业发展活动，而另一些则喜欢有趣的现场工作坊；一些人可能喜欢工作量较小的持续专业发展活动，而另一些人则更关注课程是否新颖和具有挑战性。

虽然很难同时满足体育教师个性化的所有偏好和需求，但通过本案例所做的初步调查和讨论，可以帮助设计者了解教师的偏好，并定制符合他们需求的持续专业发展。这种方法可能是支持体育教师有思考和能力进行变革的一种更有效的方式。正如贾亚拉姆、莫夫特和斯科特(2012)所建议的那样，一个成功的持续专业发展项目应该从"推"转向"拉"，因为"当教师了解到他们能够提升，获得有助于他们提升的发展机会，并看到他们的提升将使学生受益时，他们的责任感就会增强"(2012, p. 9)。

在实践共同体中追求知识

任何持续专业发展项目的"有效性"都不是不言而喻的，它的影响和成功不应该只是被理解，还应该被评估和展示(Goodall et al. 2005；Cordingley，Bell，and Rundell 2003)。本研究的受访者一致认为，定制化体育教育持续专业发展是有效的，因为它为他们提供了一个反思、更新和完善体育教学知识的机会，从而改变他们在现实体育课堂中的先前知识、信念和实践。科克伦·史密斯和利特尔(1999)认为，教师学习的概念总是与对知识—实践关系的理解有关。只有当持续专业发展供应者能够清楚地认识到项目中显性或隐性知识的地位和作用，才有可能提供有效和有意义的学习。此外，要使体育教育持续专业发展项目本身"有效"，体育教师不应被视为知识的被动接受者。持续专业发展中所包含的知识必须经过精心挑选和组织,以支持教师个人在学习如何教学方面的动态和持续的专业发展(Armour 2010; Armour et al. 2017)。

我们对体育教师的访谈中出现的另一个主题涉及定制化体育教育持续专业发展项目的形式,该形式是将体育教师聚集在一起,鼓励他们作为专业人士分享他们的专业知识,并帮助他们在相同的日常主题上合作。这些专题帮助他们更有意识地认识到自己的个人进步,也让他们在专业学习共同体中感到舒适和得到支持。以共同体形式提供的持续专业发展项目创造了一种环境,在这种环境中,参与者是终身的"学习者",而不是儿童和青少年的"教师"。

与这一观点一致,之前的研究综述提醒我们,"将外部专业知识与同伴支持相结合,似乎是与协作式持续专业发展预期成效所显现的特征一致"(Cordingley, Bell, Thomason, and Firth 2005, p.14)。事实上,来自体育实证研究的证据也高度支持将体育教师分组在实践共同体中,作为维持教师学习的宝贵策略(Armour and Yelling 2007; O'Sullivan 2007; Patton, Parker, and Pratt 2013; Patton and Parker 2017)。共同体学习有助于培养和深化体育教师的专业技能,因为"它形成了一种成员参与集体学习过程的共享型实践"(O'Sullivan 2007, p.11)。

促进身体素养和教学效能感发展的体育教育持续专业发展

体育教师认为,本研究中的体育教育持续专业发展的干预满足了他们的个人需求,并有助于增强他们的信心和感知能力,以改善他们的教学实践。与班杜拉(1997)关于自我效能感的观点一致,教学效能感的增强促使体育教师去解决体育教学的多方面问题,如内容知识、适应技能差异和有效教学(Humphries, Hebert, Daigle, and Martin 2012)。作为在职培训的一种干预,协作式定制化体育教育持续专业发展提高了教师在满足学生期望学习方面的个人自我效能感,并提供了面对尚未解决的问题的机会(Ross, Rolheiser, and Hogaboam-Gray, 1999)。

此外,本研究的结果显示,定制化体育教育持续专业发展使教师更加有意识地认识到他们以前忽视的体育教学和学校组织的诸多方面。对一些人来说,这有助于他们意识到自己在知识或实践方面的差距,让他们在更好地了解自己必须学习什么才能成为一名更有效的体育教师时,感到自己略有不足。尽管如此,研究结果似乎表明,定制化体育教育持续专业发展项目可能是提高体育教师个体自我效能感的功能载体——更具体地说,在支持课程改革(Ha et al. 2004)、实施课堂实践(Guskey 2002; Cordingley, Bell, and Rundell 2003),以及提高学生体育活动参与方面的自我效能感(Sum et al. 2018)。

身体素养提供了比体育教育或简单参与体育活动更广泛的结构(Roetert, Ellenbecker, and Kriellaars 2018)。它也可能是连接体育教育各个方面的桥梁,形成超越其单个组成部分的价值,如体能、知识和理解、动机和信心(Dudley 2018)。一个有效的持续专业发展项目可以对教师的实践和专业成长产生影响,进而影响学生的学习成绩(Sum et al. 2018;Klingner 2004;Guskey 2002)。

更重要的是,有效的持续专业发展应该提供一种转变思想和价值观概念的意识(Sum et al. 2016a,2016b),以及热情和态度的变化(Harland and Kinder 1997)。在这种情况下,体育教师变得更加关注成为一个有身体素养的个体的重要性。现在,这已成为学生体育课的核心内容(Sum et al. 2018;UNESCO 2015;SHAPE 2014;Whitehead 2010)。实践者和研究者有必要通过有力的经验证据,了解如何以感知到的身体素养来影响预期的教师教学专业知识和学生学习成绩。

结　　论

本研究开创了定性评估定制化体育教育相关持续专业发展项目的先河,并探讨其对体育教师感知身体素养和自我效能的影响。这项定性研究的结果强调了定制化体育教育持续专业发展项目如何有助于指导当前体育教师专业发展的实践。研究者、决策者和教师教育工作者都在体育教育中发挥着关键作用,为了确保体育教师职业生涯的专业发展,进而使学生受益,培养教师的身体素养和自我效能感很重要(Sum et al. 2018)。由于体育教师具有多种角色(Sum and Dimmock 2014),他们的职业抱负高度依赖于他们是终身教职还是合同制(Sum and Dimmock 2013),因此,对体育教师从职业生涯早期到职业生涯晚期的职业道路进行纵向研究,以及他们的持续专业发展参与情况,对于确定他们在教学效能感和身体素养方面的专业成长似乎很重要。

本研究的独特之处在于探讨了体育教师对自身身体素养的认知,以及这种认知如何影响体育教师的教学效能感。有趣的是,尽管体育教师是体育专家,并接受了五年的体育教师培训,但他们的访谈记录表明,他们对自己的身体素养经历和体育教学效能的认知相对较低。如果体育教师在自己的身体素养认知上有困扰,那么他们就很难在体育课上提高学生的身体素养。本研究的原创性贡献是参与者的身体素养自我认知和教学效能感是如何通过定制化体育教育持续专业发展项目得以提高的。通过定制化体育教育持续专业发展提高教师感知身体素养和自我效能,是在学校课程中实现优质体育教育的一种手段,它能促进学生的学习和身体素养养成。

本研究也存在一些局限性。定制化体育教育持续专业发展没有考虑满足一位体育教师在某一方面的需求,以及另一位体育教师的另一方面需求的个性化方式。此外,样本量相对较小,因此研究结果仅针对本案例,推广到其他体育教师的可能性有限。

（王　薇　译）

参考文献

ACTEQ [Advisory Committee on Teacher Education and Qualifcations] (2009). *Towards a learning profession: Third report on teachers' continuing professional development.* Hong Kong: ACTEQ.

Armor, D. P., Conry-Oseguera, P., Cox, M., King, N., McDonnell, L., Pascal, A., et al. (1976). *Analysis of the school preferred reading program in selected Los Angeles minority schools.* Santa Monica, CA: Rand.

Armour, K. M. (2010). The physical education profession and its professional responsibility or why "12 weeks paid holiday" will never be enough. *Physical Education and Sport Pedagogy, 15* (1),1 – 13.

Armour, K., Quennerstedt, M., Chambers, F., & Makopoulou, K. (2017). What is "effective" CPD for contemporary physical education teachers? A Deweyan framework. *Sport, Education and Society, 22*(7),799 – 811.

Armour, K. M., & Yelling, M. R. (2004). Continuing professional development for experienced physical education teachers: Towards effective provision. *Sport, Education and Society, 9*(1), 95 – 114.

Armour, K. M., & Yelling, M. (2007). Effective professional development for physical education teachers: The role of informal, collaborative learning. *Journal of Teaching in Physical Education, 26*(2),177 – 200.

Asaf, M., Shachar, R., Tohar, V., & Kainan, A. (2008). From super teacher to a super teacher: The career development of teacher educators. *Forum: Qualitative Social Research, 9*(3), 1 – 28.

Bandura, A. (1986). *Social foundations of thought and action: A social-cognitive theory.* Englewood Cliffs, NJ: Prentice-Hall.

Bandura, A. (1993). Perceived self-efficacy in cognitive development and functioning. *Educational Psychologist, 28*(2),117 – 148.

Bandura, A. (1997). *Self-efficacy: The exercise of control.* New York, NY: W. H. Freeman.

Bandura, A. (1999). Social cognitive theory: An agentic perspective. *Asian Journal of Social Psychology, 2*(1),21 – 41.

Bechtel, P. A., & O'Sullivan, M. (2006). Effective professional development — What we now know. *Journal of Teaching in Physical Education, 25*(4),363 – 378.

Blank, R. K., & de las Alas, N. (2009). *The effects of teacher professional development on gains in student achievement: How meta analysis provides scientific evidence useful to education leaders.* Washington, DC: Council of Chief State School Officers.

Braun, V., & Clarke, V. (2006). Using thematic analysis in psychology. *Qualitative Research in Psychology, 3*(2),77 – 101.

Cochran-Smith, M., & Lytle, S. L. (1999). Chapter 8: Relationships of knowledge and practice: Teacher learning in communities. *Review of Research in Education, 24*(1),249 – 305.

Cordingley, P., Bell, M., & Rundell, B. (2003). How does CPD afect teaching and learning? Issues in systematic reviewing from a practitioner perspective. Paper presented at *The British Educational Research Association Annual Conference* (pp. 11 – 13), Heriot-Watt University, Edinburgh, September 2003.

Cordingley, P., Bell, M., Thomason, S., & Firth, A. (2005). *The impact of collaborative continuing professional development (CPD) on classroom teaching and learning. review: How do collaborative and sustained CPD and sustained but not collaborative CPD affect teaching and learning?* London: EPPI-Centre, Social Science Research Unit, Institute of Education, University of London.

Curriculum Development Council (2001). *Learning to learn—The way forward in curriculum development.* Hong Kong: Curriculum Development Council.

Day, C. (1999). *Developing teachers: The challenges of lifelong learning.* London: Falmer Press.

Desimone, L. M. (2011). A primer on effective professional development. *Phi Delta Kappan, 92* (6),68 – 71.

Dudley, D. (2018). Physical literacy: When the sum of the parts is greater than the whole. *Journal of Physical Education, Recreation and Dance, 89*(3),7 – 8.

Edmonds, S., & Lee, B. (2002). Teacher feelings about continuing professional development. *Education Journal, 61,*28 – 29.

Glaser, B., & Strauss, A. (1967). *The discovery of grounded theory: Strategies for qualitative research.* Chicago, IL: Aldine Publishing.

Goodall, J., Day, C., Lindsay, G., Muijs, D., & Harris, A. (2005). Evaluating the impact of continuing professional development (CPD). Coventry, UK: University of Warwick.

Guskey, T. R. (2002). Professional development and teacher change. *Teachers and Teaching: Theory and Practice, 8*(3),381 – 391.

Ha, A., Lee, J., Chan, D., & Sum, R. (2004). Teachers' perceptions of in-service teacher training to support curriculum change in physical education: The Hong Kong experience. *Sport, Education and Society, 9*(3),421 – 438.

Ha, A.S.C., Sum, K.W.R., Chan, W.K., O'Sullivan, M., & Pang, O.B. (2010). Effects of a professional development programme on teacher receptivity and curriculum change in Hong Kong physical education. *Educational Research Journal, 25*(1),47 – 80.

Ha, A.S., Wong, A.C., Sum, R.K., & Chan, D.W. (2008). Understanding teachers' will and capacity to accomplish physical education curriculum reform: The implications for teacher development. *Sport, Education and Society, 13*(1),77 – 95.

Harland, J., & Kinder, K. (1997). Teachers' continuing professional development: Framing a model of outcomes. *Journal of In-Service Education, 23*(1),71 – 84.

Harvey, P., Sinclair, C., & Dowson, M. (2005). Teacher motivation for postgraduate study: Development of a psychometric scale for Christian higher education. *Christian Higher Education, 4*(4),241 – 264.

Humphries, C. A., Hebert, E., Daigle, K., & Martin, J. (2012). Development of a physical education teaching efficacy scale. *Measurement in Physical Education and Exercise Science, 16* (4),284 – 299.

Hunzicker, J. (2011). Effective professional development for teachers: A checklist. *Professional Development in Education, 37*(2),177 – 179.

Jayaram, K., Moft, A., & Scott, D. (2012). *Breaking the habit of ineffective professional development for teachers.* McKinsey on Society.

Keay, J. (2006). Collaborative learning in physical education teachers' early-career professional development. *Physical Education and Sport Pedagogy, 11*(3),285 – 305.

Klingner, J.K. (2004). The science of professional development. *Journal of Learning Disabilities, 37*(3),248 – 255.

Ko, B., Wallhead, T., & Ward, P. (2006). Professional development workshops—What do teachers learn and use. *Journal of Teaching in Physical Education, 25*(4),397 – 412.

Lee, J. C. K. (2013). Teacher education in Hong Kong: Status, contemporary issues and prospects. In X. Zhu & K. Zeichner (Eds.), *Preparing teachers for the 21st century* (pp. 171 - 187). Heidelberg: Springer.

Lincoln, Y. S., & Guba, E. G. (1985). *Naturalistic inquiry.* Newbury Park, CA: Saga.

Martin, J. J., & Kulinna, P. H. (2004). Self-efficacy theory and the theory of planned behaviour: Teaching physically active physical education classes. *Research Quarterly for Exercise and Sport, 75*(3),288 - 297.

McKean, M. (2013). Physical literacy in children — The underpinning competencies? *Sports Medicine and Doping Studies, 3*(2), E135.

O'Sullivan, M. (2007). Creating and sustaining communities of practice among physical education professionals. *Journal of Physical Education New Zealand, 40*(1),10 - 13.

O'Sullivan, M., & Deglau, D. (2006). Principles of professional development. *Journal of Teaching in Physical Education, 25*(4),441 - 449.

Patton, K., & Parker, M. (2017). Teacher education communities of practice: More than a culture of collaboration. *Teaching and Teacher Education, 67*,351 - 360.

Patton, K., Parker, M., & Pratt, E. (2013). Meaningful learning in professional development: Teaching without telling. *Journal of Teaching in Physical Education, 32*(4),441 - 459.

Roetert, E. P., Ellenbecker, T. S., & Kriellaars, D. (2018). Physical literacy: Why should we embrace this construct? *British Journal of Sports Medicine, 52*(20),1291 - 1292.

Ross, J. A., Rolheiser, C., & Hogaboam-Gray, A. (1999). Effects of collaborative action research on the knowledge of five Canadian teacher-researchers. *The Elementary School Journal, 99* (3),255 - 274.

Scher, L., & O'Reilly, F. (2009). Professional development for K-12 math and science teachers: What do we really know? *Journal of Research on Educational Effectiveness, 2*(3),209 - 249.

Sears, J. V., Edgington, W. D., & Hynes, J. W. (2014). The effect of professional development on physical education instruction in middle schools. *Middle School Journal, 45*(5),25 - 31.

SHAPE America [The Society of Health and Physical Educators] (2014). *National standards and grade level outcomes for K - 12 physical education.* Reston, VA: SHAPE America.

Strauss, A., & Corbin, J. (1998). *Basics of qualitative research: Techniques and procedures for developing grounded theory* (2nd ed.). Thousand Oaks, CA: Sage.

Sum, R. K. W., & Dimmock, C. (2013). The career trajectory of physical education teachers in Hong Kong. *European Physical Education Review, 19*(1),62 - 75.

Sum, R. K. W., & Dimmock, C. (2014). Diversified professionalism of physical education teachers in the Asian context of Hong Kong. *Teachers and Teaching: Theory and Practice, 20* (4), 453 - 469.

Sum, R. K. W., Ha, A. S. C., Cheng, C. F., Chung, P. K., Yiu, K. T. C., Kuo, C. C., et al. (2016a). Construction and validation of a perceived physical literacy instrument for physical education teachers. *PLoS ONE, 11*(5), e0155610.

Sum, R. K. W., Ma, M. S., Ha, A. S., Tang, T. M., Shek, C. K., Cheng, C. L., et al. (2016b). Action research exploring Chinese physical education teachers' value of physical education: From belief to culture. *Asia Pacifc Journal of Sport and Social Science, 5*(1),1 - 15.

Sum, K. W. R., Wallhead, T., Ha, S. C. A., & Sit, H. P. C. (2018). Efects of physical education continuing professional development on teachers' physical literacy and self-efficacy and students' learning outcomes. *International Journal of Educational Research, 88*,1 - 8.

Timperley, H., Wilson, A., Barrar, H., & Fung, I. (2007). *Teacher professional learning and development: Best evidence synthesis iteration [BES].* Wellington, New Zealand: Ministry of

Education.

Tinning, R. (2010). *Pedagogy and human movement: Theory, practice, research*. New York, NY: Routledge. Tremblay, M., &. Lloyd, M. (2010). Physical literacy measurement — The missing piece. *Physical and Health Education Journal, 76*(1), 26 - 30.

UNESCO (2015). *Quality physical education: Guidelines for policy makers*. Paris: UNESCO.

Voogt, J., Laferriere, T., Breuleux, A., Itow, R. C., Hickey, D. T., &. McKenney, S. (2015). Collaborative design as a form of professional development. *Instructional Science, 43* (2), 259 - 282.

Webster-Wright, A. (2009). Reframing professional development through understanding authentic professional learning. *Review of Educational Research, 79*, 702 - 739.

Whitehead, M. (2001). The concept of physical literacy. *European Journal of Physical Education, 6* (2), 127 - 138.

Whitehead, M. (2010). *Physical literacy: Throughout the lifecourse*. London: Routledge.

沈剑威

是香港中文大学运动科学及体育学系副教授。他的研究兴趣包括身体素养及其在不同群体中的应用,体育教师及其学习共同体的专业化,以及精英运动员的职业生涯和生活。

通信地址:Department of Sports Science and Physical Education, The Chinese University of Hong Kong, Shatin, Hong Kong, China

电子信箱:kwsum@cuhk.edu.hk

凯文·摩根

卡迪夫城市大学体育教练专业的首席讲师。在进入英国贝德福德市德蒙特福特大学从事教师教育之前,他担任过中学体育教师。目前,他是卡迪夫城市大学体育教练课程博士项目的负责人。

马文兴

一名优秀的空手道运动员,现为香港体育学院教练、教育系兼职讲师。她拥有香港中文大学体育教育及运动科学硕士学位和运动医学及健康科学硕士学位。主要研究方向为精英运动员的职业生涯与生活、体育教师的专业化。

蔡绍明

香港中文大学运动科学及体育学系的博士生。他的主要研究兴趣在于身体素养。他主要关注在大学体育教育背景下的体育教育模式的身体素养实践,以及感知身体素养与相关构成要素之间的关系。

身体素养与全纳：残疾人群身体素养
相关文献的范围综述

凯尔·普熙卡伦　珍妮丝·卡斯格罗夫·邓恩　布兰登·沃勒斯

在线出版时间：2020 年 8 月 12 日
©联合国教科文组织国际教育局 2020 年

摘　要：尽管全纳是身体素养的一个基本原则，且关于残疾人群身体素养的适用性和全纳性已有许多研究假设，但人们对其仍然缺乏深入理解。本文的目的是更好地理解有关身体素养对残疾人群全纳性的文献。通过对 2001 年 1 月至 2019 年 5 月发表的 24 篇文献的分析，主要发现有：总体而言，针对残疾人群身体素养的讨论主要还是通过能力主义的视角进行的，视角较为狭隘，讨论层面较为肤浅。不过近期的讨论越来越能代表当代人对残疾人群的看法。尽管这令人鼓舞，但研究结果显示：当前围绕残疾人群身体素养的研究仍需要持续进行，从而能够对不同能力的个体提供有价值、有意义的体育活动体验，并创建受大众欢迎和认可的全纳性身体素养项目。

关键词：身体素养　全纳　残疾　范围综述

身体素养已逐渐成为体育教育、休闲体育及全球许多国家的国家级倡议、政策和实践中的热点（Corbin 2016；Dudley et al. 2017；Roetert and Jeferies 2014）。因此，关于身体素养的文献也随之扩展，讨论范围覆盖其哲学基础、定义特点、评估方法和情境适用性（Almond and Whitehead 2012；Giblen et al. 2014；Jurbala 2015；Pot and van Hilvoorde 2013；Tompsett et al. 2014）。作为一个持续发展的概念，身体素养已引起体育教育领域之外的关注，如公共健康（Dudley et al. 2017）。在此，身体素养通过其对体育活动参与度的积极影响而被认为是健康的主要决定因素，个体和环境层面的因素在"塑造终身参与体育活动方面发挥着形成性作用"（Cairney et al. 2019a, p.379）。

身体素养被定义为"终身参与体育活动的动机、信心、身体能力、知识和理解力，以及评价和承担责任的能力"（Whitehead 2019）。它被概念化为一个贯穿一生的过

原文语言：英语

程或旅程,而非在特定年龄或发展阶段达成的结果(Whitehead 2010,2019)。身体素养被视为涵盖了终身参与积极生活所需的技能、态度和生活习惯(Keegan et al. 2013;Whitehead 2010),因此被认定为是增加体育活动参与和享受体育活动的关键因素(Jurbala 2015)。

身体素养根植于存在主义和现象学的认识论,被构建为我们作为具身人类的潜力(Whitehead 2010)。怀特黑德(2010,2019)主张,人不应被看作是身体与心灵分离的存在,而应当被视为一个不可分割的整体,所以强调身体素养应从一个整体视角来理解人的本质。具体而言,怀特黑德认为身体素养超越了二元论的观点——二元论认为身体是物化的,或者视为可以作用于或与之相互作用的东西——她认为,我们作为人类的本质应当包括活化的身体(如具身化)。因此,身体素养被视为人类各个维度(即情感、认知和身体)之间以及与周围生活环境相互作用的动态关系的结果(Whitehead 2001,2007)。因此,身体素养在本质上具有多维性和整体性(Cairney et al. 2019a;Dudley 2015;Jurbala 2015;Whitehead 2019)。

怀特黑德(2010)强调,身体素养涵盖所有个体,不受文化、年龄和能力的限制;每个人都能够发展身体素养的基础能力,这表明每个人都具有参与有目的的身体活动的潜力。虽然全纳性是身体素养的基础,但关于残疾人群及其他边缘化群体(如,土著人)的全纳性已遭到质疑(Dudley et al. 2017;Goodwin and Peers 2011;Nesdoly et al. 2020)。迄今为止,身体素养文献的综述(Edwards et al. 2016,2018;Fortnum et al. 2018;Lundvall 2015;Mitchell and Le Masurier 2014;Tompsett et al. 2014)并未特别关注全纳性,仅有一项研究特别关注了特定类型的障碍(如福特南等提到的心理健康 2018)。此外,古德温(2016)提出,身体素养是一个排他性的概念,因为残疾人群在促进身体素养的实践中遭遇挑战。

本范围综述旨在分析与推进残疾人群的身体素养全纳性相关的文献。指导本次调查的研究问题是:从现有的关于身体素养的文献中可以了解到什么,以及它对残疾个体的全纳性如何? 在解答此问题时,可以对当前身体素养全纳性的研究现状进行批判性评估和反思,以期从中获得启示。

研究方法

本研究采用范围综述的方法,旨在全面梳理和分析确定特定主题的文献覆盖情况,总结其主要焦点,识别其研究空白(Arksey and O'Malley 2005;Munn et al. 2018)。本研究采用阿尔克西和奥马利(2005)提出的范围综述框架,并融入莱瓦克等人(2010)提出的建议,从而指导本研究的研究方法。因此,我们完成了以下阶段:(1)确定研究问题;(2)识别相关研究;(3)选择研究;(4)提取数据;(5)整理、总结和报告研究结果。根据阿尔克西和奥马利（2005）的建议，第六阶段可选，而莱瓦克等人（2010）则认为必须进行专家咨询。这一步骤是通过在身体素养会议上向身体素养研究者展示初步成果来解决的（Pushkarenko et al. 2019）。

搜索策略

为全面梳理身体素养及其残疾人群全纳性的相关文献，采用在加拿大某所研究型大学图书馆资源专家指导下制定的综合性搜索策略。选定关键词"身体素养""身体素养"及身体素养现代理论贡献者"怀特黑德"的姓名。通过 Google Scholar 等在线搜索引擎和七个专门针对健康、社会科学、教育和体育领域的电子数据库：Academic Search Complete、CINAHL Plus、ERIC、MEDLINE、PubMed、Scopus 和 SPORT Discus 进行迭代初步搜索。文献类型既包括经同行评审的来源（即期刊和编辑的书籍章节）和灰色文献（即尚未经同行评审但已发表的文献），包括来自国际、国家和地方级教育、体育和残疾组织的信息、会议摘要和全文文档，以及高等教育论文/学位论文。此外，通过手动检索特定期刊（如《适应性体育活动季刊》《体育教学杂志》《体育重要》《运动与体育研究季刊》）和已确定出版物的参考文献列表，识别了额外的相关文献。

研究选择

为确保本综述研究的准确性和全面性，纳入综述的标准包括：（1）文献需对"身体素养"概念进行全面分析，不能仅限于探讨某单一方面或特定发展领域，比如仅集中于基本运动技能的习得或特定的体育发展方面；（2）文献中需引用怀特黑德对身体素养的现代性和全面性观点，或与其含义保持一致，因为她是"身体素养的现代倡导者"（Cairney et al. 2019b, p.79），她对身体素养的观点促进了这一概念的发展（Shearer et al. 2018）；（3）发表时间为 2001 年 1 月至 2019 年 5 月；（4）英文文献。基于这四个标准选定的文献，随后根据第五个标准进行筛选，即研究关注点涉及残疾人群身体素养培养或者身体素养旅程，不论残疾类型、年龄或情境。

两位作者独立执行相关文献的搜索及纳入准则的应用。文献选择上的分歧通过讨论直至对最终文献数量达成共识。

如数据提取图（图 1）所示，初步搜索产生了 8,292 篇同行评审和灰色文献，通过严格的筛选流程，最终确定 24 篇文献进入本研究。

数据呈现与整合

本研究从所选 24 篇文献中提取相关信息，并将其分类（按照 Arksey 和 O'Malley 2005 的方法）。分类包括：作者、发表年份和地点、文献类型、主要关注点

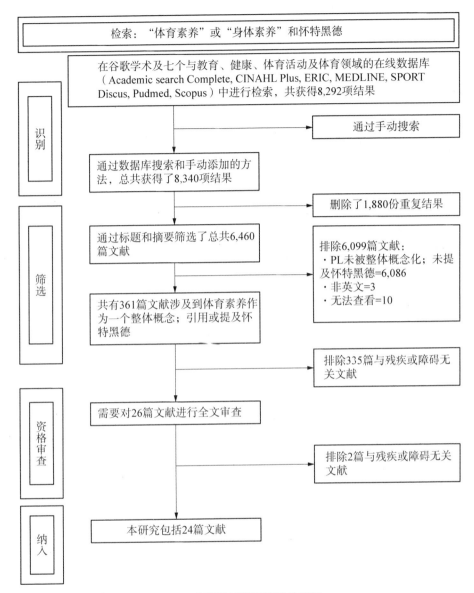

图1 范围综述搜索策略的结果

以及其他相关信息（见表1）。这过程由两位作者独立完成，并对分类数据中的差异进行了讨论，直至达成一致。然后，第一作者将分类数据综合为主题，以识别文献中与身体素养和残疾人群相关的主要关注领域、文献中的空白，以及未来研究的方向和需要深入讨论的问题。另外两位作者审核并确认了从分类数据生成的主题。

表 1 范围综述中包含的文献图表汇总表

作者	文献类型	文献的主要焦点	其他相关信息
阿尔珀斯和朗缪尔(2016)	实证性,同行评审会议摘要	发展适用于社区情境的高效筛选程序和协议,旨在促进身体素养。	未来研究的建议,评价用于特定残疾/慢性病儿童的筛查流程和任务适宜性的可靠性。
阿布尔·尼奇托普洛斯(2018)	实证性,同行评审期刊文章	描述了在加拿大安大略省大多伦多和达勒姆地区的"点燃健身可能性"项目,这是一个全纳性的儿童社区基础身体素养计划;从儿童、青少年和工作人员处收到了对项目内容和执行方式的正面反馈。	强调开发身体素养计划时,涉及利益相关者至关重要,确实考虑到有残疾儿童的需求、能力和愿望;全纳性项目被视为身体素养培养的最佳场所,因其潜在地激励和鼓舞所有人。
阿布尔·尼奇托普洛斯(2017)	概念性,同行评审期刊文章	介绍了在加拿大新斯科舍省阿卡迪亚大学为残疾个体提供的 S.M.I.L.E.(感官运动指导与领导体验项目)适应性体育活动计划,分享了其 35 年历史上的最佳实践实例。	S.M.I.L.E. 项目通过以人为本、全纳性、个性化和情境兼容性的方法来促进身体素养的理解。
巴伯(2016)	实证性,同行评审期刊文章	通过多种身体素养方法强调体育教育中的全纳性实践;使教师能够通过能力视角设计方案,将身体素养作为体育教育的中心元素。	身体素养的多种方法需要对体育教育进行新的理解;呼吁改变职前体育教师对身体素养的先入之见和态度;通过赋能的方式,强调身体素养发展的个性化路径。
巴伯(2018)	概念性,书籍章节辛格和哈金斯(2018)	讨论体育教育需要从医学模型转变为注重身体平等和社会正义的模型,这要求对能力有更广泛的理解;无论是职前还是在职培训阶段都需要进行培训。	全纳在身体素养发展中的重要性不仅体现在活动本身,还体现在如何应对不同能力水平的差异;在采纳社会正义方法时,听取学生对他们身体素养培养的看法和整体背景至关重要。
布赖恩(2019)	实证性,同行评审期刊文章	对于视觉障碍儿童,其感知的运动能力与对自主运动动机的满足之间存在正比关系;能够促进独立选择体育活动的手段。	对有视觉障碍者的身体素养发展来说,文化和情境背景影响显著;那些在全纳性而非隔离情境中的个体能够基于模拟真实世界经验进行感知。
科茨(2011)	实证性,同行评审期刊文章	有特殊教育需要的儿童不了解身体素养概念的含义;他们对身体素养的理解并不反映该概念的定义特征。	有特殊需要的儿童对身体素养的理解倾向于将其视为与健康相关(如,体重控制);建议采访教师来了解教学内容及对身体素养的理解。

作者	文献类型	文献的主要焦点	其他相关信息
迪托雷(2016)	文献综述，同行评审期刊文章	残疾人群可能更多地从体感游戏中受益，因为这些游戏支持他们的心理运动学习和认知运动技能；指出尚无特定研究佐证这些观点。	体感游戏被认为是(1)创造促进长期参与体育活动的积极氛围的一种方式，(2)促进身体素养发展的全纳途径，(3)解决传统游戏中存在的情境与社会障碍的重要途径。
达德利(2016)	理论性，同行评审期刊文章	身体素养应被视为一种手段，用于识别、诊断和介入处理有神经发展行为智力障碍(NDIBD)的儿童。	通过身体素养评估而非功能性运动技能评估来评估运动发展，从而识别患有神经发展行为智力障碍(NDIBD)的儿童。
达德利(2017)	理论性，同行评审期刊文章	提出了一种新的身体素养政策考虑模型，供公共卫生、娱乐、体育和教育领域的关键决策者参考；重点强调要与国际对"身体素养"定义的理解保持一致，并探讨如何利用身体素养达成公共卫生、娱乐、体育和教育目标。	需要认识到发展身体素养的社会环境；需要基于优势而非传统上基于缺陷的身体素养发展方法。
杜加斯(2017)	实证性，硕士论文(加拿大)	试点项目调查了一个针对身体残疾儿童/青少年的身体素养评估工具；结论是身体素养是一个全纳的概念，每个人都有独特的发展旅程。	重点放在评估个体以确定其身体素养水平。
法里和伊萨德(2015)	概念性，在线文档－Aspen Institute(USA)	为美国提出了一个发展身体素养型国家的模型；强调了目标，并指出了需要在国家层面参与推广身体素养的关键部门。	指出迫切需要发展身体素养的群体包括：少数族裔、女性、低收入家庭以及有身体障碍与发展障碍的个体。
福特纳姆等(2018)	实证性，同行评审期刊文章	提出了身体素养与心理健康之间的关系正在形成，现有证据表明，有心理健康障碍的儿童的身体素养水平低于无心理障碍的儿童。	为了协助有心理健康障碍的个体在其身体素养旅程上，可能需要提供更加个性化和基于证据的支持。
拉达(2014)	理论性，同行评审期刊文章	从社会正义的视角描述了身体素养的全纳性；为了体现身体素养的社会公正，必须在理论和实践中承诺全纳和多样性。	参考美国健康和体育教育协会实施的残疾儿童全球伙伴合作(UNICEF)，强调需要提高对残疾儿童身体素养的认识。

续　表

作者	文献类型	文献的主要焦点	其他相关信息
曼丁戈(2015)	概念性，在线出版物—加拿大体育与健康教育	讨论了加拿大对身体素养的贡献和进展；提到了遵循联合国教科文组织设定的全球身体素养培养标准。	建议需要努力为弱势群体(包括残疾人群)争取平等、公平地获得优质体育活动；这些群体面临的不平等是社会造成的。
缪尔(2013)	概念性，同行评审期刊文章	提供了教师可能未准备好在体育教育情境中指导有残疾学生的见解。	有多种资源可以为促进残疾人群身体素养培养提供便利。
波尔等(2019)	实证性，同行评审期刊文章	基于加拿大身体素养评估(CAPL)和加拿大敏捷与运动技能评估(CAMSA)的结果显示，与未被诊断为癫痫的同龄人相比，被诊断为癫痫的儿童的身体素养得分显著较低。	减少癫痫儿童的屏幕时间应成为促进更健康生活方式的重点干预目标；不良身体素养对健康的影响可能超过癫痫疾病本身。
勒特尔等(2017)	理论性，同行评审期刊文章	讨论了可用于发展身体素养的体育活动和练习；重点是一组示例练习，教授运动技能并培养学生的信心，这些练习可以直接转化并应用于终身学习。	说明"学生"概念应包括所有人；为所有人提供全纳性和机会是身体素养关键。
萨克塞纳和浅川－托马斯(2018)	实证性，同行评审会议摘要	指出支持身体素养和干预措施有效性的证据较弱；强调当前身体素养计划对有残疾儿童的影响不同于无残疾儿童。	针对残疾儿童的身体素养项目中，情境因素变得日益重要。
塞科等(2015)	实证性，同行评审会议摘要	实施了为期8周的身体素养课程，旨在解决被诊断为癫痫儿童的次级健康问题；评估了粗大运动技能、运动协调、姿势、平衡和自信；结果显示身体技能平均总体提高了30%。	基于加拿大体育与健康教育身体素养课程大纲，旨在防止久坐行为及相关因素；利用家长反馈和PLAY工具评估课程效果。
斯彭格勒和科恩(2015)	概念性，在线文档阿斯彭研究所(USA)	讨论了身体素养及其在全球的影响——具体分析了身体素养是如何被定义、评估和在地理上操作的(加拿大、威尔士、英格兰为三个主要国家，其他如澳大利亚、新西兰、北爱尔兰、苏格兰、荷兰、委内瑞拉和美国等国家)。	讨论身体素养及其对残疾人全纳性的项目示例；认为身体素养是一种全纳性理念，应根据个体而非集体进行比较。

作者	文献类型	文献的主要焦点	其他相关信息
UNESCO (2015)	概念性,在线文档-UNESCO	提供了促进身体素养理念并通过政策在小学和中学教育中创建全纳性体育教育机会的指导方针;概述了体育教育政策实施中的不一致性;建议优质体育教育是挑战刻板印象和克服障碍的一个平台,以实现更广泛的社会全纳。	不存在一种适用于所有人的身体素养方法;应为所有学生,不论能力水平,提供协调一致的参与机会;按照学习者能力采取灵活方法是必要的;全纳性机会提供全面的益处,并有助于克服社会障碍;达成这些目标/益处需要教育和培训。
维克曼和德波 (2010)	概念性,书籍章-怀特黑德(2010)	强调了身体素养对残疾个体的重要性,并讨论了如何根据他们的独特能力实现身体素养;确定了促进身体素养发展的最佳实践。	通过讨论两个案例研究,强调了身体素养的益处和运动发展的重要性。
伊,等(2019)	实证性的同行评审期刊文章	阐述了大学在规划和实施社区身体素养儿童项目需要考虑的优先项:全面全纳、合作、悦纳的环境,以及关注个体需求的重要性。	利益相关者的参与(以及他们提供的多样化视角)可以提供好的策略,以创建更全纳、合作型、悦纳和响应性的项目。

结果与讨论

　　本研究旨在全面探索现有文献中关于身体素养及其与残疾人全纳的情况。从筛选的 24 篇文献中,有 17 篇为同行评审文章,7 篇为灰色文献。其中,略多于一半(n=13)是实证研究,其余文献聚焦于概念性或理论性。确定了四个主题:(1)强化规范;(2)情境范围的局限;(3)对合格专业人员的需求;(4)研究趋势的转变。

强化规范

　　文献广泛强调对残疾人群身体素养的关注,认为身体素养评估和关注不仅可以用来识别需要一定程度帮助和支持的人群,还可以用作增强残疾人群参与规范化及社会认可的体育活动的一种手段。例如,使用身体素养的评估来区分残疾和非残疾的个体(Fortnum et al. 2018; Pohl et al. 2019)。还建议,基于身体素养的评估有助于确定残疾人群在运动发展上的困难和有限的身体素养能力(Alpous and Longmuir 2016; Dudley et al. 2016; Dugas 2017; Vickerman and DePauw 2010)。这些评估揭示的问题,成为对弱势群体实施帮助和以力量训练为基础的治疗的依据，以解决其有限的身体素养能力，并增加社会各界成员参与和保持体育活动的意愿和能力（Dudley et al 2016；Farrey and Isard 2015）。

文献中还强调了残疾人群急需身体素养培育，因为他们运动困难、易受负面健康后果（如，肥胖）的影响，以及总体上缺乏参与体育活动的机会（Coates 2011；Farrey and Isard 2015；Ladda 2014）。此外，身体素养的发展对于最小化社交障碍（Mandigo 2015）、纠正阻碍全纳的错误观念（UNESCO 2015）、促进残疾人群更多参与体育活动是不可或缺的（Dudley et al. 2017；Farrey and Isard 2015）。那些强调身体素养的倡议和活动被视为是激发动机（Di Torre 2016）和尊重（UNESCO 2015）的重要手段，也是提高残疾人群在休闲和其他传统体育活动中参与度的手段——残疾人群往往缺乏这样的机会（Di Torre 2016；Dudley et al. 2017；Farrey and Isard 2015）。提供公平获得体育活动机会（Mandigo 2015），可以实现对残疾人群社会正义的实际承诺（Ladda 2014）。发展残疾人身体素养被认为是一种有效机制，可通过平等参与重大活动来提升残疾人群在社区的地位（Dudley et al. 2017；UNESCO 2015；Vickerman and DePauw 2010），从而推动"全面的公民参与"（Dudley et al. 2017，p.448）。

尽管这些观点为残疾人群参与旨在促进身体素养的活动提供了依据，但它们共同强调了一个中心思想：身体素养概念反映了社会所重视的规范标准。对于残疾人群而言，身体素养规范被视为一种旨在改善不足、增强参与规范活动能力和提高社会接受度的干预措施。因此，关于残疾人群的身体素养观点可以被解读为主要是能力主义（Goodwin 2016）。

能力主义被定义为一种信念、过程和实践的综合体，它"塑造出一种特定类型的自我和身体（即身体标准），并被视作完美、典型的物种，因而是必不可少和完全人性的体现"（Campbell 2001，p.44）。因此，能力主义被认为是某些社会群体和结构体系的态度反映，它们更加重视和提倡特定能力而非其他能力（Wolbring 2008）。对特定能力的偏好导致了对"规范能力状态"的真实或感知上的偏差（Campbell 2009，p.10）。在这种语境/观点下残疾被隐含地视为人性的一种减损状态（Campbell 2001,2009），使残疾人群被贴上"能力较弱"或"身体受损"的标签（Wolbring 2008，p.253）。创造了一种基于"能做"与"不能做"之间的二元对立，表明人们之所以定义为残疾是因为他们无法遵循规范的功能标准（Haegele and Hodge 2016；Mitra 2006；Roush and Sharby 2011）。

正如古德温（2016）先前讨论的：所有人，无论能力如何，都被要求根据那些具有特权能力者的规范化标准来培养身体素养。这些要求区分、低估甚至排除了具有其他身体呈现形式的个体（Goodwin and Peers 2011）。因此，残疾人群在他们开始其身体素养旅程之前，就已被排除在身体素养规划之外（Goodwin 2016）。那些不考虑个体能力的观点与身体素养所倡导的全纳性基础背道而驰，后者承认身体素养的培养是独一无二的(Whitehead 2010,2013)。鉴于此,一种真正全纳性的规划方法应包括摒弃围绕残疾的缺陷导向视角,而是从认识、重视及建立在个体的优势、能力和兴趣之上。

情境范围的局限

在何种情境下鼓励残疾人群培养身体素养,在文献中被广泛讨论,但这些讨论主要集中在体育教育和体育活动的情境,而对其他情境的探讨极为有限。例如,尽管维克曼和德波(2010)建议应在教育情境内外促进残疾人群身体素养培养,但他们关于组织倡议、策略和政策的讨论,主要聚焦于教育工作者和教育设施。同样,其他文献也仅限于讨论如何改善基于学校的健康、发展全纳性体育教育和体育实践(Barber et al. 2018;Ladda 2014;Muir 2013;Spengler and Cohen 2015)。诸如联合国教科文组织国际体育宪章、加拿大体育和健康教育、加拿大生命运动和英格兰青年体育信托等组织被频繁提及,强调了从专注于体育和体育技能转向多样化运动模式的价值。在所有被研究的文献中,只有少数具体针对学校和体育之外的情境(例如,Arbour-Nicitopoulos et al. 2018;Arbor-Nicitopoulos et al. 2017;Dudley et al. 2017;Yi et al. 2019)。

以体育教育的特定情境为例,文献的建议旨在改讲课程大纲(Coates 2011;Di Torre 2016;Secco et al. 2015;UNESCO 2015)和构建连接身体素养与残疾儿童提供实践指导的从业者资源(Mandigo 2015;Muir 2013;Roetert et al. 2017)。课程大纲建议的例子包括使用运动游戏作为一种全纳工具,来帮助特殊教育学生的心理运动学习和认知运动技能(Di Torre 2016),以及倡导更加关注残障学生的基本运动技能,旨在解决由于缺少体育活动参与而引起的次级健康问题(Barber et al. 2018;Secco et al. 2015)。此外,强调在创建支持所有学生身体素养培养的全纳性学习情境时,考虑发展适宜性是至关重要的(Mandigo 2015;Roetert et al. 2017)。

尽管这些信息有助于讨论如何使身体素养计划更具全纳残疾学生,并对教师和教练有价值,但文献中缺乏对残疾人群参与的其他重要情境的考虑与讨论。特别是,尽管文献表明,身体素养是通过不同的情境(Dudley 2015;Stanec and Murray-Orr 2011;Whitehead and Murdoch 2006)、多样的成长路径(Corbin 2016;Whitehead 2010),并受不同的个体影响的(Whitehead and Murdoch, 2006;Whitehead 2013),但家庭和社区情境的研究讨论并未成为文献的焦点。出于多种原因,家庭和社区情境是至关重要的。家庭成员常常是帮助残疾人群参与活动的关键,因为他们可能需要依赖父母和其他家人来参与体育活动(Beets et al. 2010;Martin and Choi 2009;Siebert et al. 2017)。此外,父母对孩子早期以及以后生活中体育活动态度最有影响力(Whitehead and Murdoch 2006)。与健康发展的同龄人相比，残疾人群在社区基础体育活动和娱乐活动中的参与度通常较低（Bedell et al. 2013；Law et al. 2007；Solish et al. 2009）。研究认为，参与度低往往是因社区基础体育活动的从业者缺乏特定的培训来促进残疾人群有意义的体验（Block et al. 2013；Shields and Synnott 2016；Shields et al. 2012），这表明探索增强社区组织从业者能力的方法亟待研究。

对合格专业人员的需求

为了有效促进残疾人群身体素养培养，文献中第三个主题提出了对预备专业人员的迫切需求。这些专业人员应具备满足残疾人群需求的知识，并愿意挑战自己对残疾人群的态度和实践的人。例如，联合国教科文组织（UNESCO, 2015）强调，接受适当培训的专业人员对于促进全纳性和残疾人群的身体素养培养至关重要。接受适当培训的专业人员展现出更大的灵活性和适应性；他们拥有的知识基础使他们能够将残疾学生纳入强调身体素养培养的计划中，并能够对差异作出情感上的回应（Barber 2016；Barber et al. 2018；UNESCO 2015；Vickerman and DePauw 2010）。维克曼和德波（2010）将这种知识基础描述为包括对个体、其所处情境以及两者之间互动的理解。缪尔（2013）指出，由于教师无法创造全纳性情境，残疾学生的身体素养培养存在不足。同样，塞科等人（2015）发现，由于从业者在调整和修改计划以适应残疾人群常有的独特行为和认知需求方面面临挑战，提供身体素养培养的全纳性机会存在困难。从以上信息中可以看出，为强调身体素养计划的全纳性，从而为残疾人群提供更多参与机会，需要专业的知识（即适应性体育活动）。

另有文献明确表明了专业人员挑战态度和实践的重要性。例如，科茨的（2011）研究揭示，在特殊教育情境中，当教师准确克服个人障碍，如放弃侧重竞争、策略和规则的传统教学方法时，就有可能采取更全纳性的身体素养实践。巴伯（2016）通过职前教师对全纳性体育教育看法的案例研究表明，在职前解决个人态度有利于挑战和改变对全纳性实践的看法，以及对身体素养的多样化理解。具体而言，通过重新界定"能力"和"残疾"等关键术语，有助于我们认识到对不同能力水平的人培养身体素养需多样化的方法（Barber 2016）。因此，未来的研究需要挑战与残疾人群身体素养培养相关的态度和传统（Coates 2011；Dugas 2017）。

尽管文献明确指出为专业人员提供培训的需求，但大多数讨论缺乏确保残疾人群参与体育活动所需的针对性（Murphy and Carbone 2008；Rimmer and Rowland 2008）。迄今为止，身体素养文献中，关于如何调整现有身体素养实践以更好地满足残疾人群需求的策略讨论非常有限。相反，现有文献倾向于指出存在的问题，并提供了解决这些问题的一般性建议，反映出在如何促进残疾人群身体素养培养方面的不确定性和面临的挑战。

研究趋势的转变

研究趋势的转变体现在文献日益重视对边缘化群体,尤其是残疾人群,在身体素养培养过程中的独特体验。近期研究越来越倾向于采纳多样性的视角,与世界卫生组织(WHO, 2001)提出的残疾人群"生物-心理-社会"模型相呼应,强调情境因素对残疾人群体验的影响。例如,达德利等人(2017)探讨了影响体育活动和身体素养文化规范的权力结构,以及这些结构如何导致残疾人群持续遭受边缘化和排除的问题。波尔等人(2019)的研究揭示了个体所处情境对身体素养培养的影响,指出更多的屏幕时间会对身体素养培养的潜力产生负面影响。布雷恩等人(2019)强调了项目文化在培养残疾人群身体素养中的重要性。

近期的研究展示了促进残疾人群身体素养培养的个性化案例。包括阿布尔·尼奇托普洛斯等人(2018)的案例研究,描述了加拿大安大略省大多伦多都会和达勒姆地区的"点燃健身可能性"身体素养项目,以及在加拿大新斯科舍省布雷顿角阿卡迪亚大学的"S. M. I. L. E."(感官运动指导领导体验)计划的研究(Arbor-Nicitopoulos et al. 2017)。这两项研究中,对残疾人群身体素养培养的以人为本的理念(例如,了解参与者的独特兴趣、才能和技能,确保他们成为体验过程中的核心)明显可见。研究强调,优化积极体验的项目可促进身体素养的培养。同时,引入"环境兼容性"概念(Arbor-Nicitopoulos et al. 2017, p.3),以指导项目的开发和完善,以促进最优参与。这包括考虑每位参与者的独特能力态度,以及项目在生物、心理和社会方面的重要性(Arbourr-Nicitopoulos et al. 2017),萨克塞纳和浅川-托马斯(2018)的研究也呼应了这一概念。

其他文献强调了以人为本的个性化方法(Yi et al. 2019),并强调让学生参与到整体规划的讨论中,从而更好地满足每个孩子独特的能力、优势和内在需求(Barber et al. 2018; Fortnum et al. 2018)。通过与参与者和相关方合作,让残疾人群能够对自身的身体素养发展承担一定的个人责任。通过实施以人为本的策略,鼓励和重视来自参与者的视角,这样更贴近全纳性和伦理实践的本质(Goodwin and Rossow-Kimball 2012; Spencer-Cavaliere and Watkinson 2010),同时也与身体素养的基本原则相契合(Whitehead 2010, 2019)。

认识和重视身体素养培养相关的多样性、独特性和情境因素的重要性,能促进"教学敏感性"的发展,这被认为是为所有人培养身体素养所必需的(Almond and Whitehead 2012; Whiehead 2001, 2010)。在考虑个体特质(例如,优势、经验、兴趣)及社会和情境对身体素养培养的影响时,强调了要具备对特定情境和环境敏感地采取行动的重要性,深入了解每个学习者,并在教育方法上体现出适应性,这些特质被认为有助于实践全纳性(Almond and Whitehead 2012)。

结　语

　　本综述旨在引发对残疾人群身体素养的思考与批判性讨论，从而拓展对身体素养作为一种全纳性概念的深入理解。正如鲁宾逊和兰德尔（2016）所述，反思是重新评价个人教学实践的关键步骤，在更深的层次上，是对在社会文化、政治和制度上不公正的理解和假设进行反思。总而言之，旨在探讨关于身体素养与残疾人群的全纳性的现有研究，揭示了身体素养作为全纳概念与实践之间的差异。与莱昂斯（2013）所述的"启蒙式能力主义"相似。莱昂斯指出，"启蒙式能力主义的修辞呈现一种理性、现代、信息丰富和人道主义的世界观，但允许继续存在边缘化残疾人的实践"（p.240）。尽管我们认为当前的实践不足以满足不同体验世界方式的人们的需求，但趋势正在发生转变。最近的证据显示，已向更现代的残疾模型和基于优势的发展理念的方向转变（Arbor-Nicitopoulos et al. 2018; Arbor-Nicitopoulos et al. 2017）。同时，鼓励合作，激励利益相关者参与，以此作为获取内部人士观点的一种手段，从而构建对不同能力个体有价值、有意义的体育活动参与体验（Barber et al. 2018; Yi et al. 2019）。此外，身体素养对残疾人群的价值和影响正在体育教育和运动之外的领域中进行讨论和探索（Cairney et al. 2019a; Dudley et al. 2017; Yi et al. 2019）。这些动向展示了身体素养作为一个更具全纳性的概念在应用方面的演变，以及在创造社会公正、更受欢迎和惠及所有人的机会方面的演变。

　　本综述的结果揭示了文献中存在的四个主要研究空白，指出了未来残疾人群身体素养研究的方向。首先，未来研究需要继续基于最近关于身体素养及其对残疾人群全纳性的现代发展基础。其次，尽管身体素养研究者已开始将残疾人群和关键利益相关者（例如，父母、适应体育活动专家、全纳教育从业者等）纳入研究之中，但如果让残疾人群在研究过程中扮演研究合作者的角色，研究的影响和深度将更为显著。这将有助于人们，包括残疾个体，更好地理解与思考推动身体素养的相关教学方法（Robinson and Randall 2016）。第三，随着越来越多不参与体育活动残疾人群的人数增加（Block et al. 2013; Macdonald et al. 2011; Rimmer et al. 2004），围绕如何促进残疾人群身体素养培养的实际策略的讨论和研究显得尤为重要。例如，探索有效的教学方法、提高参与度、通过适应或调整情境以及在满足个体需求时应考虑的因素。最后，促进残疾人群身体素养的实证研究仍然有限。

（熊明亮　译）

（李梦欣　校）

参考文献

Almond, L., & Whitehead, M. (2012). Physical literacy: Clarifying the nature of the concept. *Physical Education Matters, 7*, 68 – 71.

Alpous, A., & Longmuir, P. E. (2016). Canadian physical literacy (CaPL) screen: Simple, quick, and accurate identification of children with important physical literacy deficits. 2016 North American Society for Paediatric Exercise Medicine (NASPEM) biennial meeting, Knoxville. *Tennessee. Pediatric Exercise Science, 28*(16),1.

Arbour-Nicitopoulos, K. P., Boross-Harmer, A., Leo, J., Allison, A., Bremner, R., Taverna, F., Sora, D., & Wright, F. V. (2018). Igniting fitness possibilities: A case study of an inclusive community-based physical literacy program for children and youth. *Leisure/Loisir, Journal of the Canadian Association for Leisure Studies, 42*, 69 – 92.

Arbour-Nicitopoulos, K., Shirazipour, C., Sweatman, M., & Seaman, R. (2017). The secret of S. M. I. L. E. : Best practices for delivering adapted physical activity programming. *Physical & Health Education Journal, 83*(4),1 – 30.

Arksey, H., & O'Malley, L. (2005). Scoping studies: Towards a methodological framework. *International Journal of Social Research Methodology, 8*, 19 – 32.

Barber, W. (2016). Inclusive and accessible physical education: Rethinking ability and disability in preservice teacher education. *Sport, Education and Society, 23*(6),1 – 13.

Barber, W., Robertson, L., Walters, B., & Whent, G. (2018). Inclusive and accessible physical education for diverse populations. In S. E. Singer & M. J. Harkins (Eds.), *Educators on diversity, social justice, and schooling: A reader.* Toronto, ON: Canadian Scholars Press.

Bedell, G., Coster, W., Law, M., Liljenquist, K., Kao, Y., Teplicky, R., Anaby, D., & Alunkal Khetani, M. (2013). Community participation, supports, and barriers of school-age children with and without disabilities. *Archives of Physical Medicine and Rehabilitation, 94*, 315 – 323.

Beets, M.W., Cardinal, B.J., & Alderman, B.L. (2010). Parental social support and the physical activity-related behaviors of youth: A review. Health Education & Behavior, 37, 621 – 644.

Block, M.E., Taliaferro, A., & Moran, T. (2013). Physical activity and youth with disabilities: Barriers and supports. *The Prevention Researcher, 20*, 18 – 21.

Brian, A., De Meester, A., Klavina, A., Irwin, J.M., Taunton, S., Pennell, A., & Lieberman, L. J. (2019). Exploring children/adolescents with visual impairments' physical literacy: A preliminary investigation of autonomous motivation. *Journal of Teaching in Physical Education, 38*(2),155 – 161.

Cairney, J., Dudley, D., Kwan, M., Bulten, R., & Kriellaars, D. (2019a). Physical literacy, physical activity and health: Toward an evidence-informed conceptual model. *Sports Medicine, 49*, 371 – 383.

Cairney, J., Kiez, T., Roetert, E. P., & Kriellaars, D. (2019b). 20th century narrative on the origins of the physical literacy construct. *Journal of Teaching in Physical Education, 38*, 79 – 83.

Campbell, F. K. (2001). Inciting legal fictions: Disability's date with ontology and the ableist body of the law. *Griffith Law Review., 10*, 42 – 62.

Campbell, F. K. (2009). *Contours of ableism: The production of disability and ableness.* London: Palgrave Macmillan.

Coates, J. (2011). Physically fit or physically literate: How children with special educational needs understand physical education. *European Physical Education Review, 17,* 167 – 181.

Corbin, C. B. (2016). Implications of physical literacy for research and practice: A commentary. *Research Quarterly for Exercise and Sport, 87,* 14 – 27.

Di Torre, P. A. (2016). Exergames, motor skills and special education needs. *Sport Science, 9* (Suppl. 2), 67 – 70.

Dudley, D. A. (2015). A conceptual model of observed physical literacy. *The Physical Educator, 72,* 236 – 260.

Dudley, D., Cairney, J., Wainwright, N., Kriellaars, D., & Mitchell, D. (2017). Critical considerations for physical literacy policy in public health, recreation, sport, and education agencies. *Quest, 69,* 436 – 452.

Dudley, D., Kriellaars, D., & Cairney, J. (2016). Physical literacy assessment and its potential for identification and treatment of children with neuro-developmental behavioral intellectual disorders. *Current Developmental Disorders Reports, 3,* 195 – 199.

Dugas, E. (2017). *Levelling the playing field: Assessing physical literacy in children and youth with physical disabilities (Master's thesis).*

Edwards, L. C., Bryant, A. S., Keegan, R. J., Morgan, K., Cooper, S.-M., & Jones, A. M. (2018). 'Measuring' physical literacy and related constructs: A systematic review of empirical findings. *Sports Medicine, 48,* 659 – 682.

Edwards, L. C., Bryant, A. S., Keegan, R. J., Morgan, K., & Jones, A. M. (2016). Definitions, foundations and associations of physical literacy: A systematic review. *Sports Medicine.*

Farrey, T., & Isard, R. (2015). *Physical literacy in the United States:* A model, strategic plan, and call to action. Washington, DC: The Aspen Institute.

Fortnum, K., Furzer, B., Reid, S., Jackson, B., & Elliott, C. (2018). The physical literacy of children with behavioural and emotional mental health disorders: A scoping review. *Mental Health and Physical Activity, 15,* 95 – 131.

Giblen, S., Collins, D., & Button, C. (2014). Physical literacy: Importance, assessment and future directions. *Sports Medicine, 44,* 1177 – 1184.

Goodwin, D. L. (2016). Youth sport and dis/ability. In K. Green (Ed.), *Routledge handbook of youth sport* (pp. 308 – 320). New York, NY: Routledge.

Goodwin, D., & Peers, D. (2011). Disability, sport and inclusion. In S. Dagkas & K. Armour (Eds.), *Inclusion and exclusion through youth sport* (pp. 186 – 202). London: Routledge.

Goodwin, D. L., & Rossow-Kimball, B. (2012). Thinking ethically about professional practice in adapted physical activity. *Adapted Physical Activity Quarterly, 29,* 295 – 309.

Haegele, J. A., & Hodge, S. (2016). Disability discourse: Overview and critiques of the medical and social models. *Quest, 68,* 193 – 206.

Jurbala, P. (2015). What is physical literacy, really? *Quest, 67,* 367 – 383.

Keegan, R. J., Keegan, S. L., Daley, S., Ordway, C., & Edwards, A. (2013). *Getting Australia moving: Establishing a physically literate and active nation.* Canberra: University of Canberra Press.

Ladda, S. (2014). Physical literacy is a social justice issue. *Journal of Physical Education, Recreation and Dance, 85,* 3 – 4.

Law, M., Petrenchik, T., King, G., & Hurley, P. (2007). Perceived environmental barriers to recreational, community, and school participation for children and youth with physical disabilities. *Archives of Physical Medicine and Rehabilitation, 88,* 1636 – 1642.

Levac, D., Colquhoun, H., & O'Brien, K. K. (2010). Scoping studies: Advancing the methodology. *Implementation Science, 5,* 69.

Lundvall, S. (2015). Physical literacy in the field of physical education—A challenge and a possibility. *Journal of Sport and Health Science, 4*, 113 – 118.

Lyons, L. (2013). Transformed understanding or enlightened ableism? The gap between policy and practice for children with disabilities in Aotearoa New Zealand. *International Journal of Early Childhood, 45*, 237 – 249.

Macdonald, M., Esposito, P. E., & Ulrich, D. A. (2011). The physical activity patterns of children with autism. *BMC Research Notes, 4*, 422 – 426.

Mandigo, J. (2015). *Physical literacy and the 2015 UNESCO International charter of physical education, physical activity and sport: An opportunity for Canadian leadership.*

Martin, J. J., & Choi, Y. S. (2009). Parents' physical activity-related perceptions of their children with disabilities. *Disability and Health Journal, 2*, 9 – 14.

Mitchell, B., & Le Masurier, G. C. (2014). Current applications of physical literacy in Canada, the United States, the United Kingdom and Australia. *International Journal of Physical Education, 51*, 2 – 19.

Mitra, S. (2006). The capability approach and disability. *Journal of Disability Policy Studies, 16*, 236 – 247.

Muir, A. (2013). Developing physical literacy in children and youth with a disability. *Physical and Health Education Journal, 78*, 44.

Munn, Z., Peters, J. D. J., Stern, C., Tufanary, C., McArthur, A., & Aromataris, E. (2018). Systematic review or scoping review? Guidance for authors when choosing between a systematic or scoping review approach. *BMC Medical Research Methodology, 18*, 143.

Murphy, N., & Carbone, P. (2008). Promoting the participation of children with disabilities in sports, recreation, and physical activities. *Pediatrics, 121*, 1057 – 1061.

Nesdoly, A., Gleddie, D., & McHugh, T. F. (2020). An exploration of indigenous peoples' perspectives of physical literacy. *Sport, Education and Society,* .

Pohl, D., Alpous, A., Hamer, S., & Longmuir, P. E. (2019). Higher screen time, lower muscular endurance, and decreased agility limit the physical literacy of children with epilepsy. *Epilepsy & Behavior, 90*, 260 – 265.

Pot, N., & van Hilvoorde, I. (2013). A critical consideration of the use of physical literacy in the Netherlands. *ICSSPE Bulletin, Journal of Sport Science and Physical Education, 65*, 313 – 320.

Pushkarenko, K., Causgrove Dunn, J., & Wohlers, B. (2019). Questioning inclusiveness: The identification of a significant gap in the physical literacy literature. *International Physical Literacy Conference (IPLC) 2019.* Poster presentation at the 2019 International Physical Literacy Conference in Winnipeg, MB, Canada.

Rimmer, J. H., Riley, B., Wang, E., Rauworth, A., & Jurkowski, J. (2004). Research article: Physical activity participation among persons with disabilities. Barriers and facilitators. *American Journal of Preventive Medicine, 26*, 419 – 425.

Rimmer, J. H., & Rowland, J. L. (2008). Physical activity for youth with disabilities: A critical need in an underserved population. *Developmental Neurorehabilitation, 11*, 141 – 148.

Robinson, D. B., & Randall, L. (2016). *Social justice in physical education: Critical reflections and pedagogies for change.* Toronto, ON: Canadian Scholars Press.

Roetert, E. P., & Jefferies, S. C. (2014). Embracing physical literacy. *Journal of Physical Education, Recreation and Dance, 85*, 38 – 40.

Roetert, E. P., Kriellaars, D., Ellenbecker, T. S., & Richardson, C. (2017). Preparing students for a physically literate life. *Journal of Physical Education, Recreation and Dance, 88*,

57 - 62.

Roush, S. E., & Sharby, N. (2011). Disability reconsidered: The paradox of physical therapy. *Physical Therapy, 91*, 1715 - 1727.

Saxena, S., & Shikako-Thomas, K. (2018). Physical literacy program for children with disabilities: A realist view. *Developmental Medicine & Child Neurology, 60*(53), 88 - 89.

Secco, M., Vercillo, T., & Martiniuk, A. (2015). A recreation program to develop physical literacy skills in children with epilepsy. *Epilepsia, 56*(Suppl. 1), 3 - 263.

Shearer, C., Goss, H. R., Edwards, L. C., Keegan, R. J., Knowles, Z. R., Boddy, L. M., Durden-Myers, E. J., & Foweather, L. (2018). How is physical literacy defined? A contemporary update. *Journal of Teaching in Physical Education, 37*(3), 237 - 245.

Shields, N., & Synnott, A. (2016). Perceived barriers and facilitators to participation in physical activity for children with disability: A qualitative study. *BMC Pediatrics, 16*, 9.

Shields, N., Synnot, A. J., & Barr, M. (2012). Perceived barriers and facilitators to physical activity for children with disability: A systematic review. *British Journal of Sports Medicine, 46*, 989 - 997.

Siebert, E. A., Hamm, J., & Yun, J. (2017). Parental influence on physical activity of children with disabilities. *International Journal of Disability, Development and Education, 64*, 378 - 390.

Singer, S. E., & Harkins, M. J. (Eds.). (2018). *Educators on diversity, social justice, and schooling: A reader.* Toronto: Canadian Scholars Press.

Solish, A., Perry, A., & Minnes, P. (2009). Participation of children with and without disabilities in social, recreational, and leisure activities. *Journal of Applied Research in Intellectual Disabilities, 23*, 226 - 236.

Spencer-Cavaliere, N., & Watkinson, E. J. (2010). Inclusion understood from the perspectives of children with disability. *Adapted Physical Activity Quarterly, 27*, 275 - 293.

Spengler, J. O., & Cohen, J. (2015). *Physical literacy: A global environmental scan.* Washington, DC: The Aspen Institute.

Stanec, A. D., & Murray-Orr, A. (2011). Elementary generalists' perceptions of integrating physical literacy into their classrooms and collaborating with physical education specialists. *PHEnex Journal, 3*, 1 - 18.

Tompsett, C., Burkett, B., & McKean, M. R. (2014). Development of physical literacy and movement competency: A literature review. *Journal of Fitness Research, 3*, 53 - 74.

UNESCO (2015). *Quality physical education: Guidelines for policy makers.*

Vickerman, P., & DePauw, K. (2010). Physical literacy and individuals with a disability. In M. Whitehead (Ed.), *Physical literacy: Throughout the lifecourse* (pp. 130 - 141). London: Routledge.

Whitehead, M. (2001). The concept of physical literacy. *European Journal of Physical Education, 6*, 127 - 138.

Whitehead, M. (2007). Physical literacy: Philosophical considerations in relation to developing a sense of self, universality and propositional knowledge. *Sport, Ethics and Philosophy, 1*, 281 - 298.

Whitehead, M. (2010). *Physical literacy: Throughout the lifecourse.* London: Routledge.

Whitehead, M. (2013). Definition of physical literacy and clarification of related issues. *ICSSPE Bulletin, Journal of Sport Science and Physical Education, 65*, 29 - 34.

Whitehead, M. (2019). Definition of physical literacy — Development and issues. In M. Whitehead (Ed.), *Physical literacy across the world.* London: Routledge.

Whitehead, M. E., & Murdoch, E. (2006). Physical literacy and physical education: Conceptual mapping. *Physical Education Matters*, *1*, 6 - 9.

WHO [World Health Organization] (2001). *International classification of functioning, disability and health*. Geneva: WHO.

Wolbring, G. (2008). *The politics of ableism. Development*, *51*, 252 - 258.

Yi, K. J., Cameron, E., Patey, M., Loucks-Atkinson, A., Loeffler, T. A., McGowan, E., Sullivan, A. M., Borduas, C., & Buote, R. (2019). University-based physical literacy programming for children: Canadian community stakeholders' recommendations. *Health promotion international*.

凯尔·普熙卡伦

加拿大纽芬兰纪念大学人类运动与休闲学院的适应性体育活动助理教授。他的研究探讨残疾背景下身体素养概念的理解及其含义,以及为边缘化群体开发身体素养项目。他在身体素养方面的研究成果和见解已在国际、国内和地区层面上获得广泛认可。除学术研究外,他在适应性体育活动项目开发、实施与评估方面拥有超过15年的丰富经验,对不同能力层次的儿童和成年人开展相关研究。

通信地址 1:Faculty of Kinesiology, Sport and Recreation, University of Alberta, Edmonton, Canada

通信地址 2:School of Human Kinetics and Recreation, Memorial University of Newfoundland, St. John's, NL, Canada

电子邮箱:Kyle Pushkarenko kpushkarenko@mun. ca;

珍妮丝·卡斯格罗夫·邓恩

加拿大阿尔伯塔大学运动科学、体育与休闲学院的适应性体育教授。她曾担任该院本科项目的副院长达十年之久,目前在研究生院担任副院长职务。她主要研究残疾儿童和青少年参与体育活动和运动的心理社会动机及参与度。她同时研究体育运动背景下完美主义性格倾向。

通信地址 1:Faculty of Kinesiology, Sport and Recreation, University of Alberta, Edmonton, Canada

通信地址 2:School of Human Kinetics and Recreation, Memorial University of Newfoundland, St. John's, NL, Canada

电子邮箱:Janice Causgrove Dunn jcausgro@ualberta. ca;

布兰登·沃勒斯

加拿大阿尔伯塔省健康教育促进专家。他持有阿尔伯塔大学的教育学士学位及运动科学硕士学位。在担任高中教师后,他返回大学深入研究儿童和青少年的身体素养与健康促进问题。他的研究聚焦学校健康综合框架与身体素养发展的关系,研究的目的旨在促进学校社区的整体健康与福祉,并推动所有能力层次的人员的身体素养发展。

通信地址:School of Human Kinetics and Recreation, Memorial University of Newfoundland, St. John's, NL, Canada

电子邮箱:Brendan Wohlers brendan. wohlers@gmail.com

发育性协调障碍儿童享受学校体育的纵向研究:身体素养的视角

劳拉·圣约翰　　迪安·达德利　　约翰·凯尔尼

在线出版时间:2020 年 6 月 10 日
©联合国教科文组织国际教育局 2020 年

摘　要:本研究以发育性协调障碍儿童为案例,探讨了身体素养的几个核心领域如何相互作用,以及随着时间的推移与享受体育乐趣的关系如何变化。我们在 6 个时间点收集了 2,278 名儿童的数据(5%为可能发育性协调障碍儿童)。研究采用混合效应模型检验了个体内部和个体之间随时间的变化。研究发现,在感知充分性、时间和可能发育性协调障碍之间存在三元交互的作用,研究还表明,对体育产生快乐体验的最大预测因素是感知充分性(相关系数=.018,p<.01)。这些发现强调了培养一种非评判性的、积极的、鼓励个人成长的体育教育环境的重要性,因为这些是提高感知充分性并因此获得体育乐趣的最佳途径。

关键词:身体素养　发育性协调障碍　乐趣　充分性

在北美和西欧,约有 5%至 6%的学龄儿童符合发育性协调障碍(DCD)的诊断标准,其特征是运动协调和运动技能较差,进而影响到儿童的社交与学业表现(APA 2013)。然而,大多数这类儿童从未接受过诊断。一般来说,一个患有发育性协调障碍的儿童会在以下一个或多个领域中遇到挑战:精细运动技能、大肌肉群运动和平衡/稳定技能(包括静态和动态两方面)。患有发育性协调障碍的儿童一定会在日常生活所需的各种活动中表现出困难,比如使用餐具;那些显示运动里程的活动,如骑自行车;日常生活需要的粗大运动技能,如行走、跑步、爬楼梯等;学校的活动任务,例如手写(Cairney 2015)。然而,仅当排除了其他疾病(如脑瘫),且确认无智力障碍的情况下,才会考虑发育性协调障碍的诊断(Blank et al. 2019)。

对于发育性协调障碍儿童而言,参与有组织的和自由的游戏活动需要确保提供安全的空间来练习运动技能,使其有机会与同伴进行有意义和积极的互动,以及创造条件使他们能感受到体育活动的乐趣。然而,实证文献表明,对于这些儿童来说,

原文语言:英语

这种安全空间往往是不存在的(Fitzpatrick and Watkinson 2003)。相反,无论是在结构化的环境中(如体育课),还是在非结构化的环境中(如操场)(Fitzpatrick and Watkinson 2003),发育性协调障碍儿童经常面临被嘲笑和处于尴尬状态,这会导致这些儿童在接触体育活动时表现出回避和适应不良的行为。此外,发育性协调障碍儿童经常会对参与活动产生焦虑情绪进而选择退出,而不是积极参与自由且有组织的游戏。不出所料,与未受影响的同龄人相比,发育性协调障碍儿童通常表现出对体育活动的享受程度较低,特别是在结构化环境中,如体育课(Cairney et al. 2007;Losse et al. 1991)。有证据表明,这些消极的学校体育教育经历给他们带来的羞辱感和嘲笑会一直持续到童年之后(Fitzpatrick and Watkinson 2003)。

发育性协调障碍儿童和青少年并不是唯一对体育教育感到厌恶的群体,即使是在正常发育中的儿童和青少年,他们从有组织的竞技运动和体育课中退出的比例也相当高(Witt and Dangi 2018)。事实上,这种普遍趋势几乎不是发育性协调障碍儿童所特有的;相反,在运动协调能力较差的儿童中,负面经历和退出现象更为明显(Vandorpe et al. 2012)。体育教育拥有围绕体育活动(PA)创造积极体验的独特机会,并由此鼓励学生终身参与体育活动。为此,研究人员和政策制定者鼓励教育工作者和实践者为他们的学生提供优质的体育教育体验。

优质的体育教育(QPE)确保学生学习运动技能,并通过运动技能的学习创造积极与快乐的体育活动环境(Dudley et al. 2011)。在优质体育教育环境中的学习必须是有意义的、多样的、频繁的、具有挑战性和包容性的(Dudley et al. 2020),涉及认知、社会、身体和情感学习领域(Kirk 2013;UNESCO 2015)。通过优质的体育教育,教师能够促进多个学习和发展领域的参与(Centers for Disease Control and Prevention 2011),因此,能够提高学生的身体素养。身体素养(Physical Literacy, PL)通常被定义为一个人具有终身积极参与体育活动所需的知识、动机、理解力和体育能力(Whitehead 2010)。研究人员将其描述为一个多维度的概念,包括动机、社会、运动和情感学习领域(Cairney et al. 2019)。从图1中,我们可以很清楚地看到身体素养和优质体育教育所包含的领域之间的相似性或重叠之处。然而,这两者并不是同义词;相反,我们可以将优质体育教育视为促进儿童和青少年身体素养发展所需的手段(或教学方法)。

目前针对患有发育性协调障碍的儿童的干预措施多集中在改善运动技能和健康方面(Hillier 2007)。这是基于以下假设:如果儿童拥有大量成熟的、精细的运动技能,他或她将能够充分地参与像学校体育这样的有组织的体育活动,并因此更有可能终身参与运动。事实上,研究一致表明,在寻求增加与体育活动相关行为时,最重要的变量之一是乐趣(Dudley et al. 2013)。

行为干预主义者认为,虽然一个人可能具备参与身体活动所需的技能,但除非这个人觉得该活动是有乐趣的,否则他或她将不会积极参与,因此,也将不会在干预

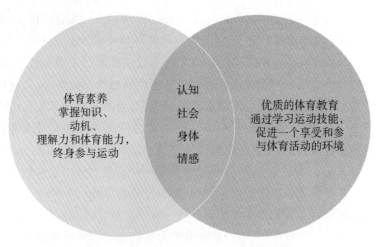

图1　身体素养和优质体育教育的共同点

结束后保持这个行为(即积极参与身体活动)(Sallis, Prochaska, and Taylor 2000)。从身体素养的角度来看,仅有运动能力是不够的,除非它伴随着一个人的自信心和积极的情感状态(例如,享受)、价值观和与参与身体活动的知识。通过适当的干预(Preston et al. 2017),人们也许可以使患有发育性协调障碍的儿童具备参加身体活动所必要的技能,比如骑自行车。但要促进身体素养的发展,还必须针对更广泛的领域进行干预。虽然对于参与来说,这在一般情况下是成立的,但在体育教育或者体育课的背景下,针对患有发育性协调障碍的儿童的动机、情感和运动能力的目标定位是同样重要的。

　　凯尔尼等人(2019)曾提出发育性协调障碍为理解身体素养的各个领域如何相互联系提供了一个有启发性的背景。这在发育性协调障碍和体育教育的背景下具有特定相关性。正如我们之前所描述的,相较于正常发育的同龄人,患有发育性协调障碍的儿童和青少年在体育教育中享受到的乐趣更少(Cairney et al. 2007; Vandorpe et al. 2012)。这是一个低水平运动能力(发育性协调障碍导致的结果)如何影响儿童与特定环境(体育教育的享受乐趣程度)相关感受的例子。先前的研究已进一步表明,对感知能力的看法也会影响患有发育性协调障碍的儿童对体育教育的享受程度。这种认知是动机的核心决定因素(Ryan and Deci 2000)。例如,凯尔尼等人(2007)发现,患有发育性协调障碍的儿童在体育教育中的享受乐趣程度较低,这种关系在很大程度上与感知充分性的差异有关——感知充分性是一种概念上接近感知运动能力的测量标准(Hay 1992)。换句话说,为了理解为什么患有发育性协调障碍的儿童(被证明运动能力低下的儿童)喜欢或不喜欢体育教育,我们不仅要考虑他们运动技能的相对水平,也要考虑他们是如何看待他们自己能力的。虽然这只是对身体素养所有可能的领域的部分考虑,然而它仍是开始探讨的一个重要方面。

在前面的例子中,我们很大程度上在静态条件下描述了发育性协调障碍(运动能力差)、感知充分性(能力)和情感(享受体育课)之间的相互关系。然而,身体素养定义中的一个重要元素涉及到历程的概念(Whitehead 2007)。这意味着我们必须考虑不同领域(如运动能力和感知能力)和情感状态(如享受)如何随着时间相互影响。然而,凯尔尼等人的研究(2007)是横向的。因此,我们还不知道患有发育性协调障碍的儿童对体育课乐趣的感知是否会随着时间变化,以及感知充分性或能力是否可以解释这种变化。于是,我们在当前研究中的目标是扩展凯尔尼等人的前期研究成果(2007),以解决这个特定的知识空白。但鉴于该领域普遍缺乏实证研究(Dudley et al. 2019),我们还不能在学校体育课的背景下调查身体素养概念的全部相关领域。基于缺乏针对身体素养定量研究的现状,即使是对身体素养各领域间关联进行部分定量研究,也是我们向前迈出对身体素养和相关应用理解的重要一步(Cairney et al. 2019)。

研究方法

参与者

本研究的数据来自身体健康与活动研究小组,这是一项调查儿童健康、身体活动和发育情况的前瞻性研究。研究对象是四年级学生,他们都就读于加拿大安大略省南部的学校。我们在第一年(2004—2005)获得了布洛克大学和地区学校董事会的伦理批准。在 92 所被邀请的学校中,有 75 所同意参与,在 2,378 名家长中,有 2,262 名家长(占比 95.4%)签署了项目知情同意书。经过训练的研究助理在从 2005 年 5 月至 2007 年 5 月之间的六个时间点收集了数据。因此,这些数据来自一群从四年级结束到六年级结束的学生(详见表 1 的描述性统计)。

表 1　参与者描述性统计

	第一组	第二组	第三组	第四组	第五组
TD 总数	2,169(95%)	2,119(95%)	2,161(95%)	2,027(95%)	2,035(95%)
性别					
男性(%)	1,113(51%)	1,087(51%)	1,116(52%)	1,036(51%)	1,039(51%)
女性(%)	1,056(49%)	1,032(49%)	1,045(48%)	991(49%)	996(49%)
身体质量指数(标准差)	18.4(3.4)	18.8(3.5)	19.0(3.5)	19.5(3.8)	19.9(3.9)
最大摄氧量(标准差)	47.5(3.9)	47.7(4.2)	47.8(4.4)	46.7(4.6)	46.4(5.2)

续 表

	第一组	第二组	第三组	第四组	第五组
CSAPPA 问卷充分性(标准差)	22.6(4.2)	22.8(4.1)	22.9(4.1)	23.0(4.1)	23.1(4.0)
乐趣(标准差)	10.9(1.8)	10.9(1.7)	10.9(1.6)	11.0(1.7)	11.0(1.6)
可能患有发育性协调障碍总数	109(5%)	109(5%)	112(5%)	107(5%)	106(5%)
性别					
男性(%)	45(41%)	43(39%)	43(38%)	40(37%)	40(38%)
女性(%)	64(59%)	66(61%)	69(62%)	67(63%)	66(62%)
身体质量指数(标准差)	21.1(5.2)	22.0(5.3)	22.3(5.6)	22.7(5.6)	24.7(6.1)
最大摄氧量(标准差)	43.5(2.0)	43.0(2.3)	42.6(3.0)	41.6(2.8)	40.8(3.3)
CSAPPA 问卷充分性(标准差)	19.9(4.9)	19.4(4.3)	19.3(5.4)	19.3(5.3)	18.5(5.3)
乐趣(标准差)	10.3(2.4)	9.9(2.5)	9.5(2.7)	9.7(2.5)	9.4(2.6)

测量

体育教育的乐趣

体育教育的感知乐趣是由《身体活动自我感知和偏好量表》(CSAPPA)(Hay 1992)衍生而来的一个包含三个项目的子量表。我们向孩子们提供两种描述,然后要求他们选择最能描述那个孩子的那一种。例如:"有些孩子在体育课上玩得很开心"和"其他孩子不愿参加体育课"。三个项目重点关注体育课堂的乐趣。体育课乐趣量表对 9—16 岁儿童和青少年具有良好至优秀的重测信度(r=0.70—0.89),具有较强的预测效度和结构效度(Hay 1992)。

对身体活动的感知充分性

我们使用由最初的 20 项测量中的 7 个项目组成的 CSAPPA 子量表来测量感知充分性(Hay 1992)。这 7 个项目因子在四、五、六年级(r=0.81)和七、八年级(r=0.81)的儿童中具有较强的重测信度。在类似的研究中(Cairney et al. 2007)发现其内部可靠性(alpha)是很高的(0.83)。感知充分性在概念上与哈特对感知能力的测量接近(Hay 1992)。例如,充分性子量表中的项目包括积极参与游戏和体育课的能力的陈述(Hay 1992),而哈特(1982)量表包含有关奔跑、跳跃和游戏能力的问题。

发育性协调障碍

我们使用简版的布鲁因宁克斯-奥译利特斯基泽运动能力测试（下文简称BOTMP-SF测试）来评估运动能力。这个包含 14 个项目的测试考察了运动能力的全部范围，包括静态和动态平衡、反应时间和双边协调。简版测试大约需要 30 分钟（相比之下，完整版本大约要 2 小时），并且它已经与完整版量表进行了验证，8—14岁儿童的相关系数在 0.90 和 0.91 之间（Bruininks 1978）。

一组受过训练的研究助理对参加研究的儿童进行了测试。如果一个儿童在BOTMP-SF 测试中的得分等于或低于第五百分位，那他们在剩下的分析中会被归类为可能患有发育性协调障碍（pDCD）。我们将病例描述为可能患有发育性协调障碍，是因为我们使用了由受过训练的研究助理的实地评估进行分类，而不是医师诊断。

为了验证这一 5% 数据阈值，凯尔尼、海耶、威尔德森、米斯纳和福特（2009）随机选取了 24 名参与者，这些参与者是经过 BOTMP-SF 测试被识别为可能患者发育性协调障碍病例的原始队列成员。然后，由一名儿童职业治疗师（对每个孩子的原始运动测试结果并不知情）使用儿童运动评估工具包（M-ABC）（Henderson and Sugden 1992）和考夫曼简短智力测试（K-BIT）（Kaufman and Kaufman 2004）对这些孩子进行测试。根据欧洲儿童残疾学会指南（2019 年）的要求，K-BIT 测试由儿科职业治疗师进行，以确保运动协调能力差或可能患者发育性协调障碍的儿童都处于正常的智力范围内。对于智商低于 70 的儿童，其运动能力往往与智商不一致。研究发现，基于 M-ABC 的结果，88% 的儿童符合发育性协调障碍的标准。完整的研究结果已发表在之前的出版物中（Cairney et al.，2009）。

除了发育性协调障碍状态和感知充分性作为体育乐趣的预测因素外，凯尔尼等人（2007）还选择了其他变量作为预测因素，这些变量不属于身体素养概念的一部分（Dudley et al.，2011）。具体来说，他们在最初的分析中包括了与健康相关的体能指标，因为这些指标在患有 DCD 的儿童中分值较低，研究人员假设这些指标可能会对儿童对体育乐趣的感知产生负面影响。在本文中，我们将身体质量指数（BMI）和有氧运动（通过 20 米往返跑测试中的表现来衡量）作为统计控制变量，允许我们在控制这些其他因素的同时，评估发育性协调障碍的影响以及参与体育活动过程中本体对乐趣的充分感知。

身体质量指数

我们使用身高体重一体仪测量身高和体重。在测量时，我们要求参与者脱掉鞋子，两脚跟并拢站立，保持身体垂直挺立，肩膀放松。高度被记录到最接近他们头部最高点的 0.2 厘米。对于体重，我们要求参与者从口袋里拿出所有东西，直接站在体重计上。体重记录到最接近的 0.1 公斤。我们用这些数据来计算 BMI（kg/m²）。

心肺适能(PeakVO$_2$)

我们使用20米莱杰往返跑测试(Leger and Lambert 1982)来估算参与者的心肺适能。按照之前概述的程序,一共有15名学生在给定的时间内完成了测试(Leger and Gadoury 1989)。然后,我们使用以下公式计算心肺适能的得分:$y = 31.025 + 3.238$(最大速度)$- 3.248$(年龄,年)$+ 0.1536$(速度×年龄)(Leger and Gadoury 1989)。该测试已被发现是儿童心肺适能的一个有效且可靠的估算方法(Batista et al. 2017)。

性别

最后,进行运动和体能测试的评估者通过每个孩子的自我报告评估并确认了性别。我们将性别作为协变量纳入分析,以解释可能存在的男孩和女孩对体育乐趣的差异,这种差异可能是社会化和/或其他心理社会过程的结果(Cairney, Kwan, Veldhuizen, Hay, Bray, and Faught, 2012)。

数据收集

收集数据始于2005年5月,并于2005年9月、2006年5月、9月以及2007年5月进行了跟进。因此,我们收集了从四年级开始(时间1)到六年级结束(时间6)的一组学生的数据。一个受过训练的研究助理团队在上课时间对这些孩子进行了测试。我们在研究中只纳入了那些参加了所有测量项目的孩子。在每个时间点,孩子们完成了问卷调查、人体测量和体能测试。儿童在初始评估时仅完成了运动技能评估(BOTMP-SF)。由于这是一项开放的队列研究,样本量在六个时间点上确实有所波动。

数据分析

我们使用混合效应模型来衡量个体内部和个体之间随时间变化的情况。我们选择了一个非结构化的协方差矩阵,这样任何方差和/或协方差都是唯一适合于数据的。我们指定了三种模型。在模型1中,我们检验了时间、发育性协调障碍状态和充分感知对预测体育乐趣随时间变化的独立效应。这使我们能够测试每个变量在预测乐趣方面的相对贡献,并捕获代表以下身体素养核心领域的三个变量(即运动能力、动机(感知能力)和情感(乐趣))之间的纵向关系。

接下来,在模型2中,我们在模型1的基础上增加了性别、身体质量指数和心肺适能。这使我们能够评估在控制了性别和健康相关适能的影响后,在模型1中观察到的效应是否仍然存在。通过对这些变量的检查,可以调查儿童与健康有关的适能相对水平是否也在其乐趣方面发挥作用。最后,在模型3中,我们测试了发育性协调障碍状态、时间和充分感知性之间的二元和三元互动,并对性别、身体质量指数和心肺适能进行了调整。与模型 1 不同,模型 3 允许我们测试时间、较差的运动能力和感知充分性对随时间变化的乐趣的协同效应。这与身体素养的概念一致,强调了这些领域之间随时间的相互作用(例如,Cairney et al. 2019)。我们使用 STATA IC 15 对所有数据进行分析。

结　　果

表 1 中呈现了参与者的描述性统计。第一次测试了 2,278 名儿童。其中有 109 名(5%)被识别为可能患有发育性协调障碍(pDCD),且有 64 例(59%)可能患有发育性协调障碍为女性。在所有时间点的测试中,与正常发育的同龄人相比,患有发育性协调障碍的儿童的身体质量指数更高,而在六个时间点的测试中,报告的充分性和体育的乐趣程度均低于正常发育的同龄人。

模型 1 显示了时间、可能患有发育性协调障碍和充分感知对体育享受的影响(见表 2)。可能患有发育性协调障碍的显著影响表明,有可能患有发育性协调障碍和没有可能患有发育性协调障碍的儿童之间确实存在差异(相关系数=−0.32, p<.001)。此外,感知充分性对乐趣也有显著的独立影响(相关系数=.18,p<.001)。

表 2　预测体育乐趣随时间变化的混合效应模型

	模型 1	模型 2	模型 3
时间	−0.18*	−.008	−.43***
pDCD	−.32***	−.19*	.56
充分性	.18**	.18***	.10***
性别		.15***	.16***
BMI		−.007	−.007
心肺适能		.025***	.23***
充分性*时间			016***
DCD*充分性			.045
DCD*时间			−.37**
充分性*DCD*时间			.018**
系数(Constant)	6.63	5.5	7.3

注意:*** p<.001;** p<.01;* p<.05.

在模型 2 中,我们在基础模型中加入了性别、身体质量指数和心肺适能。这些变量的加入对感知的充分性和乐趣之间的关系几乎没有影响((相关系数=.18,p

<.001);然而,纳入这些变量后,可能患有发育性协调障碍对乐趣的影响降低了40%(相关系数＝－.19,p<.05)。性别(相关系数＝.15,p<.001)和心肺适能(相关系数＝.025,p<.001)对乐趣有显著的影响,而 BMI 在模型中无显著影响(相关系数＝－.007,p>.05)。

在模型 3 中,我们测试了时间与可能患有发育性协调障碍、感知充分性之间可能的二元和三元交互作用。我们也在表 2 呈现了这些变量的结果。最有趣的是,我们发现充分感知性、可能患有发育性协调障碍和时间之间存在三元交互作用。为了便于解释这些结果,我们绘制了模型 3 的完整方程图(见图 2)。在图中,低值和高值分别表示感知充分性低于平均值 1 个标准差和高于平均值 1 个标准差。对于可能患有发育性协调障碍的儿童,随着时间的推移,较低的感知充分性得分与较低的乐趣得分相关。有趣的是,与非发育性协调障碍儿童相比,具有可能患有发育性协调障碍且高充分性得分的儿童在不同时间点上显示出更高的享受度得分。

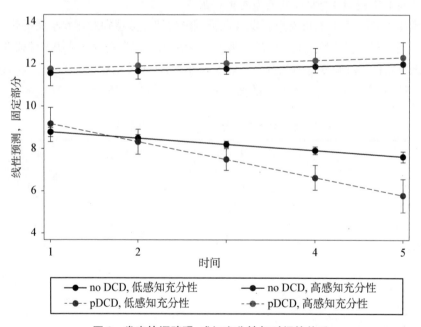

图 2　发育协调障碍、感知充分性与时间的关系

讨　　论

本研究旨在扩展凯尔尼及其同事(2007)进行的先前研究,重点关注身体素养领域之间的关系,特别是发育性协调障碍(运动能力差)、感知充分性/能力(动机)和体育乐趣(情感),以及这些领域如何在个体层面上随着时间相互作用。本研究的结果表明,发育性协调障碍(较差的运动能力)儿童不太可能享受体育教育中的乐趣,他们对体育表现出消极的情感反应,进一步强化了凯尔尼等人(2007)的研究以及之前研究的发现,相对于正常发育的儿童,发育性协调障碍(较差的运动能力)的儿童在体育教育中的享受程度较低(Losse et al. 1991)。重要的是,我们发现了可能患有发育性协调障碍、感知充分性和时间之间的三元交互作用,证明了运动能力、动机和情感之间的关系的重要作用,以及这些关系如何随着时间的推移而变化。感知充分性水平较低的可能患有发育性协调障碍的儿童,会随着时间的变化,他们对体育乐趣感知能力的下降幅度比同龄人更大。相反,感知充分性水平较高的可能患有发育性协调障碍的儿童,随着时间的推移,他们实际体验到的感知乐趣会略有增加。对于可能患有发育性协调障碍(高感知充分性)的儿童,他们对自己能力的信念有助于减弱他们协调性弱的影响,实际上随着时间的推移会增加乐趣。

这一发现与涉及正常发育儿童的运动发展研究密切相关,该研究表明,儿童对自己技能的感知和自己的实际能力并不总是完全一致,幼儿倾向于高估自己的能力(Farmer, Belton, and O'Brien 2017)。对于可能患有发育性协调障碍或运动困难的儿童来说,对他们运动能力的信心可能有助于保持他们对体育教育的乐趣,在某种程度上抵消了他们运动能力低下对体育教育享受乐趣的影响。对于报告的感知充分性水平较低的可能患有发育性协调障碍儿童,随着时间的推移,他们的享受程度呈稳步而急剧的下降。尽管与正常发育的同龄人(无发育性协调障碍,感知适应性低)相比,他们在某一时刻的快乐程度略高,但随着时间的推移,他们的享受程度下降幅度会更大。

在本文中,我们在儿童层面测量了所有感兴趣的变量。当然,虽然这些很重要,但我们没有纳入测量孩子们参加体育课的结构或内容的相关变量。未来的研究应该检查这些情景和课堂层面的效应,以进一步探究本分析中所考察的各种变量的相关性。例如,课程的实施可能有助于解释为什么儿童报告的感知充分性水平高或低。达德利及其同事(2013)发现,当教师提供一个积极的环境,将直接教学、具体和量身定制的课程与全校课外体育活动(PA)的方法相结合时,他们可能会通过体育教育培养出积极的体验。因此,儿童不太可能关注正常发展的同龄人的成就,而是关注他们自己的成就(Ohlert and Zepp 2016)。或者,在主要集中于竞争的体育教育环境中,同龄人之间的比较肯定会被吸引,因为运动优势的展示往往会发生,这是由外部动机(如教师认可)最突出的环境促进的(Ohlert and Zepp 2016)。在这种情况下,一个学生与其他人比较其表现是有价值的。这将导致儿童报告低水平的感知充分性,进而导致对享受体育教育的乐趣水平也低(Ohlert and Zepp 2016)。未来的工作还应该研究加强学习和实现学生目标的背景和教学方法,以便更好地了解哪种教学法最适合在体育课堂中应用,并能促进低运动能力儿童最大程度的学习。

如前所述,身体素养的情感领域,其中"乐趣"是一个重要因素(Keegan

et al. 2019)，在体育教育参与中发挥着重要作用。然而，除了更普遍意义上的体育教育和课外体育活动之外，乐趣在学习过程中也起着重要的作用。虽然情感领域的其他组成部分——动机、自信、自尊——可能促进参与，但乐趣有助于孩子更深入地思考，保留信息，并发展新知识（Hernik and Jaworska 2018）。

事实上，当学生在课堂上体验到快乐时，他们反馈说自己会更快乐，对所学的概念和材料会有更好的理解（Hernik and Jaworska 2018）。这对于在体育课上运动能力较差的孩子来说是至关重要的。如果我们想帮助低运动能力的孩子提高他们的运动技能，也许应该在技能掌握和享受乐趣之间取得平衡。如果运动能力低的孩子能够记住他们所学到的关于运动技能的信息，那么他们就可以把这些信息带出体育课，并尝试将其应用到不同的环境中。这种新发现的以创造性的方式应用运动技能的能力有助于提高他们的身体素养，这可能会产生连锁反应——提高身体素养的各个领域，包括社会参与、运动技能以及对充分性和能力的感知。

随着时间的推移，发育性协调障碍或运动能力差与体育享受的感知充分性之间复杂而相互依赖的联系，强化了将运动能力、动机和情感结合起来的多维方法的重要性。正如凯尔尼及其同事（2019）之前所指出的，研究发育性协调障碍对于考虑身体素养的多个相互作用领域是有用的，为发育性协调障碍儿童提供了一个关于身体素养不同领域如何相互关联的让人伤感的例证。这项研究的结果进一步证明，发育性协调障碍（运动能力差）和低感知充分性（动机）的儿童随着时间的推移具有低水平的积极情感（体育教育中对乐趣的享受）。他们在身体素养领域所经历的障碍抑制了他们的身体素养之旅，并使他们遭受负面结果的影响。然而，研究也表明，通过支持运动能力低的孩子，并通过体育教育增强他们的感知充分性并有效地增强他们的能力，可以看到他们享受乐趣的程度呈稳定的上升轨迹，这会随着时间的推移而不断增长——这可能是让他们终身都保持身体活跃的关键。未来的工作应该在优质体育教育的背景下研究这一点，看看这样的环境是否能进一步促进这些重要的联系。

与所有的研究一样，本研究也存在局限性。首先，由于时间限制，我们只对儿童的运动技能进行了一次评估。因此，无法评估运动熟练程度的变化是否会导致儿童对自己能力的感知和对体育教育中的乐趣程度产生的变化。此外，在缺乏医生诊断的情况下，只能给出"可能"的发育性协调障碍状态。而且，本研究无法检查身体素养的所有领域，而是使用了一些具有代表性的变量。在这个背景下，可能还有许多其他变量和身体素养的其他领域值得研究，例如自信心和创造力。最后，虽然我们在整篇文章中都使用了"性别"这个术语，但需要注意的是，在这种情况下，它是一个二元变量，因此，没有捕捉到性别表达的多样性。

尽管存在这些局限性，但本研究是继凯尔尼等人（2007年）十多年前进行的研究之后，首次进一步加强感知的充分性是可能患有发育性协调障碍儿童及非可能患有发育性协调障碍儿童享受体育教育乐趣中最大的中介因素这一发现。重要的是，它证明了干预措施的必要性，这些干预措施以整体方法为基础，以身体素养理论为基础，旨在提高这一人群的在体育教育中享受乐趣的程度，从而促进他们学习和终身参与体育活动。

（党林秀　刘超　李晓　译）

（申彦华　校）

参考文献

APA [American Psychiatric Association] (2013). *Diagnostic and statistical manual of mental disorders* (5th ed.). Washington, DC: APA.

Batista, M. B., Romanzini, C. L. P., Castro-Piñero, J., & Ronque, E. R. V. (2017). Validity of field tests to estimate cardiorespiratory fitness in children and adolescents: A systematic review. *Revista Paulista de Pediatria: Orgao Oficial Da Sociedade de Pediatria de Sao Paulo*, 35(2), 222-233.

Blank, R., Barnett, A. L., Cairney, J., Green, D., Kirby, A., Polatajko, H., et al (2019). International clinical practice recommendations on the definition, diagnosis, assessment, intervention, and psychosocial aspects of developmental coordination disorder. *Developmental Medicine and Child Neurology*, 61(3), 242-285.

Bruininks, R. H. (1978). *Test of motor proficiency: Examiner's manual*. Circle Pines, MN: American Guidance Service.

Cairney, J. (2015). *Developmental coordination disorder and its consequences*. Toronto, ON: University of Toronto Press.

Cairney, J., Dudley, D., Kwan, M., Bulten, R., & Kriellaars, D. (2019). Physical literacy, physical activity and health: Toward an evidence-informed conceptual model. *Sports Medicine*, 49(3), 371-383.

Cairney, J., Hay, J., Mandigo, J., Wade, T., Faught, B. E., & Flouris, A. (2007). Developmental coordination disorder and reported enjoyment of physical education in children. *European Physical Education Review*, 13(1), 81-98.

Cairney, J., Hay, J., Veldhuizen, S., Missiuna, C., & Faught, B. E. (2009). Comparing probable case identification of developmental coordination disorder using the short form of the Bruininks-Oseretsky Test of Motor Proficiency and the Movement ABC. *Child: Care, Health and Development*, 35(3), 402-408.

Cairney, J., Kwan, M. Y. W., Velduizen, S., Hay, J., Bray, S. R., & Faught, B. E. (2012). Gender, perceived competence and the enjoyment of physical education in children: A longitudinal examination. *International Journal of Behavioral Nutrition and Physical Activity*, 9(26), 1-8.

Centers for Disease Control and Prevention (2011). School health guidelines to promote healthy eating and physical activity. *Morbidity and Mortality Weekly Report*, 60(5), 46.

Dudley, D., Beighle, A., Erwin, H., Cairney, J., Schaefer, L., & Murfay, K. (2020). Physical education-based physical activity interventions. In T. Brusseau, S. J. Fairclough, & D. Lubans (Eds.), *Routledge handbook of youth physical activity* (pp. 489 – 503). London: Routledge.

Dudley, D., Cairney, J., & Goodway, J. (2019). Special issue on physical literacy: Evidence and intervention. *Journal of Teaching in Physical Education*, *38*(2), 77 – 78.

Dudley, D., Okely, A., Pearson, P., & Cotton, W. (2011). A systematic review of the effectiveness of physical education and school sport interventions targeting physical activity, movement skills and enjoyment of physical activity. *European Physical Education Review*, *17*(3), 353 – 378.

Dudley, D. A., Okely, A. D., Pearson, P., Caputi, P., & Cotton, W. G. (2013). Decline in enjoyment of physical education among culturally and linguistically diverse youth. *International Journal of Quantitative Research in Education*, *1*(4), 408.

Farmer, O., Belton, S., & O'Brien, W. (2017). The relationship between actual fundamental motor skill proficiency, perceived motor skill confidence and competence, and physical activity in 8-12 year old Irish female youth. *Sports*, *5*(4), 74.

Fitzpatrick, D. A., & Watkinson, E. J. (2003). The lived experience of physical awkwardness: Adults' retrospective views. *Adapted Physical Activity Quarterly*, *20*(3), 279 – 297.

Harter, S. (1982). The perceived competence scale for children. *Child Development*, *53*(1), 87.

Hay, J. A. (1992). Adequacy in and predilection for physical activity in children. *Clinical Journal of Sport Medicine*, *2*(3), 192 – 201.

Hernik, J., & Jaworska, E. (2018). The effect of enjoyment on learning. In *INTED* 2018 *proceedings* (5 – 7 March) (pp. 508 – 514).

Henderson, S., & Sugden, D. A. (1992). *Movement assessment battery for children*. San Antonio, TX: Psychological Corporation.

Hillier, S. (2007). Intervention for children with developmental coordination disorder : A systematic review. *The Internet Journal of Allied Health Science*, *5*(3), 1 – 11.

Kaufman, A. S., & Kaufman, N. L. (2004). *Kaufman Brief Intelligence Test* (2nd ed.). Circle Pines, MN: AGS Publishing.

Keegan, R. J., Barnett, L. M., Dudley, D. A., Telford, R. D., Lubans, D. R., Bryant, A. S., et al (2019). Defining physical literacy for application in Australia: A modified Delphi method. *Journal of Teaching in Physical Education*, *38*(2), 105 – 118.

Kirk, D. (2013). Educational value and models-based practice in physical education. *Journal of Educational Philosophy and Theory*.

Leger, L., & Gadoury, C. (1989). Validity of the 20 m shuttle run test with 1 min stages to predict VO$_2$ max in adults. *Canadian Journal of Sport Sciences*, *14*(1), 21 – 26.

Leger, L. A., & Lambert, J. (1982). A maximal multistage 20 m shuttle run test to predict VO$_2$ max. *European Journal of Applied Physiology*, *49*(1), 1 – 12.

Losse, A., Henderson, S. E., Elliman, D., Hall, D., Knight, E., & Jongmans, M. (1991). Clumsiness in children: Do they grow out of it? A 10-year follow-up study. *Developmental Medicine & Child Neurology*, *33*(1), 55 – 68.

Ohlert, J., & Zepp, C. (2016). Theory-based team diagnostics and interventions. In M. Raab, P. Wylleman, R. Seiler, A.-M. Elbe, & A. Hatzigeorgiadis (Eds.), *Sport and exercise psychology research: From theory to practice* (pp. 347 – 370). San Diego, CA: Elsevier Academic Press.

Preston, N., Magallón, S., Hill, L. J. B., Andrews, E., Ahern, S. M., & Mon-Williams, M. (2017). A systematic review of high quality randomized controlled trials investigating motor skill programmes for children with developmental coordination disorder. *Clinical*

Rehabilitation, 31(7),857 - 870.

Ryan, R.M., & Deci, E.L. (2000). Self-determination theory. *American Psychologist*, 55(1),68 - 78.

Sallis, J.F., Prochaska, J.J., & Taylor, W.C. (2000). A review of correlates of physical activity of children and adolescents. *Medicine and Science in Sports and Exercise*, 32(5),963 - 975.

UNESCO (2015). *Quality physical education (QPE) guidelines for policy-makers. Report of the 6th international conference of Ministers and Senior Officials Responsible for Physical Education and Sport (MINEPS VI)*. Paris: UNESCO.

Vandorpe, B., Vandendriessche, J., Vaeyens, R., Pion, J., Matthys, S., Lefevre, J., et al (2012). Relationship between sports participation and the level of motor coordination in childhood: A longitudinal approach. *Journal of Science and Medicine in Sport*, 15(3), 220 - 225.

Whitehead, M. (2007). Physical literacy: Philosophical considerations in relation to developing a sense of self, universality and propositional knowledge. *Sports Ethics and Philosophy*, 1,281 - 298.

Whitehead, M. (2010). The concept of physical literacy. *Physical Literacy: Throughout the Lifecourse*, 7120(2001),10 - 20.

Witt, P., & Dangi, T. (2018). Why children/youth drop out of sports. *Journal of Park and Recreation Administration*.

劳拉·圣约翰

加拿大多伦多大学运动机能与体育教育学院的博士生。在来到多伦多大学之前,她在加拿大维多利亚大学获得了运动机能学硕士学位,在那里她研究了特奥会运动员的心率和体能。她的主要研究领域包括量表设计和测量以及适应性体育活动。具体来说,她目前的研究探索了如何测量和量化智障人员的身体素养。

通信地址:Infant and Child Health Lab, University of Toronto, Toronto, ON, Canada

电子邮件:stjohn@mail. utoronto. ca

近距离接触道家：中国的身体素养观

沈剑威　玛格丽特·怀特黑德

在线出版时间：2020 年 6 月 17 日

摘　要：本文主张，起源于两千多年前的中国古代道家哲学能够阐释身体素养的核心及其哲学基础。道家思想构建了一个框架，涵盖了终身参与体育活动所需的动机、自信、运动技能，以及对体育活动价值和责任的深刻认识与理解。本文试图从东方视角（即道家的身体素养观）出发，以期激发更深入的讨论，并为当前对身体素养的理解增添更丰富的洞察。

关键词：身体素养　道家　中国视角　整体论

身体素养的发展

　　"身体素养"一词日渐在体育教育、竞技运动、体育活动和公共卫生领域流行开来，它在包括欧洲、北美洲及澳大利亚在内的西方国家，无论在政策层面还是学术界都引起了广泛的关注（Whitehead 2019）。身体素养的概念最早见于 1884 年的美国陆军工程兵部队（Cairney, Kiez, Roetert, and Kriellaars, 2019）。从 1927 年至 1979 年间，身体素养被引用了 16 次（Whitehead 2019, p.14）。此后，21 世纪的身体素养先驱玛格丽特·怀特黑德赞同了来自英国体育理事会（1991）的一份出版物所提出的体育教育孕育了运动中的身体素养的观点。莫德（1993）认为，身体素养是人类完成生命体验必不可少的重要因素。怀特黑德（2001）随后提出了一个身体素养的定义。身体素养通常被理解为个体持续进行积极体育生活方式的能力，近来也被描述为"对终身参与体育活动的动机、自信、运动能力，以及价值和责任的知识和理解"（Whitehead 2010, pp.11 - 12）。在这一定义中，情感、身体和认知是身体素养的三个领域。此外，还强调了四个要素：动机、自信、运动能力以及知识和理解。另外，怀特黑德（2019）还列出了每个领域中的身体素养属性；这些属性标志着个人在其身体素养之路上的进展。

原文语言：英语

联合国教科文组织认为，身体素养是优质体育教育的基石，而优质的体育教育能使人发展更扎实的身体素养，从而使其运动时充满自信，并最终有助于其一生的健康和福祉（UNESCO 2015）。身体素养并不仅仅是追求卓越的概念，也就是说，个人不总是只以最好的成绩为目标，相反，它是一个广泛的概念，即个体承诺不仅要追求卓越，还要为实现身体机能强健的目标而不断努力。在描述一个具有扎实身体素养的人时，明显的特征包括运动能力、在具有身体挑战性的情况下进行有效的运动，以及解读环境的能力。一个具有扎实身体素养的人拥有与环境互动所需的运动能力，这可以被称为根据情况掌握基本运动技巧的能力（Whitehead 2019）。在自然界或人造环境中具有身体挑战性的情况下，个体会在非语言层面上进行有效的自我表达，并从他/她的个人经验积累中作出反应。身体素养的本质不仅是指个人的身体素质，还包括体现积极生活方式的倾向，并能积极地与周围环境进行互动（Whitehead 2001）。

此后，与身体素养相关的出版物引起了人们的关注，有 10 篇专刊文章介绍了西方研究者视角下的身体素养；2015 年，西方关于这一主题的文章主要发表在《体育科学与健康》杂志。2018—2019 年，《体育教学》杂志专刊上分别有 19 篇文章聚焦身体素养的发展、操作、证据和干预。此外，还有 14 篇特刊文章来源于"学会游戏（Learn to Play-CAPL）"项目数据库（归属于加拿大皇家智库）。该项目不仅阐明了加拿大在身体素养方面的共识和当前加拿大 8—12 岁儿童的状况，而且试图专门解决 2018 年发表在《BMC 公共卫生》期刊的身体素养评估问题。

西方这些关于身体素养的讨论在英语国家得到了广泛传播（参见 Whitehead 2019 关于全球贡献的最新回顾）。然而，尽管近两千年来中国哲学不时含蓄地提及对身体素养的研究，但从未像西方对身体素养的定义那样，从东方哲学的角度对身体素养进行深入的讨论。此外，在香港，只有少数出版物关注感知身体素养工具的开发（Sum et al. 2016；Sum et al. 2018a），体育教育中教师身体素养的专业持续发展及学生学习成果（Sum et al. 2018b），身体素养感知与体育活动之间的关系（Choi et al. 2018），以及身体素养感知对教学效能和领导行为的影响（Li et al. 2019）。

鉴于缺乏对亚洲身体素养历史背景的探讨，特别是缺乏对中国道家观点的探讨，本文旨在提供一个东方视角（道家理论视野下的身体素养），以便对身体素养背后的价值观有一个更加"中西合璧"的理解。

道家哲学

每个受过教育的中国人都应该知道儒家的格言："修养自己的道德品质和行为（修身）；管理好自家的家庭（齐家）；参与国家公共事务的治理（治国）；天下大同（平天下）"（Shen 2014）。这一父权制格言意在宣扬，士大夫应具备扎实的"具身的身体素养"(Chen 2015，p.126)和积极的态度，还需要具备足够的技能和知识，以便照顾好自己、家人及社会。这句格言隐含的意思是，在东方背景中，世人的生活作息扎根于外在环境的规律法则，因此，个人能够充分发挥各自的潜能。古代中国的封建统治者深受儒家思想的影响，而道家哲学是世界上最古老的信仰体系之一(Davies 2004)，它基于两位道家学派哲学家老子(公元前 580—470 年)和庄子(公元前 369—288 年)的学说之上。他们认为万物皆起源于"道"(Lau 2001)，这是宇宙中万物运行的根本原则。道家认为万物应被视为：(1)阴(内在能量)或阳(外在能量)；(2)有或无；(3)有名或无名；(4)静态或动态——正如道家所言，这是一种动态模式。

莱格(2007)译自《易经》认为阴的静止和阳的动态交替变化，共同构成了所谓的"万物运行的过程"。道是善，它是事物运动的结果；而将这种善完全展现出来的，是事物及其运作方式的本质。实现阴阳平衡的结果，不仅可以以情感的术语表达("其结果为善")和现象学的术语表达("它的完整性即自然")，这反映了道家哲学的具体化：齐物(统一性)或是一种相互矛盾的统一的观点(Legge 2007)。这是为了实现天人合一，宇宙万物自然和谐(Yip 2004)。通过"齐物"的实现，个人能够达到逍遥(自在逍遥)，无为(顺其自然)(Van Norden 1996)，和朴(简朴)，因而品行高尚(道德美德)(Lau 2001)并接近于道家的理想状态，在这种状态下他或她可以达到至乐的境界(完美的享受)(Legge 2007)。

可以看出，天人合一的概念与身体素养的哲学原则具有相当大的协同作用。身体素养的价值在于指导人的具体行为表现，其在我们与世界的互动中发挥着重要的作用(Whitehead 2019)。存在主义者主张，"我们之所以是我们"是我们与世界互动的结果(Whitehead 2010)。世界凸显了我们人类的潜能，由此我们可以说，我们是由世界塑造的生命。遵循这一思路，伯基特(1999)认为"身体与其世界之间存在着一种原始的共存关系，这种共存关系为发展有意识的认知和知识提供了基础"(p.74)。莱文斯和列万廷提出了"环境与有机体相互决定"的观点(1987，p.207)。

在追求绝对快乐、卓越和精美本质的过程中实现高层次的转变和超越；正如伊普(2004)所提出的，包括超越情感和人类的限制、其他的观念和影响——这些可以更加明确地界定修养(一种发展全方位"素养"的方法)的内容，我们将在下一节中进行讨论。

修　养

根据道家哲学思想，修养被定义为"中国式的修身养性"。修身养性是中国文化特有的概念，其特点是对待教与学的态度不同(Hsu and Wu 2015)。修养的概念为(1)养生(健康保养)(Legge 2007)，用"生命的养育"来重新定义养生(Cook 1997)；以及(2)养神(精神培养或灵性修炼)(Legge 2007)。精(气的本质)、气(物质存在的表现）和神（精神）——是道家实现天人合一的整体结构——可以解释为"与环境的互动"（Whitehead 2010）。我们可以把认识、解释和应用道的过程称为"明（知道或理解）"的概念（Graham 1969；Van Norden 1996）。怀特黑德的（2010）观实表明，身体素养的发展是一段旨在促进人类健康和福祉的终身旅程，这就类似于道家的修身养性哲学。

　　在健康观点方面，中国道家哲学只是提出了一个总体框架作为人类遵循的方向。虽然道家也提出了内丹（注重本体的医学实践，内丹修炼）（Verellen 1995），这种内丹修炼强调人的精、气、神的修炼，这三个方面的修炼在传统中医学中也被称为"三宝"。因此，内丹修炼的思想将为公共健康提供一个新的维度，让人们接受身体素养。正如文树德（1987）所评论的那样，道家生理学理论与传统中医学之间的相似性意味着，内丹修炼能使个人与地球及地球上的所有生命联系起来。个人健康的身体、心智和精神促进了这种和谐，并从内丹修炼中产生。内丹修炼引导人们理解与健康有关的问题，并更好地认识体育活动对整体健康方面的重要价值与作用（Whitehead 2019）。

以中国道家视角审视身体素养

　　《圣经》中说："太初有道，道与神同在，道就是神"（John 1:1）。希腊语中的"logo"意思是"言"，与中国哲学理解中的"道"相似（Nash 1992）。这种西方思想与中国古代道家将"道"（Lau 2001）作为宇宙万物运行系统的观点不谋而合。由于东西方哲学的基础相似，道家的相关研究也应考虑在对身体素养的认识中，因为数百年来中国人一直遵循着他们的哲学。首先，怀特黑德的（2010）观点提出，要培养身体素养（即一种以健全的自我意识、自信、自我表达和与他人交流为特征的倾向），我们就要在如何促进学习者的动机、自信、运动能力、学习者与环境的互动以及知识和理解等方面去努力探究。

与环境互动

　　怀特黑德的模式（2010）与道家的天人合一的思想相呼应，认为真正的人应能够在不同的环境中保持镇定自若的互动。就"与环境互动"这一属性而言，希格斯（2010）认为一个人在不同的环境中——如陆地、水域、冰川、空中等——应审时度势，预测所需，并作出恰当的反应。此外，根据当地文化和个人能力，在各种充满身体挑战性的情况下，一个人还应从容、节省、自信地行动。希格斯（2010）在道家无为（顺其自然）中提出的模式意味着，在不同的情况和环境下，个人将利用其训练有素的技能和对身心的理解，顺其自然（Csikzentmihalyi 2011）。道是从无到有，无和有的概念中隐含着道。从阳的概念来看，天是宇宙的起点；因此，对天的探索会更多地受到地的凝固本性的限制,地对应于阴。生活在天地之间的人类,将处于阴阳的最佳平衡状态。

信心、动机和运动能力

无为(顺其自然)是道家的核心概念,但却被大多数西方哲学家所忽视或诋毁(Van Norden 1996)。无为可定义为无(不存在)的功能(Honderich 2005)和实现德(道德美德)的理想境界。有形可见的"有"的概念是指可以观察到的身体素养行为的存在;而无形且不可见的"无"是概念性和虚拟性的,是指决定参加体育锻炼的思想、优先级和意愿。从道家思想来看,个人需要通过了解和学习,来达到或实现道的理想状态——即顺应自然规律。体育活动应在约束条件下,并在个人处于合适的状态下进行,同时,它们也不应受所谓的体育活动指南的限制。

对于无为,一个更恰当的解释是运动员、音乐家、工匠或艺术家在"进入状态"或处于流动的状态时,那种轻松自如、不费吹灰之力的行为,在这种状态下,他们能够自然而然地、富有智慧且高效地做出各种动作和作出反应。通过内化这些技能,一个人不仅在处世技能方面获得成功,而且还能获得德(道德、美德)(Lau 2001, p. 151)和至乐(完美的享受)。道家对于身体素养的理解是提倡更多的自发性体育活动(SPA),其目的是培养一个有修养(有素养)的人,这种修养代表了一种全方位发展的"有素养"的个体。

积极心理学家契克森米哈赖(2011年)在《心流:最佳体验的心理学》一书中揭示什么使得体验真正令人满意,即所谓的"流动"状态,它与无为是相同的。在无为状态下,个人会体验到生活中的深层享受和创造力。特别是,个人可以获得内在奖励,因为这种活动本身就值得去做。当具有扎实身体素养的人进行体育活动时,他们的感受尤为明显。每个人都可能进入一种被称之为"流动"的意识状态,在这种状态下,来自周围环境的所有其他"噪声"都被隔绝,而专注于当下。这种体验依赖于个体如何在身心之间建立互动——个人在与环境互动时如何体现其理性思维与非理性身体的分离。接受了"基本运动技术(FMT)"学习的人(Whitehead 2019, p. 21)——例如,行走、跑步、跳跃——会逐步经历认知、联想到自主的过程。他们能够自动地完成动作,从而将注意力转移到技能表现的其他方面(Wuest and Bucher 2006)。同样,认知科学家埃文斯和斯坦诺维奇(2013)将双重过程理论的发展归纳为直觉(系统1)处理——它被认为是自动的、快速的、省力、无意识的和自发的——相对于分析(系统2)处理,后者被认为是深思熟虑的、费力、缓慢、自我意识强和受控制的。直觉处理是基于正确的感觉,这也支持了个人的运动技能。直觉处理和分析处理是认知功能的复杂系统,两者可协同工作。使个体在特定技能上的时间和练习变得自然而自发,从而使个体的动作更加自然和自信,使世界变得更加美好。不论是乌斯特和布赫(2006)还是埃文斯和斯坦诺维奇(2013)的研究,都生动地展示了无为如何成为身体素养中自信和身体能力的核心。成功发展"与环境互动"和"信心与运动能力"之间的有效联系，反过来又能保持或提高动机水平（Whitehead 2010）。

自我意识和自信，以及自我表达和与他人交流

怀特黑德（2001）指出，身体素养应该是"习惯性地体验""目标的实现"和"日常的实践"。这些行动具有可定义、可观察的特点，它呼应了道家的气的概念（物质存在的表征）。怀特黑德还提出，我们应将"自我实现""自信心"和"自尊"视为身体素养的关键要素。这与道家的观念不谋而合，并产生了共鸣。因为道家认为，个人的内心对话深刻影响着自我感知，进而指引思想与行动的方向，使得体验和情感之间的转换自然流畅。从道家的角度来看，一个具有扎实身体素养的人的领悟是："当我放下我所拥有的，我就得到我所需要的"。老子说："谁若视自然与己同，则能托身于自然；谁若爱自然如己，则能被自然所信赖"（第13章）。这表明"自我"与"万物"错综复杂地交织在一起，二者实现了统一。这揭示了"个体如何通过与世界的互动来学习和了解自己，这种与世界互动的能力对于个人的自我实现具有独特而重要的意义"（Whitehead 2019, p.13）。

在西方文献中，美德伦理被视为自谦，且从本质上是以自我为中心（Hurka 2001; Keller 2007）。斯托克（1976）声称："我们应该被我们所重视的价值观所驱动，应该珍视我们的主要动机所追求的东西……这样的和谐是美好生活的象征。"（p. 454）诚然，在中国传统文化中，道家谦逊的理念起始于自然主义关注于社会化的技能学习，逐渐发展成对相对主义的认同，并通过关注社会化角色而受到重视（Farth, Earley, and Lin 1997）。道家哲学也体现了一种深刻的认识：自我为无，而道为一切（Lin 1948）；也就是说，中国人倾向于在社交圈中营造和谐家庭的氛围。也可以说，通过自我表达和交流，具有扎实身体素养的个体可以有信心和动力与他人互动和交流。

知识与理解

我们可以把认识、诠释和践行道的过程称为明（认识或理解）（Graham 1969）。知与行的统一（知行合一），是每一个受过教育的中国人所追求的座右铭，正是源于中国的哲学思想。身体素养的知识和理解领域帮助个体对不同环境的感知，帮助个体面对不断变化的运动环境作出明智的反应。个人将明白体育锻炼对终身健康和福祉的重要性（Whitehead 2010）。黄（1984）用"无条件尊重的道家之道"来解释修养的内容。因此，身体素养因人而异，认知领域的个体差异也是如此。在确定自我意义上的身体素养时，应考虑到这一点；即自信、自我表达、沟通技能，尤其是知识和理解能力的水平。

有效获取身体素养知识的方法是，要强烈地致力于一种积极的生活方式。道家

的自然主义并不是禁止个人欲望,而是支持"朴"(简朴)的概念(Lau 2001,pp. 26 - 27),即懂得如何合理而自然地生活,以达到至乐(完美的享受)(Legge 2007)。所有这些都有助于更好地理解和掌握身体素养的理想状态,从而获得扎实的身体素养。"其结果为善",用现象学的解释就是"它的完整性即自然",体现了道家哲学的具体化——"齐物"(统一性)。个体在身体素养之旅的进步看似是一个矛盾的统一体,这可能被视为包含了某些障碍;但这些障碍又相辅相成,形成了一个和谐的整体。具有扎实身体素养的人是那些将天地万物运行规律纳入自己的身体并理解阴阳的人,并且是完全将他们的身体与自然和谐地融为一体的人。

一元论、二元论还是整体论? 整体大于部分之和

在这一领域的学者中,怀特黑德(2018)提出,西方身体素养哲学的基础是一元论、存在主义和现象学。达德利(2018)问道:"'整体'确实大于各部分之和吗?"——暗示身体素养建构的整体性已经超越其单个组成部分的价值。根据身体素养概念中的一元论理论(Whitehead 2018),一个人的行为可以说是其情感、身体和认知领域的反映。相应地,它可以指代每个人的各个方面,如"知识和理解、自我意识和自信以及自我表达和交流技能",源自怀特黑德的身体素养的定义(Whitehead 2010,p. 16)。

道家的观念以二元论为基础,将宇宙分为阴阳。然而,阴阳平衡实际上是人类走向固化的中间阶段,是整体性的。道家认为,经过阴阳固化阶段,并将阴阳放置在相应的区域后,天地和人就会达到合一。道家关于哲学从二元论到整体论、从整体论到一元论的转变的观点,为比较身体素养与道家的异同提供了一个舞台。

遵循这一思路,现象学哲学提出,所有的经验都会影响一个人对世界的感知。这种受影响的世界观,会影响一个人对未来情境的理解,也会影响他或她作出的任何决定的性质。这一点与体育活动息息相关,因为以前在这个领域的经历总会影响一个人对下一个任务或挑战的看法。过去的经历不可避免地会成为未来选择、探索和优先级的背景(Merleau Ponty 1945)。一元论、存在主义和现象学哲学为身体素养的概念提供了基础(Whitehead 2018)。与此同时,上文讨论的修养概念为这些基础提供了另一种观点,即:(1)天人合一(Legge 2007);(2)自在逍遥,以达到完美的享受境界(Legge 2007);(3)顺其自然(Van Norden 1996),以达到德或道德美德(Lau 2001,p. 151)。

从一元论(Whitehead 2018)的角度来解释齐物(统一性)(Legge 2007),对阴阳的探索是作为讨论齐物与身体素养关系必不可少的开端。一元论认为,具有扎实身体素养的个体本质上是一个不可分割的整体(Whitehead 2010)。庄子在内篇《齐物论》(Legge,2007 年)中说:"天地与我并生,而万物与我为一"(Legge 2007,p. 12)。

他认为，事物没有好坏之分，因为好坏不是取决于事物的性质，而是取决于个人对事物的主观判断和价值判断。因此，达到齐物的状态——对天、地、人的构成有一个整体的认识——意味着达到逍遥（自在逍遥）（Legge 2007）。用整体论的方法（Smuts 1926）来看中国道家对身体素养的观念，整体大于其各部分之和；物质和形式的不可分割性在其各部分之间形成了一个动态的、创造性的、复杂的、连续的过程，这些过程相互作用和协调，形成一个日益综合的整体。

结　　论

本文旨在通过将古代道家哲学与世界各地的研究成果相结合，对身体素养概念进行一次全面深入的探讨，以期对该领域有更深层次的理解和洞见。无论中国古代道家关于身体素养的观点是否可以纳入全球关于身体素养的观点或对其产生影响，我们的目标都是就身体素养如何深深扎根于中国文化的整体方法展开讨论。冀望上述想法起到抛砖引玉的效果，能够在亚洲，特别是在大中华地区更广泛地传播。

从中国道家视角来看身体素养的概念化，进一步的研究可能会出现，关于身体素养如何在不同的中国人群中发挥作用，如儿童和青少年、成年人、老年人和有特殊教育需要的学生（SEN）。同时，通过研究大中华地区公共卫生、竞技体育、体育活动和体育教育领域中相互交织的显性和隐性因素来更好地了解身体素养的发展也将是很有趣的（Sum et al. 2020）。我们需要一种更明确更实证的方法来支持描绘/评估/衡量身体素养进展的概念（Green et al. 2018），考虑到具体个人的能力、学校环境、社区、工作场所和环境，特殊文化也应在大中华地区和全球范围内得到认可。

最后，我们从中国道家无为而治的整体视角来看待身体素养，那就是，当你意识到无所求时，你就属于这个世界。从存在主义的角度来看，这一观点可以表述为"我们属于世界，世界有助于实现人的潜能"。从这两个角度来看，我们可以说生命本质上是成长于人世之中并依托人世实现自我的。生活是一项有目的的事业，个人在其独特的身体素养之旅中不断进步。

（杨昕睿　刘俊伟　译）

（董翠香　校）

参考文献

Burkitt, I. (1999). *Bodies of thought: Embodiment, identity and modernity*. London: SAGE.

Cairney, J., Kiez, T., Roetert, E.P., & Kriellaars, D. (2019). A 20th-century narrative on the origins of the physical literacy construct. *Journal of Teaching in Physical Education, 38*(2), 79 – 83.

Chen, A. (2015). Operationalizing physical literacy for learners: Embodying the motivation to move. *Journal of Sport and Health Science, 4*(2), 125 – 131.

Choi, S. M., Sum, K. W. R., Leung, F. L. E., & Ng, S. K. R. (2018). Relationship between perceived physical literacy and physical activity levels among Hong Kong adolescents. *PLoS ONE, 13*(8), e0203105.

Cook, S. (1997). Zhuang Zi and his carving of the Confucian ox. *Philosophy East and West, 47*(4), 521 – 554.

Csikzentmihalyi, M. (2011). *Flow: The psychology of optimal experience*. New York, NY: HarperCollins.

Davies, D. D. (2004). The Tao of leadership in virtual teams. *Organizational Dynamics, 33*(1), 47 – 62.

Dudley, D. (2018). Physical literacy: When the sum of the parts is greater than the whole. *Journal of Physical Education, Recreation & Dance, 89*(3), 7 – 8.

Evans, J. S. B. T., & Stanovich, K. E. (2013). Theory and metatheory in the study of dual processing: Reply to comments. *Perspectives on Psychological Science, 8*(3), 263 – 271.

Farth, J. L., Earley, P. C., & Lin, S. C. (1997). Impetus for action: A cultural analysis of justice and organizational citizenship behavior in Chinese society. *Administrative Science Quarterly, 42*, 421 – 444.

Graham, A. (1969). Chuang-tzu's essay on seeing things as equal. *History of Religions, 7*, 137 – 159.

Green, N. R., Roberts, W. M., Sheehan, D., & Keegan, R. (2018). Charting physical literacy journeys within physical education settings. *Journal of Teaching in Physical Education, 37*, 272 – 279.

Higgs, C. (2010). Physical literacy: Two approaches, one concept. *Physical & Health Educational Journal, 76*(1), 6.

Honderich, T. (2005). *The Oxford companions to philosophy* (2nd ed.). New York, NY: Oxford University Press.

Hsu, S., & Wu, Y. Y. (Eds.) (2015). *Education as cultivation in Chinese culture*. Singapore: Springer.

Hurka, T. (2001). *Virtue, vice, and value*. New York, NY: Oxford University Press.

Johnson, M. (1987). *The body in the mind*. Chicago, IL: University of Chicago Press.

Keller, S. (2007). Virtue ethics is self-effacing. *Australian Journal of Philosophy, 85*(2), 221 – 231.

Lau, D. C. (2001). *Tao te ching* (D. C. Lau, Trans.). Hong Kong: Chinese University Press.

Legge, J. (2007). *Tao te ching* (J. Legge, Trans.). Thousand Oaks, CA: BN Publishing.

Li, M., Sum, K. W. R., Wallhead, T., Ha, S. C. A., Sit, H. P. C., & Li, R. (2019). Influence of perceived physical literacy on coaching efficacy and leadership behavior: A cross-sectional study. *Journal of Sports Science and Medicine, 18*(1), 82 – 90.

Lin, Y. (1948). *The wisdom of Laotse*. New York, NY: Random House.

Maude, P. M. (1993). Physical education strand. *Women in Sport and Physical Activity Journal, 2*(2), 79 – 82.

Merleau-Ponty, M. (1945). *Phenomenology of perception*. Paris: Gallimard.

Nash, R. N. (1992). *The Gospel and the Greeks: Did the New Testament borrow from paganthought?* Richardson, TX: Probe Books.

Shen, V. (Ed.) (2014). *Dao companion to classical Confucian philosophy*. London: Springer.
   Smuts, J. C. (1926). *Holism and evolution*. New York, NY: Macmillan.

Stocker, M. (1976). The schizophrenia of modern ethical theories. *Journal of Philosophy, 73*, 453 -
   466.

Sum, R. K. W., Ha, A. S. C., Cheng, C. F., Chung, P. K., Yiu, K. T. C., Kuo, C. C., Yu,
   C. K., & Wang F. J. (2016). Construction and validation of a perceived physical literacy
   instrument for physical education teachers. *PLoS ONE, 11*(5), e0155610.

Sum, K. W. R., Wallhead, T., Ha, S. C. A., & Sit, H. P. C. (2018a). Effects of physical education
   continuing professional development on teachers' physical literacy and self-efficacy and students'
   learning outcomes. *International Journal of Educational Research, 88*, 1 - 8.

Sum, K. W. R., Cheng, C. F., Wallhead, T., Kuo, C. C., Wang, F. J., & Choi, S. M.
   (2018b). Perceived physical literacy instrument for adolescents: A further validation of
   PPLI. *Journal of Exercise Science and Fitness, 16*(1), 26 - 31.

Sum, K. W. R., Li, M. H., Choi, S. M., Huang, Y., & Ma, R. S. (2020). In/visible physical
   education and the public health agenda of physical literacy development in Hong Kong.
   International Journal of Environmental Research and Public Health, 17(9), 3304.

UK Sports Council (1991). *The case for sport*. London: UK Sports Council.

UNESCO (2015). *Quality physical education: Guidelines for policy makers*. Paris: UNESCO.

Unschuld, P. U. (1987). Traditional Chinese medicine: Some historical and epistemological
   reflections. *Social Science & Medicine, 24*(12), 1023 - 1029.

Van Norden, B. W. (1996). Competing interpretations of the Inner Chapters of *The Zhuangzi*.
   Philosophy East and West, 46(2), 247 - 268.

Verellen, F. (1995). Taoism. *The Journal of Asian Studies, 54*(2), 322 - 346.

Wong, D. (1984). Taoism and the problem of equal respect. *Journal of Chinese Philosophy, 11*, 165
   - 183.

Whitehead, M. (2001). The concept of physical literacy. *European Journal of Physical Education, 6*
   (2), 127 - 138.

Whitehead, M. (Ed.) (2010). *Physical literacy: Throughout the lifecourse*. London: Routledge.

Whitehead, M. (2018). Physical literacy from philosophy to practice. *Journal of Teaching in
   Physical Education, 37*(3), 1 - 6.

Whitehead, M. (Ed.) (2019). *Physical literacy across the world*. London: Routledge.

Wuest, D. A., & Bucher, C. A. (2006). *Foundations of physical education, exercise science and
   sport* (15thed.). Boston, MA: McGraw Hill.

Yip, K. S. (2004). Taoism and its impact on mental health of the Chinese communities. *International
   Journal of Social Psychiatry, 50*(1), 25 - 42.

玛格丽特·怀特黑德

曾接受过体育教学培训,既在中小学教授过体育课,也在大学主讲体育教学。她的主要研究领域是哲学。1987 年,她获得博士学位,研究存在主义和现象学与我们的身体的关系,以及这些理论对体育教育的影响。自 2000 年退休以来,她在博士研究的基础上,致力于发展身体素养的概念。贝德福特大学最近授予她荣誉学位和客座教授职位,以表彰她的创新工作。怀特黑德博士在国际上引领了身体素养方面的工作,撰写了两篇开创性的文章,并在全球各地展示了她的研究成果。

通信地址:International Physical Literacy Association, Cardif Metropolitan University, Cardiff, United Kingdom

基于认知负荷理论的身体素养教学制约因素

迪安·达德利　　海莉·迪安　　约翰·凯尔尼　　彭尼·范伯根

在线出版时间:2020 年 9 月 2 日
©联合国教科文组织国际教育局 2020

摘　要:众多研究都强调了体育活动对人们认知、学习和执行功能的促进作用,而终身保持体育活动则取决于身体素养的习得。本文探讨如何根据认知负荷的制约来理解身体素养的认知学习过程。本文提供了一系列可行的教学思路,以确保通向终身体育活动的学习得到认知负荷理论(CLT)的支持。

关键词:减负教学模式　认知负荷理论　工作记忆　终身学习

世界各地的政府、非政府和政府间机构都在研究身体素养的可能性。最近一项关于身体素养的国际性范围综述称,至少有八个国家的政策文件表述中使用了"身体素养"一词,身体素养的使用不仅涵盖了教育部分,还涵盖了竞技体育参与和公共卫生领域(Martins et al.,2020)。简单来说,身体素养的哲学前提是每个人都有评估、发展和终身保持积极体育活动与行为的能力。

鉴于卫生部门对身体素养的需求日益增长,近期凯尔尼及其同事(2019)将身体素养定位为健康和疾病的主要决定因素。凯尔尼模型认为体育活动行为会受到短期或长期参与体育活动而形成的积极生理、心理和社会适应的影响,还会受到个人水平和社会/环境条件两者潜在交互作用的影响。他们创建了一个环形模型来对这些影响成分之间的关系进行描述,强调了身体/运动能力与其情感和行为/动机要素之间的正向密切关系。

然而,在凯尔尼等人(2019)的环形模型中,知识被置于这个模型之外,并通过双向箭头与该模型相连。作者指出,通过以这种方式描述环形模型,强调知识不仅是人们积极参加体育锻炼的产物,而且知识也可以影响人们参与体育锻炼的积极性。凯尔尼等人(2019)对知识既是输入又是输出的重要性的解释表明,"学习"的复杂性是影响健康决定论模型的重要因素。事实上,根据马丁斯等人(2020)的研究,迄今使用的当代身体素养版本与四个不同领域的学习有关(即:身体、心理、认知和社会性)。

原文语言:英语

有趣的是,尽管知识学习在身体素养中的重要作用已经被广泛接受,但对知识学习与身体素养之间关系的关注却相对较晚。2015 年,达德利首次将身体素养定位为一种学习的组成部分,包含了身体、社会、情感和认知等元素。在达德利(2015)模型中,新皮亚杰学派认为,学习作为一种指导框架,是用来帮助实践者理解如何通过体育教育环境下学生的行为变化来理解身体素养。该模型的后续迭代扩展为一系列用于体育教育(Dudley, Goodyear, and Baxter 2017)和体育相关项目(Barnett et al.,2019)的评估模板。

随着身体素养概念的不断发展,联合国教科文组织(UNESCO)和世界卫生组织(WHO)最近开始将身体素养作为一种习得现象来进行调查和研究:作为联合国 2030 年可持续发展目标(SDGs)的一部分。可持续发展目标 3(良好健康和福祉)和可持续发展目标 4(优质教育)在联合国教科文组织和世界卫生组织的研究议程中都受到了特别关注。联合国教科文组织于 2015 年发布的《优质体育教育:决策者指南》,标志着联合国首次打算将身体素养作为学习变革的工具。他们首次在这些指南中纳入了身体素养这一概念,通过身体素养阐述学校体育教育对可持续发展目标 4 的贡献。不久之后,世界卫生组织依据其在健康领域所积累的经验,继而转向了身体素养领域,并且发布了《全球体育活动行动计划》(GAPPA,WHO 2018)。该《计划》的第三章第一节指出,该行动计划倡导,依据个人能力,努力建立和加强终身健康和身体素养,促进体育活动的参与和乐趣。

考虑到联合国教科文组织和世界卫生组织的这些目标,并承认知识既是身体素养学习过程中引发个体行为变化的诱因,也是身体素养学习过程中个体行为变化的结果。这就引出了一个问题:人类在其一生中能够在多大程度上存储与身体素养有关的知识? 是否存在特别适合于满足这种终身学习需求的学习理论和教学策略? 如果身体素养确实是一种习得的现象,那么习得身体素养应该作为人们获得健康且可持续发展所具备的重要能力。

本文旨在探讨尚未明确的学习和获得身体素养的心理制约因素,以及消除这些制约因素的相关教学方法。具体而言,本文探析了认知负荷理论(Sweller 1988)和减负教学模式(Martin 2016)如何为改进与身体素养相关的教学方法提供参考。

认知负荷理论

更广泛的认知心理学,特别是认知负荷理论已成为教育学的核心,可以帮助人们管理在特定任务下的认知负荷,以更好地帮助他们学习。认知负荷理论假设人类记忆可以分为工作记忆和长期记忆。当人类寻求在长期记忆中存储信息时会采用一种叫作"图式"的形式。正是这种对新信息的处理方式导致了工作记忆上的"认知负荷"。正是这种工作记忆负荷对学习结果产生了影响。

当前,许多身体素养模型已经明确认识到认知学习维度的重要性(新南威尔士教育部 2019;Sport Australia 2019; Sport New Zealand 2019; Cairney et al. 2019)。在开发影响身体素养认知领域的教学法时,重要的是要了解与学习相关的更广泛的认知约束。认知心理学认为,工作记忆和长期记忆是人类学习的主要机制(Baddeley 1986, 2000; Gathercole 1998; Mayer 2012)。工作记忆是认知的有意识成分,它负责接收、处理和整合信息、执行任务和解决问题(Baddeley 1986; Mayer 2012)。大多数当代理论家认为,当个体能够获取工作记忆中的信息,通过编码过程将其从工作记忆中转换出来,并成功地巩固和存储在他们的长期记忆中时,就会发生学习(Kirschner et al. 2006; Winne and Nesbit 2010)。这种"待学习的"知识通常包括来自感官的传入信息(如:学习事件)和从现有的长期记忆存储中重新激活的先前相关知识的整合(Gathercole 1998; Mayer 2012)。

尽管工作记忆很重要,但它在持续时间和容量上都是有限的(Gathercole 1998; Sweller, 2012)。米勒(1956)关于"神奇数字 7"的早期著名研究认为,普通成年人的工作记忆大约可以同时处理 7 个不同的整数、字母或其他单位信息,而考恩(2001)和廷德尔·福特,阿戈什蒂纽和斯威勒(2019, p.5)认为,最大工作记忆容量约为 4 个不相关的(非连续性的)新元素,尤其是在学习任务比较复杂的情况下。这些新元素可能在不到一分钟的时间内丢失,除非它们被积极地练习或处理(Cowan 2001; Tindall-Ford, Agostinho, and Sweller 2019)。因此,在通过记忆的信息流中存在多个潜在的瓶颈,与学习相关的风险也随之而来。

认知负荷理论认为,如果工作记忆过载,那么从学习事件中获得的知识被误解或丢弃的可能性就会增加。工作记忆的主要功能是处理来自外部刺激的新知识:根据需要整合和适应现有的知识结构。如果过载发生,新知识不能有效地编码,也不会保留在长期记忆中(Rosenshine 2010)。这对任何致力于长期行为改变的有效教学策略都提出了大量挑战,因为它迫使我们考虑如何在传递新知识时管理我们记忆系统的局限性(Sweller, Ayres, and Kalyuga 2011)。根据认知负荷理论,需要注意教学和学习活动的组织和传递,以免在学习过程中过度加重个人的工作记忆负担(Kirschner et al. 2006)。

我们在身体素养方面的大部分工作都要求个体接收超过 4—7 个离散学习元素的内容,并且要在快速连续的情况下进行。最近对身体素养的结构验证认为,在身体素养的发展中,个体至少从两个不同的学习领域(身体和情感)中汲取知识(Cairney et al. 2019),而一些文献认为,个体同时汲取多达四个领域的知识(Barnett et al. 2019)。这使得身体素养成为一种特别复杂的学习结构,可能容易导致工作记忆的认知过载。还需要注意的是,我们假设学习者没有进一步影响学习的认知和/或身体障碍。换句话说,我们假设一个典型的认知和身体发展水平,然而在实际生活中个体内部和个体之间的差异会进一步增加学习的复杂性。此外,为了促进长期的健康和幸福,个人保持新的和重要的身体素养知识必须远超过一分钟。

幸运的是,长期记忆没有工作记忆那样的局限。长期记忆的容量很大。因此,如果知识能够有效而准确地存储在长期记忆中,并且如果工作记忆能够根据需要有效地访问这些长期记忆,那么成功的终身学习就会发生(Sweller 2020)。同样,身体素养被认为是一种连续的学习,使个人能够在生活中的任何特定时刻取得成就(Dudley et al. 2017)。因此,在整个生命过程中获取和保留知识仍然是至关重要的。

运动背景下的认知负荷理论

根据认知负荷理论的观点,教育者、教练员和指导员的目标是创造和提供指示以促进信息从工作记忆到长期记忆的编码,同时减轻工作记忆的认知负担(Martin 2015, 2016; Paas, Renkl and Sweller 2003; Sweller 2003; Winnie and Nesbit 2010)。

教师可以给学生施加两种类型的认知负荷或负担,内在的和外在的(第三种是自然产生的负荷,是学习过程本身的结果)。内在认知负荷是指所呈现的教学材料所产生的负荷。难度越大的材料,其内在负荷就越高。因此,教师可以通过呈现与学生知识水平相符的难度水平的信息来为学生管理这类负荷。这包括使用教学技术,如"从简单到复杂"的方法(Van Merrienboer, Kirschner, and Kester 2003),使用部分—整体方法(Bannert 2002; Pollock, Chandler, and Sweller 2002),或者从一开始就以完全复杂的方式呈现材料,然后将学习者的注意力引导到单个相互作用的元素上(Van Merrienboer, Kester, and Paas 2006)。虽然工作记忆不要过载一直是很重要的,但是一些内在的认知负荷是可取的,因为它与要学习的信息紧密相关。

外部认知负荷是指材料或信息是如何组织和教授的。外部认知负荷通过不良教学设计,降低工作记忆对内在负荷的容纳能力,从而对学习产生负面影响(CESE 2017)。教学材料应该清晰明确,便于人们理解,而不是需要他们从中推断任务、寻找或探索解决方案、整合信息来达到理解(Martin and Evans 2020)。简言之,认知努力应该留给材料本身,而不是留给任务说明。

认知负荷理论产生了许多教学技术,这些技术考虑到认知结构、我们如何学习以及如何最好地释放工作记忆的容量。两种与身体素养语境特别相关的教学技术包括"通道效应"(Baddeley and Hitch 1974; Penney 1989; Jeung, Chandler, and Sweller 1997; Mousavi, Low, and Sweller 1995; Tindall-Ford, Chandler, and Sweller 1997)和"专业知识逆转效应"(Kalyuga 2010; Pachman, Sweller and Kalyuga 2013; Leslie et al. 2012; Yeung, Jin, and Sweller, 1998)。

通道效应

有证据表明，工作记忆可以分为听觉流和视觉流（Baddeley 1986, 2000；Baddeley and Hitch 1974）。在呈现信息时使用听觉和视觉流可以增加工作记忆容量。当来自不同感官通道的信息被整合在一起时，工作记忆可以同时处理更多的信息（Kalyuga et al. 2000；Penney 1989）。此外，与单模态学习相反，当我们结合多模态资源时，会产生更有效的学习，形成更高质量的图式（Jeung, Chandler, and Sweller 1997；Mousavi, Low, and Sweller 1995；Tindall-Ford, Chandler, and Sweller 1997）。

认知负荷理论中一个新兴且重要的研究领域是利用人体运动来增强学习。马维列迪、奥韦汉德、奥克利、钱德勒和帕斯（2020）研究了运动对学习的影响，发现适当的身体运动支持从第二语言词汇到数学的一切学习。当我们结合多模态资源时，这些资源与我们的感官功能交织在一起，引发感官知觉（Radford 2014；cited by Mavilidi, Ouwehand, Okely, Chandler, and Paas 2020）。这一概念与双编码理论是一致的。该理论指出，使用动作和感知来学习的学生能够将动觉想象与视觉和语言线索联系起来（Clark and Paivio 1991；cited by Mavilidi, Ouwehand, Okely, Chandler, and Paas 2020）。例如，"跳绳"的心理图像包括一个人双手握着一根绳子的视觉效果。听觉包括每次转弯时绳子撞击地面时发出的声音，以及转动绳子和绳子转动时将脚抬离地面的运动图像。

从这项研究中可以得出的另一个与身体素养的有趣联系是，当人们学习一种新的动作模式或技能时，他们应该观察这个动作，然后展示这个动作。这种观察随后展示的顺序导致大脑中一组特定神经元的激活，被称为镜像神经元系统（Chong, Cunnington, Williams, Kanwisher, and Mattingley 2008；Keysers and Fadiga 2008；cited by Mavilidi, Ouwehand, Okely, Chandler, and Paas 2020）。将这一现象进一步推进，"具身认知"理论认为，认知本身是以身体环境及其与世界的相互作用为基础的（Barsalou 2008；Wilson 2002）。玛格丽特·怀特黑德长期以来一直认为，身体素养是人类经验的一种具身现象（Whitehead 2001）。

需要指出的是，在人类运动语境中，演示和练习并不是什么新鲜事。然而，在这里特别需要注意的是时机。当明确的听觉指令与相关动作同时结合，使个体能够将单词与感知意义联系起来时，学习是最有效的。这种类型的学习也会对内在动机产生积极的影响（Ryan and Deci 2000；cited by Mavilidi, Ouwehand, Okely, Chandler, and Paas 2020）。例如，如果有人正在学习跳绳，那么在明确的指示下提供手的位置、跳跃动作和绳子的转动的演示是有益的。除此之外，让学生在同步指导下慢慢练习这些姿势和动作，有助于发展高阶认知图式。这些接收到的感觉运动信息可以通过不同的数据流同时被处理(Baddeley and Hitch 1974),从而降低了任务的复杂性(Sweller 1994)。

专业知识逆转效应

在身体素养的各背景中,人们除了具有不同水平的先前知识外,还具有不同的经验、身体能力和认知能力等。但目前,我们的重点是知识,认识到知识本身会受到这些前述其他元素(概念)的影响。重要的是,教学要考虑到这种先验知识,以防止专业知识逆转效应。根据专业知识逆转效应,对初学者有益的知识实际上可能对高级学习者有害(Kalyuga 2010)。

随着学习者发展专业知识,包括长期记忆中存储大量先验知识,他们会在学习中发展"自动性"。这意味着,曾经在工作记忆中费力而有意识地加工、占用大量工作记忆空间的信息,现在可以自动从长期记忆中提取出来,无需有意识地加以使用。当自动性变得更加明显时,为熟悉的技能提供演示就变得多余了。实际上,如果演示干扰了自动性,需要有意识地关注,它实际上可能对学习结果产生反效果(Kalyuga 2010; Pachman, Sweller, and Kalyuga 2013; Leslie et al. 2012; Yeung, Jin, and Sweller 1998)。利用专业知识逆转效应的研究表明,对于新手来说,认知负荷理论支持全指导教学和样例学习作为减少认知负荷和促进学习的一种方式。例如,在运动环境中,这可能包括技能演示。随着学习者获得专业知识,认知负荷理论支持学习者自主性的增强和开放性选择的逐渐增加。

随着身体素养的提高,学习者自主性逐渐增强的概念也在最近的运动技能学习文献中得到了支持。卢思韦特等人(2015)推测,运动技能(比如:平衡)可以通过向学习者提供与任务表现无关的选择(如:他们使用的球的颜色)得到提升。他们的研究表明,即使是这些与任务无关的小而偶然的选择,也能促进更好的学习。另一个例子来自贝赫扎德尼等人(2019)近期发表的体育教育文献,显示以自主支持的方式促进技能学习,会导致学习后和保留测试中某些技能测试的平均得分更高。这些研究结果为以下观点提供了进一步的证据:随着学习者的运动技能变得越来越熟练,给予学习者更多的自主空间是有益的。

在身体素养发展的许多阶段,所有学习者都是初学者,所以在学习过程的初始阶段减轻认知负担是很重要的。然而,对于那些拥有更高专业知识的个体,明确的教学可能会抑制学习,干扰他们的知识检索和应用。特别是如果这些学习者在特定主题上拥有更高的专业知识,但缺乏强大的元认知技能,因此无法忽略多余的解释时,情况尤为明显(Kalyuga 2010)。为了发展身体素养,根据个人的专业知识来定制教学是重要的,以支持学习、动机和成就。

综上所述,认知负荷理论迫使我们考虑如何构建长期记忆并有效管理工作记忆,从而影响身体素养的认知学习领域。认知负荷理论提出了身体素养干预主义者在设计学习时可以考虑的三个目标:减少无关的认知负荷、管理必要的认知加工和促进生成加工(Mayer and Moreno 2010)。

提升长期记忆保持力的减负教学模式

了解个人如何将新获得的知识转化为长期记忆的认知负荷量,对身体素养政策和实践具有重要意义。减负教学((Martin 2016)是作为一个总括性概念引入的,它代表了寻求在学习过程中管理个人认知负担的教学模型。马丁(2016)指出,减负教学包括五个关键原则:(1)降低初始学习阶段的教学难度;(2)教学支持和辅助材料;(3)充足的结构化练习;(4)适当提供教学反馈;(5)指导独立学习。

减负教学不同于显性教学模式或发现式教学模式,因为它的重点是减少和/或管理个体在学习过程中的认知负担。由于个体的专业知识不同,减负教学可以包括显性教学方法和发现教学方法。无论考虑何种教学方法,减负教学旨在以适当减少或管理个人认知负担的方式提供教学和/或教学支持。从本质上讲,减负教学有助于建立长期记忆的内容,并发展一定程度的流畅性和自动性,从而释放工作记忆,将其应用于给定的任务或问题。

重要的是,随着减负教学的实施,熟练度和自动性的提高应该会增强个人对任务的动机和参与。反过来,根据凯尔尼等人(2019)的研究,动机和情感学习对身体素养的发展至关重要。在相关身体素养的文献中,动机和情感学习通常从信心(动机)和享受/乐趣(积极情感)的角度进行表述。积极的情绪状态不仅伴随着动机和参与度的增加,而且还通过移除会增加认知负荷的干扰物来直接支持学习(Hawthorne et al. 2019)。消极情绪通过将注意力集中在当前对安全或福祉的威胁上,发挥着重要的适应功能,但它们也会分散学习的注意力。虽然负面情绪在其特定的生理影响方面有所不同。例如,恐惧可能导致战斗或逃跑反应,而悲伤、分离或抑郁可能导致退缩。所有这些都需要工作记忆空间来有效评估和管理。更一般地说,消极情绪不能为学习提供理想状态。适度感受积极情绪不会以同样的方式分散学习的注意力,从而确保认知资源指向学习活动,最终促进学习。

虽然很少有研究者反对积极的情感和情绪对学习最佳状态影响的重要性,但霍桑和其他学者通过大量理论研究明确阐述了情感如何通过学习动机和认知负荷间接影响学习。在身体素养的语境中,这种见解更直接地将情感与学习联系起来,部分是通过其对认知的影响,从而促使我们对运动情景和情感状态进行不同的思考。

教学启示

在身体素养背景下,减负教学在解决工作记忆的局限性、优化长期记忆存储以及处理两者之间的信息方面是有价值的。这种学习及其相关的动机和参与,对促进终身学习和参与体育活动是积极的,这对实施以身体素养发展为目标的方案具有重要的教学启示。因此,我们确定了可以用于促进身体素养的五项减负教学原则。

原则一:降低学习初始阶段任务的难度。这包括使用学习意图和成功标准,以便学习者能够将注意力集中在他们需要学习的内容上,以及消除可能影响必要信息处理的其他干扰。教学者应该致力于使学习意图在学习环境中可视化,从而支持学习者识别什么是重要的。当任务的意图明确时,教师、教练或指导员可以通过模仿、演示、分解和回顾来进一步降低任务的难度,同时定期检查理解情况((Martin 2016; Martin and Evans 2018)。模仿包括教练或视频操作人员展示运动过程,并通过"出声思考、大声说话"的讨论策略阐明运动过程。这种表达在帮助学习者理解动作背后的思维方面尤为重要。演示略有不同,因为它涉及执行完整的任务序列,从而展示良好的实践,使学习者看到成功的样子。例如,在动作挑战中,教练可能会展示一个舞蹈套路或动作序列。在一项运动中,教练可能会模拟得分/进球所需的动作。通常,复杂的技能、套路或序列需要将技能分解成更小的部分或"块",以使学习者能够通过每个部分取得成功。这个过程被称为分解,它是有效的,因为它确保在任何阶段都不会超过工作记忆容量。最后,教师应该回顾学习活动,检查学习者的理解情况。这可能涉及对先前学习的修正,通常通过提问来促进学习者从长期记忆中检索信息,并将概念联系起来,以创建复杂的图式。

假设一个新球员被要求在篮球运动中上篮。分解可能包括球员单独学习上篮的各个部分(运球、跳跃、投篮),并在组合这些部分之前,发展完成各个动作的自动性、流畅性和信心。回顾可能包括在将这些动作技能进行整合之前,先对其进行修正,并通过询问球员相关动作的特征来检查他们对动作的理解,同时通过实践来观察成效。

原则二:为学习提供教学支持和辅助材料。这可以通过发出信号,减少注意力分散效应,按主题组织信息,利用多种模式进行教学(前面提到的"通道效应"),允许适当的教学时间用于掌握、检查理解情况,避免冗余(特别是对于已经有一些专业知识的学习者,容易受到"专业知识逆转效应"的影响)来实现。

在运动情境中,当教师发出信号时,学生能够更好地将注意力集中在他们需要学习的内容上,并从学习环境中消除干扰。发出重要信息的信号(如:关键的动作技术、要作的决定、球员间的交流机会)对学习者来说很重要,因为它促进了信息的编码并将信息从工作记忆转移到长期记忆。充足的教学时间为学习者提供了思考新信息、提出问题的时间，并使教师能够检查学生是否理解。当教学以主题的方式呈现时，学生的学习得到进一步的促进，使学生在学习中看到主要的主题，并将信息联系起来。例如，在指导运动员进行决策、沟通、战术、传球或得分之前，应先对学习足球等项目的运动员进行控球和自我意识方面的明确指导。

原则三：提供充足的结构化练习，包括刻意练习、心理练习（也称为视觉意象或排练）和指导练习。练习和排练使学习者能够构建心理图式。这是一个需要时间的过程，同时向学习者明确展示刻意练习和心理练习的流程也是至关重要的，因为这些过程是他们在排练技能中将要持续使用的。应该先使用刻意练习，让参与者能够自己练习技能，然后引导他们完成解决问题、应用他们的知识、在整个过程中提示甚至提供部分解决方案。"教学指导可以作为缺失心理图式的替代品，如果有效，可以作为构建心理图式的手段"（Kalyuga, Ayres, Chandler, and Sweller 2003, p.24）。

如果让学习者解决问题，却没有从长期记忆中提取必要的认知图式，也没有必要的教学指导来弥补，他们将不得不"求助于认知效率低下的解决问题策略，因为它们施加了沉重的工作记忆负荷"（Kalyuga, Ayres, Chandler, and Sweller 2003, p.24）。

心理练习（包括视觉意象和排练）的使用已经在运动控制文献中得到了证实。利卡利亚和拉金（2008）观察到，运动行为的中断可能是由负责规划和控制运动的神经网络功能障碍引起的。运动意象应该引起身体素养研究人员的特别兴趣，因为"想象"的运动与"真实"的运动在生理和神经系统上有很多相似之处。有些人甚至认为运动意象是实际运动的内部模型，仅仅是因为实际运动被抑制了（Cairney 2008）。

原则四：提供适当的教学反馈，包括后反馈和前反馈。反馈是一个持续的纠正过程。当参与者学习新技能时，教师通过观察给他们纠正性的反馈是很重要的。这种反馈应该既明确又具体，这样才能确保参与者形成的心理图式是准确的，因为在动作技能和表现上的错误在以后的时间里会更难以纠正。前反馈提供以改进为目的的指导，支持学生纠正或进一步发展他们的技能（Hattie and Timperley 2007）。

原则五：当学习者在学习过程中表现出流畅性和自动化时，教师要引导其进行独立实践，并给予其更大的自主权。让学生独立完成学习任务，能够为他们提供用自己的思维模式来检测自身知识储备和理解能力的机会，同时有助于防止专业知识逆转效应的出现。这突出表明，教师在提供指导和实践机会时，需要考虑学习者的专业知识水平并加以区分。更有经验的学习者应该接触到需要应用其知识储备和理解能力的新任务，从而将他们的学习经验应用于解决实际任务中的问题，以进一步丰富他们的学习经历（Martin 2016）。

结　论

近年来有大量研究强调体育活动对认知健康、学习和执行功能的益处（Álvarez-Bueno et al. 2017；Watson et al. 2017）。在一个人的一生中保持体育活动的关键在于获得身体素养（Cairney et al. 2019）。在本文中，我们研究了如何根据认知负荷及其相关制约因素来理解学习身体素养的过程。虽然先前的研究表明，个人的健康可能是认知负荷减轻的因素，但我们提供了在教学上可以实施的一些建议，以确保通过认知负荷理论支持终身体育活动的学习。

身体素养是一种习得现象，这一点并不是所有身体素养理论家都能接受的。怀特黑德（2019）认为，身体素养更多的是一个人表现出的一种"倾向"，学习在获得一个人的身体素养方面几乎没有作用。然而，这一论点忽略了来自运动认知相关领域的文献，即人类表现出的几乎所有运动模式都源于个体发生（社会包容）或系统发生（生存）的学习要求（Gallese et al. 2009）。在一个更明显的层面上，拒绝身体素养的学习使人们对该概念名称的充分性或适当性产生疑问——如果素养只是一种倾向，这将完全质疑教育项目（无论哪个环节）的必要性，这一立场在理论上或经验上都是站不住脚的。

达德利（2015）是第一个认为新皮亚杰学习理论与身体素养相关，并促进健康的运动行为的人。达德利和他的同事（2017）后来认为，任何素养的概念，包括身体素养，都是由性格偏好决定的，而不是一种习得现象，这一概念忽视了该领域50多年来的研究。因此，如果要将身体素养视为一种学习建构，我们需要考虑学习是如何发生的，而且这必须从多视角框架来考虑，因为几乎所有理论家都认为身体素养实际上是一种综合概念（Martins et al. 2020）。

此外，从身体素养是一种习得现象的角度看，既得利益相关者不能忽视学习认知领域的重要性。这是身体素养研究不足的一个方面。有人提出，一个人在运动中保持高水平的情感、自信的能力，与一个人在影响循环中有效处理知识的能力有着内在的联系（Cairney et al. 2019）。到目前为止，还没有研究考虑到工作记忆和长期记忆在这方面所起的作用。在本文中，我们提出了教学策略的第一个实际步骤，更广泛地说，在身体素养和运动发展方面，利益相关者在学习设计中越来越多地接受认知负荷理论的同时，可能会采用这些策略。我们还结合认知负荷的考虑，继续扩展身体素养促进的理论体系。

最后，我们提到研究人员越来越需要考虑从身体素养和认知负荷理论中衍生出的可以进行实证测试的干预措施。鉴于这是一项概念性立场研究，迄今为止在干预研究中明显缺乏研究身体素养和认知负荷理论关系的文献，但关于认知负荷如何影响执行功能和运动控制的其他方面的问题正在得到解答，这可能是一个富有成效的起点(Çorlu et al. 2015；Pieruccini-Faria et al. 2014；Schaefer et al. 2015)。未来的研究问题也可能专门寻求理解运动如何作为一种策略来弥补认知——体育活动关系中其他方面的"缺陷"。这是因为我们知道这种关系在很大程度上是由抑制减少和积极情感驱动的，我们相信这两者对于工作记忆发挥有效作用都很重要(Pasco et al. 2011；Ludwig and Rauch 2018)。

（崔　洁　译）

（申彦华　校）

参考文献

Álvarez-Bueno, C., Pesce, C., Cavero-Redondo, I., Sánchez-López, M., Garrido-Miguel, M., &. Martínez-Vizcaíno, V. (2017). Academic achievement and physical activity: A meta-analysis. *Pediatrics*, *140*(6), e20171498.

Baddeley, A.D., &. Hitch, G. (1974). Working memory. *In Psychology of learning and motivation* (Vol. 8, pp. 47 – 89). New York, NY: Academic Press.

Baddeley, A.D. (1986). *Working memory*. Oxford: Oxford University Press.

Baddeley, A.D. (2000). The episodic buffer: A new component of working memory? *Trends in CognitiveSciences*, *4*, 417 – 423.

Bannert, M. (2002). Managing cognitive load — Recent trends in cognitive load theory. *Learning and Instruction*, *12*(1), 139 – 146.

Barnett, L.M., Dudley, D.A., Telford, R.D., Lubans, D.R., Bryant, A.S., Roberts, W.M., et al. (2019). Guidelines for the selection of physical literacy measures in physical education in Australia. *Journal of Teaching in Physical Education*, *38*(2), 119 – 125.

Barsalou, L.W. (2008). Grounded cognition. *Annual Review of Psychology*, *59*, 617 – 645.

Behzadnia, B., Mohammadzadeh, H., &. Ahmadi, M. (2019). Autonomy-supportive behaviors promote autonomous motivation, knowledge structures, motor skills learning and performance in physical education. *Current Psychology*, *38*(6), 1692 – 1705.

Cairney, J. (2008). What should we do to help children with DCD. *Developmental Medicine &. Child Neurology*, *50*(8), 566 – 566.

Cairney, J., Dudley, D., Kwan, M., Bulten, R., &. Kriellaars, D. (2019). Physical literacy, physical activity and health: Toward an evidence-informed conceptual model. *Sports Medicine*, *49*(3), 371 – 383.

CESE [Centre for Education Statistics and Evaluation] (2017). *Cognitive load theory: Research that teachers really need to understand*. Sydney: NSW Department of Education.

Chong, T.T.J., Cunnington, R., Williams, M.A., Kanwisher, N., &. Mattingley, J.B. (2008). fMRI adaptation reveals mirror neurons in human inferior parietal cortex. *Current Biology*, *18*(20), 1576 – 1580.

Clark, J.M., &. Paivio, A. (1991). Dual coding theory and education. *Educational psychology review*, *3*(3), 149 – 210.

Çorlu, M., Muller, C., Desmet, F., &. Leman, M. (2015). The consequences of additional cognitive load on performing musicians. *Psychology of Music, 43*(4),495-510.

Cowan, N. (2001). The magical number 4 in short-term memory: A reconsideration of mental storage capacity. *Behavioral and Brain Sciences, 24*(1),87-114.

Dudley, D., Cairney, J., Wainwright, N., Kriellaars, D., & Mitchell, D. (2017). Critical considerations for physical literacy policy in public health, recreation, sport, and education agencies. *Quest, 69*(4),436-452.

Dudley, D. A. (2015). A conceptual model of observed physical literacy. *The Physical Educator, 72*(5),236-260.

Gallese, V., Rochat, M., Cossu, G., & Sinigaglia, C. (2009). Motor cognition and its role in the phylogeny and ontogeny of action understanding. *Developmental Psychology, 45*(1),103.

Gathercole, S. E. (1998). The development of memory. *Journal of Child Psychology and Psychiatry, 39*,3-27.

Hattie, J., & Timperley, H. (2007). The power of feedback. *Review of Educational Research, 77*(1),81-112.

Hawthorne, B. S., Vella-Brodrick, D. A., & Hattie, J. (2019). Wellbeing as a cognitive load reducing agent: A review of the literature. *Frontiers in Education, 4*,121.

Jeung, H., Chandler, P., & Sweller, J. (1997). The role of visual indicators in dual sensory mode instruction. *Educational Psychology, 17*(3),329-343.

Kalyuga, S. (2010). Expertise reversal effect and its instructional implications: Introduction to the special issue. *Instructional Science, 38*(3),209-215.

Kalyuga, S., Ayres, P., Chandler, P., & Sweller, J. (2003). The expertise reversal effect. *The Educational Psychologist, 38*(1),23-31.

Kalyuga, S., Chandler, P., & Sweller, J. (2000). Incorporating learner experience into the design of multimedia instruction. *Journal of Educational Psychology, 92*(1),126-136.

Keysers, C., & Fadiga, L. (2008). The mirror neuron system: new frontiers. *Social Neuroscience, 3*(3-4),193-198.

Kirschner, P. A., Sweller, J., & Clark, R. E. (2006). Why minimal guidance during instruction does not work: An analysis of the failure of constructivist, discovery, problem-based, experiential, and inquiry-based teaching. *Educational Psychologist, 41*(2),75-86.

Leslie, K., Low, R., Jin, P., & Sweller, J. (2012). Redundancy and expertise reversal effects when using educational technology to learn primary school science. *Educational Technology Research and Development, 60*(1),1-13.

Lewthwaite, R., Chiviacowsky, S., Drews, R., & Wulf, G. (2015). Choose to move: The motivational impact of autonomy support on motor learning. *Psychonomic Bulletin & Review, 22*(5),1383-1388.

Licari, M., & Larkin, D. (2008). Increased associated movements: Influence of attention deficits and movement difficulties. *Human Movement Science, 27*(2),310-324.

Ludwig, K., & Rauch, W. A. (2018). Associations between physical activity, positive affect, and self-regulation during preschoolers' everyday lives. *Mental Health and Physical Activity, 15*, 63-70.

Martin, A. J. (2016). Using load reduction instruction (LRI) to boost motivation and engagement. *Leicester: British Psychological Society.*

Martin, A. J., & Evans, P. (2018). Load reduction instruction: Exploring a framework that assesses explicit instruction through to independent learning. *Teaching and Teacher Education, 73*, 203-214.

Martins, J., Onofre, M., Mota, J., Murphy, C., Repond, R. M., Vost, H., Cremosini, B.,

Svrdlim, A., Marko-vic, M., & Dudley, D. (2020). International approaches to the definition, philosophical tenets, and core elements of physical literacy: A scoping review. *Prospects.*

Mavilidi, M., Ouwehand, K., Okely, A. D., Chandler, P., & Paas, F. (2020). Embodying learning through physical activity and gestures in preschool children. In S. Tindall-Ford, S. Agostinho, & J. Sweller (Eds.), *Advances in cognitive load theory: Rethinking teaching*. London: Routledge.

Mayer, R. E. (2012). Information processing. In K. R. Harris, S. Graham, T. Urdan, C. B. McCormick, G. M. Sinatra, & J. Sweller (Eds.), *APA educational psychology handbook, Vol. 1: Theories, constructs, and critical issues* (pp. 85 – 99). Washington, DC: American Psychological Association.

Mayer, R. E., & Moreno, R. E. (2010). Techniques that reduce extraneous cognitive load and manage intrinsic cognitive load during multimedia learning. In J. L. Plass, R. Moreno, & R. Brünken (Eds.), *Cognitive load theory* (pp. 131 – 152). Cambridge: Cambridge University Press.

Miller, G. A. (1956). The magical number seven, plus or minus two: Some limits on our capacity for processing information. *Psychological Review, 63*(2), 81.

Mousavi, S., Low, R., & Sweller, J. (1995). Reducing cognitive load by mixing auditory and visual presentation modes. *Journal of Educational Psychology, 87*(2), 319 – 334.

New South Wales Department of Education (2019). *Physical literacy.* Sydney: NSW Department of Education.

Paas, F., Renkl, A., & Sweller, J. (2003). Cognitive load theory and instructional design: Recent developments. *Educational Psychologist, 38*(1), 1 – 4.

Pachman, M., Sweller, J., & Kalyuga, S. (2013). Levels of knowledge and deliberate practice. *Journal of Experimental Psychology: Applied, 19*(2), 108 – 119.

Pasco, J. A., Jacka, F. N., Williams, L. J., Brennan, S. L., Leslie, E., & Berk, M. (2011). Don't worry, be active: Positive affect and habitual physical activity. *Australian & New Zealand Journal of Psychiatry, 45*(12), 1047 – 1052.

Penney, C. (1989). Modality effects and the structure of short-term verbal memory. *Memory and Cognition, 17*(4), 389 – 422.

Pieruccini-Faria, F., Jones, J. A., & Almeida, Q. J. (2014). Motor planning in Parkinson's disease patients experiencing freezing of gait: The influence of cognitive load when approaching obstacles. *Brain and Cognition, 87*, 76 – 85.

Pollock, E., Chandler, P., & Sweller, J. (2002). Assimilating complex information. *Learning and Instruction, 12*(1), 61 – 86.

Radford, L. (2014). On the role of representations and artefacts in knowing and learning. *Educational Studies in Mathematics, 85*(3), 405 – 422.

Rosenshine, B. (2010). *Principles of instruction.* Educational Practices Series. Geneva: UNESCO IBE & International Academy of Education.

Ryan, R. M., & Deci, E. L. (2000). Intrinsic and extrinsic motivations: Classic definitions and new directions. *Contemporary educational psychology, 25*(1), 54 – 67.

Schaefer, S., Jagenow, D., Verrel, J., & Lindenberger, U. (2015). The influence of cognitive load and walking speed on gait regularity in children and young adults. *Gait & Posture, 41*(1), 258 – 262.

Sport Australia (2019). *Physical literacy.*

Sport New Zealand (2019). *Physical literacy approach: Guidance for quality physical activity and sport experiences*.

Sweller, J. (1988). Cognitive load during problem solving: Effects on learning. *Cognitive Science, 12* (2), 257 – 285.

Sweller, J. (1994). Cognitive load theory, learning difficulty, and instructional design. *Learning and Instruction, 4*(4), 295 – 312.

Sweller, J. (2003). Evolution of human cognitive architecture. *Psychology of Learning and Motivation, 43*, 216 – 266.

Sweller, J. (2012). Human cognitive architecture: Why some instructional procedures work and others do not. In K. R. Harris, S. Graham, T. Urdan, C. B. McCormick, G. M. Sinatra & J. Sweller (Eds.), *APA educational psychology handbook, Vol. 1. Theories, constructs, and critical issues* (pp. 295 – 325). American Psychological Association.

Sweller, J. (2020). Cognitive load theory and educational technology. *Educational Technology Research and Development, 68*(1), 1 – 16.

Sweller, J., Ayres, P., & Kalyuga, S. (2011). Measuring cognitive load. In J. Sweller, P. Ayres, & S. Kalyuga (Eds.), *Cognitive load theory* (pp. 71 – 85). New York, NY: Springer.

Tindall-Ford, S., Agostinho, S., & Sweller, J. (Eds.) (2019). *Advances in cognitive load theory: Rethinking teaching*. London: Routledge.

Tindall-Ford, S., Chandler, P., & Sweller, J. (1997). When two sensory modes are better than one. *Journal of Experimental Psychology: Applied, 3*(4), 257 – 287.

Van Merrienboer, J. J., Kester, L., & Paas, F. (2006). Teaching complex rather than simple tasks: Balancing intrinsic and germane load to enhance transfer of learning. *Applied Cognitive Psychology, 20*(3), 343 – 352.

Van Merriënboer, J. J., Kirschner, P. A., & Kester, L. (2003). Taking the load off a learner's mind: Instructional design for complex learning. *Educational Psychologist, 38*(1), 5 – 13.

Watson, A., Timperio, A., Brown, H., Best, K., & Hesketh, K. D. (2017). Effect of classroom-based physical activity interventions on academic and physical activity outcomes: A systematic review and meta-analysis. *International Journal of Behavioral Nutrition and Physical Activity, 14*(1), 114.

Whitehead, M. (2001). The concept of physical literacy. *European Journal of Physical Education, 6*(2), 127 – 138.

Whitehead, M. (Ed.) (2019). *Physical literacy across the world*. London: Routledge.

WHO [World Health Organization]. (2018). Global action plan on physical activity 2018 – 2030: More active people for a healthier world. Geneva: WHO.

Wilson, M. (2002). Six views of embodied cognition. *Psychometric Bulletin & Review, 9*(4), 625 – 636.

Winne, P. H., & Nesbit, J. C. (2010). The psychology of academic achievement. *Annual Review of Psychology, 61*, 653 – 678.

Yeung, A., Jin, P., & Sweller, J. (1998). Cognitive load and learner expertise: Split attention and redundancy effects in reading with explanatory notes. *Contemporary Educational Psychology, 23*(1), 1 – 21.

海莉·迪安

新南威尔士教育系的健康和体育教育顾问,也是新南威尔士大学的博士研究生,其研究方向是认知负荷和减负荷教学领域。曾在新南威尔士教育标准局从事课程开发工作,担任新南威尔士公立学校的班主任和教师。她是澳大利亚健康、体育和娱乐委员会的董事会成员和财务主管,并于 2019 年被专业教师委员会授予杰出专业服务奖。

通信地址：Faculty of Education, University of New South Wales, Sydney, NSW 1466, Australia

电子邮箱：hayley. dean1@det. nsw. edu. au

彭尼·范伯根

是麦考瑞大学教育学院教育心理学副教授，也是社交世界儿童学习中心（Centre for Children's Learning in a Social World）的主任。彭尼的主要研究领域集中在儿童和青少年如何在与他人的对话中发展记忆和情感技能。她目前的研究重点是父母、家庭和教育工作者如何与儿童和青少年一起回忆过去，儿童和青少年如何在自己的记忆中使用情感和换位思考技能，以及中小学和大学的小组工作如何促进学习。

通信地址：School of Human Movement and Nutritional Science, University of Queensland, Brisbane, QLD 4072, Australia

电子邮箱：penny. vanbergen@mq. edu. au

提高青少年的身体素养：
面向 6—10 岁儿童的双周体育促进发展项目

玛莉卡·沃纳　杰基·罗宾森　布赖恩·希尔
珍尼弗·劳埃德　詹姆士·曼丁戈
贝丝·伦诺克斯　拉金·达文波特·胡耶尔

在线出版时间：2020 年 11 月 2 日

　　摘　要：定期参加体育活动可以显著改善健康，但儿童参加体育活动的比率仍然低得惊人。身体素养被认为是优质体育教育的基础，这表明体育、教育和公共卫生干预措施应探寻如何提高身体素养，进而促进体育活动参与。加拿大多伦多的一个运动研发机构为6—10岁患有积极发展障碍的儿童，设计并提供了一个为期两周的日间营项目。该营地利用基本运动技能(FMS)作为教学工具和干预前后的评估工具，旨在提高身体素养，促进体育活动参与。结果表明，基本运动技能($t(44)=4.37$，$p<.001$)显著增加，身体素养的自我认知也显著提升($t(40)=14.96$，$p<.001$)。基本运动技能中增长最多的是跑步和平衡，且对低基线表现者的影响最为显著。

　　关键词：身体素养　体育促进发展　基本运动技能　青少年　体育活动

　　对如何通过发展身体素养来有效促进终身体育活动达成共识，是加拿大和国际上体育、青少年服务和教育部门的一个重要目标(Mandigo et al. 2018)。在联合国教科文组织(2015)的政策制定者指南中，身体素养已被确定为优质体育教育的基础，并且作为体育活动和体育提供者及更广泛的公共卫生干预措施的教育理念和计划的目标，继续获得可信度和发展势头(Edwards et al. 2017；Edwards et al. 2018；Mandigo et al. 2009；O'Brien et al. 2015；Tremblay et al. 2018)。怀特黑德(2010)之前的研究将身体素养描述为一个多元化概念，包括个体充分发挥他们丰富的体育活动潜力所需要的一系列技能。最近，身体素养被国际身体素养协会定义为个体在保持终身体育活动过程中的动机、信心、身体能力、知识，理解力和责任感

原文语言：英语

的总和（Tremblay et al. 2018）。科研人员和机构提出的其他关于身体素养的定义，也基本涵盖了信心、能力/才能、动机/欲望以及持续活跃所需的知识/理解等要素（Longmuir and Tremblay 2016；O'Brien et al. 2015）。身体素养也被认为是健康的决定性因素，它与体育活动、运动技能结果、社会和有效学习过程都有非常大的关系（Cairney et al. 2019）。获得基本运动技能和定期持续参与体育活动是终身发展身体素养的重要组成部分（Cairney et al. 2019；Haywood and Getchell 2009；O'Brien et al. 2015；Tompsett et al. 2014）。

　　基本运动技能构成了一个运动能力库（Whitehead 2010），它是身体素养的能力构成成分，也是达成身体素养的先决条件（O'Brien et al. 2015）。基本运动技能与一系列与健康有关的积极结果独立相关（Logan et al. 2012）。它们包括一系列基本运动技能，可分为几个领域：跑步/位移技能，上下肢的物体控制或操纵技能，以及平衡、稳定和身体控制技能（加拿大终身体育 2014a；Dudley 2015）。有了基本运动技能作为基础，青少年可能会继续发展更为复杂和专业的运动技能，从而建立更大的信心和动机来参与身体活动（加拿大终身体育 2017；Dudley 2015）。旨在增加身体素养的社区体育和公共卫生干预措施，尤其是在青少年中，经常利用基本运动技能作为主要的教学工具和预期结果（Logan et al. 2012；O'Brien et al. 2015）。

　　尽管人们越来越意识到身体素养是一个非常重要的结果，它影响着所有儿童和青少年的健康和幸福，但加拿大和其他地方的儿童的身体活动水平仍然低得令人担忧（Barnes et al. 2016）。与其他地区相比，在加拿大等基础设施较好的国家，青少年的久坐行为似乎在增加，同时身体活动似乎在减少（Mitra et al. 2017；Tremblay et al. 2016）。身体素养可被视作对身体活动有利的、敏感的和强化的因素（Edwards et al. 2017；Giblin et al. 2014；O'Brien et al. 2015；Tompsett et al. 2014），影响与肥胖、健康、心脏代谢健康、社会和情绪健康相关的健康结果（Cairney et al. 2019；Carson et al. 2017；Edwards et al. 2017；Poitras et al. 2016）。身体活动也会影响与认知表现相关的教育结果（Castelli et al. 2014；Donnelly et al. 2009）。低水平的身体素养可能会导致并加剧低身体活动的问题；如果没有足够的身体能力、信心、动机和知识，儿童和青少年就不太可能达到合理水平的身体活动。这样做的长期后果是显著的，因为众所周知，定期参与体育活动可以显著改善儿童、青少年和成年期的身心健康结果（Dobbins et al. 2013；Physical Activity Guidelines Advisory Committee 2008；Rauner et al. 2013）。儿童和青少年缺乏体育活动的突出程度与各种消极的身体、心理和社会健康指标和慢性疾病相关（Coyne et al. 2019a, b）。

　　依据目前针对加拿大儿童和青少年的 24 小时运动指南，5—17 岁的儿童每天需要 60 分钟的中高强度的体育活动（MVPA，Tremblay, Carson et al. 2016）。但平均只有 9% 的人达到了这个活动时间（Barnes et al. 2016）。身体素养的增加很可能会促进这一基准的达成。众所周知，随着慢性病危险因素患病率的增加，身体活动水平在青春期急剧下降,因此在青春期之前达到基本的身体素养水平是很重要的,这有助于在青春期和成年期继续参与运动和身体活动(Barnes et al. 2016; Dudley 2015; Tompsett et al. 2014)。现有数据表明,加拿大青少年的平均身体素养水平与报告的低水平身体活动相匹配:2018 年的身体活动报告卡将总体身体活动和身体素养评分为"D+",表明 21%—40%的 3—17 岁的加拿大人符合这些指标的基准(ParticipACTION 2018)。

　　一个可能导致低身体活动水平的背景因素,特别是在患有障碍的青少年中,是缺乏引入基本运动技能和发展身体素养的优质干预项目。社区体育项目倾向于关注专业的运动技能和游戏活动。课程的设置和实施可能无法充分关注到发展身体素养这一优先级结果。许多社区体育项目也存在经费困难和其他参与方面的障碍(Bassett-Gunter et al. 2017; 加拿大文化遗产部 2013; CIBC and KidSport 2014; 安大略省政府 2015; Wright et al. 2017)。一直以来,体育促进发展项目(SFD)被认为是有目的地使用体育和身体活动作为工具,为人们和社区的生活带来积极的改变(Sported 2020)。青少年体育促进发展项目(SFD)侧重于社会全纳,可能更容易被患有障碍的青少年接受,但传统上身体素养不被视为青少年体育促进发展项目的预期结果。青少年体育促进发展项目干预通常针对与教育和/或社会情感结果相关的健康青少年的结果(Schulenkorf et al. 2016; Svensson and Woods 2017; Whitley et al. 2017, 2019c)。然而,基于上述定义,身体素养可被看作既是一种健康青少年的发展结果,也是一种可能对个别青少年、家庭和社区产生长期影响的生活技能。

　　另一个影响加拿大儿童和青少年的身体活动和身体素养水平的重要因素,特别是那些患有积极发展障碍的儿童,其在公立学校中的体育教育课程正在被削减(Hobin et al. 2017; Trudeau and Shephard 2008)。此类课程的减少或以其他方式受到影响,对面临社会经济地位低下等挑战的青少年产生了较大影响(Leblanc et al. 2015),增加了其对社区提供优质体育活动项目的需求(Green et al. 2018)。

　　在精心设计和提供项目以解决身体素养问题的社区体育和青少年体育促进发展项目中,项目开发和实施的最佳实践尚未在行业内得到充分记录或良好沟通(Lyras and Welty Peachy 2011)。在运动医学和体育教育文献中,更容易找到指导优质项目的设计、实施和评估的有用证据(Barnas and Ball 2019; Belanger et al. 2016; Durden-Myers et al. 2018; Edwards et al. 2017; Hennessy et al. 2018)。研究人员和从业者之间的沟通障碍阻碍了循证程序的实施。项目实施组织的工作团队通常不包括研究人员或评估人员,并且在项目实施环境中缺乏严格的测量来确定项目对身体素养和相关结果的影响(Whitley et al. 2019a)。在某些情况下,循证课程作为行业的最佳实践方案,被视作私人或专有材料,不能在行业内随意公开共享(Whitley et al. 2019a, 2019b)。

　　本文提供了初步证据,证明一项精心设计的为期两周的青少年体育促进发展项目日间营项目成功地提高了北美城市中患有障碍的青少年的身体素养,并探索了在社区 SFD 场域中教授和评估身体素养的方法。

身体素养政策和干预概述

证据表明,基于学校的体育教育可以作为促进和发展身体素养的机会之窗(Dudley 2015;O'Brien et al. 2015)。适当的体育课程有可能让学生参与身体活动,同时也为他们在学校环境之外应用身体素养做好准备(Ennis 2015)。然而,体育项目本身并不能提供足够的中高强度的体育活动来满足推荐指南上的建议,事实上,它对帮助儿童达到这些基准只作出了很小的贡献(Castelli et al. 2014;Johnstone et al. 2019)。此外,在安大略省(加拿大)和其他地方,目前的政治形势导致了体育项目的削弱:工作人员减少,体育课时减少,一些小学完全取消了体育项目(Draaisma and Brown 2018;McGinn 2016)。这种形势为社区体育和 SFD 提供者提出了挑战,他们要在课外时间进行更多的项目,以弥补这一差距,并为青少年身体活动提供延长、扩大和增强的机会(Beets et al. 2016)。

证据表明,在关爱和赋权的社区环境中提供的课前或课后项目,可以作为合理和有效的干预方式,为身体活动参与和身体素养的发展提供更多的机会(Castelli et al. 2014;Edwards et al. 2018;Johnstone et al. 2019)。在这种情况下推荐的教学策略和项目活动包括:最大化中高强度的体育活动、与社区建立联系、使用项目活动来恢复运动能力,以及促进基于兴趣的身体活动参与(Castelli et al. 2014)。

尽管对幼儿进行运动技能项目干预可显著改善其基本运动技能(Logan et al. 2012),但证明身体素养干预有效的科学证据仍然有限(Giblin et al. 2014;Johnstone et al. 2019;Shearer et al. 2018)。一个被提出的身体素养政策模式强调,特别是对于青少年,基本运动技能的促进和发展不应以牺牲更广泛的终身身体活动追求和机会为代价,运动技能的发展应该是广泛和多样的(Dudley et al. 2017)。实际上,这些建议实施的项目包括各种运动项目、游戏和身体活动相关的内容。身体技能在体育场外的各种功能环境中的灵活应用也应该是一个项目的特色。这些方法将有助于促进身体活动的参与,而身体活动是身体素养的基本组成部分(Ennis 2015)。身体素养的定义和操作上的不一致也对干预设计的清晰度产生了负面影响。建议项目组织者根据其背景对身体素养进行明确的操作定义,为课程设计和评估提供依据(Edwards et al. 2018;Shearer et al. 2018)。

在身体素养项目的评估中,建议开发和采用综合的、哲学上一致的方法来评估身体素养,同时使用通过评估来指导学习方法的形成性评估策略(Edwards et al. 2018;Shearer et al. 2018;Tompsett et al. 2014)。身体素养评估应该测试在一系列任务中自主的大运动协调能力,以衡量个人的优势和劣势,包括追踪技能随时间发展的具体证据(Giblin et al. 2014)。虽然采用身体素养的定量评估可能有助于教练确定需要改进的领域，计划好针对群体和个人的干预措施，并随着时间的推移跟踪进展(Edwards et al. 2018)，但现有研究成果表明，尚缺乏强有力的实证工具来评估身体素养的身体能力组成成分(Longmuir and Tremblay 2016)。对时间、空间和设备的需求、评估方法或片面针对学生不足所采取的评估方法、测试者的偏差，已被确定为影响现有身体能力评估效用的重要问题(Giblin et al. 2014; Longmuir and Tremblay 2016)。

体育促进发展项目与身体素养

青少年体育促进发展项目项目关注与健康相关的结果，包括身体素养，通常可分为两类："体育＋"或"＋体育"(LeCrom et al. 2019)。"体育＋"项目优先将体育作为学习和发展的工具和内容。与之不同的是，"＋体育"项目主要关注社会或健康问题，并利用体育作为实现青年发展成果的一种手段。由于体育运动的战略性应用可能会解决一系列与健康相关或其他方面的问题，这两种方法都可能适用于以健康为重点的青少年体育促进发展项目，包括旨在提高身体素养的项目(LeCrom et al. 2019)。然而，支持青少年体育促进发展项目结果的证据主要涉及体育参与，而不是体育在青少年体育促进发展项目环境中的战略性应用。

体育项目对健康结果产生积极影响的能力取决于环境(LeCrom et al. 2019)。尤其是，为了支持青少年实现身体素养的过程，项目设置必须让他们以个人或团队的形式积极参与进来(Dudley 2015)。海尔森(2003)描述的运动的个人和社会属性包括几个积极的青年发展成果，如和平解决矛盾、包容、有勇气坚持、自我激励、领导能力和内在力量，这些成果通常与青少年体育促进发展项目有关。因此，他们创造了一条将丰富运动的身体素养计划与青少年体育促进发展项目结果联系起来的理论路径。并且，青少年体育促进发展项目的方法为患有障碍的青少年提供更多参与体育运动的机会，进而改善其健康状况(LeCrom et al. 2019)。

先前研究建议，在 SFD 项目对健康产生积极影响上应当进行战略性和特定的关注(LeCrom et al. 2019)。其他关注健康结果的青少年体育促进发展项目的最佳实践包括具有爱心和能力的领导者、同行的辅导或指导、训练有素的从业人员和志愿者、对组织目标和发展模式的组织共识、支持健康促进目标的交互游戏，以及家长/社区的支持(LeCrom et al. 2019)。

文献中的不足

迄今为止，试图测量身体素养的研究还很少见(Edwards et al. 2018)，特别是在社区体育和青少年体育促进发展项目中,青少年体育促进发展项目与包括身体素养在内的健康相关结果之间的关联性的研究仍然不足(Whitley et al. 2017, 2019c)。在已发表的定量测量身体素养的研究中,运动的质量通常没有被评估(Edwards et al. 2018)。尽管在开发和验证测量儿童身体素养的工具方面做了很多工作(Edwards et al. 2018; Giblin et al. 2014; Lodewyk and Mandigo 2017; Mandigo et al. 2018),关于哪种措施或评估最适合不同年龄组和环境的研究文献很少(Edwards et al. 2018; Longmuir and Tremblay 2016)。还有研究指出,需要开发更具创造性的方法,通过非传统方法来测量身体素养(Edwards et al. 2018)。

研究方法

参与研究人员情况

该项目参与者包括 6—10 岁的儿童。所有参与者都是"枫叶体育娱乐基金会"(Maple Leaf Sport and Entertainment-MLSE)启动平台的成员,这是一个为 6—29 岁患有障碍的人群提供青少年体育促进发展项目特色服务的机构。患有障碍的青少年由枫叶体育娱乐基金会启动平台来确定,他们可能需要更多的支持和服务才能充分发挥潜力。在加拿大多伦多市区,这个范围涵盖了种族化青少年、土著青少年、低收入青少年、残疾青少年、无家可归或住房不足的青少年、被照顾或无照顾的青少年、非异性恋者、新移民青少年和触犯法律的青少年。枫叶体育娱乐基金会的启动平台并没有使用任何规范的流程来保证参与项目和获得服务的青少年符合这一标准,也没有根据这一标准将任何青少年排除在外。但是,迄今为止,社区人口统计数据和外展服务方法导致项目参与者主要由符合上述标准的青少年构成。从枫叶体育娱乐基金会启动平台那里收集的人口统计数据表明,在约 9,000 名成员中,88.67%的人认为自己是种族化青少年,其中黑人青少年的比例最高,为 33.83%。76.76%的青少年认为,他们的家庭年收入低于 3 万美元,低于安大略省一个三口之家的低收入水平。本研究的项目参与者人口统计数据详见结果部分的内容。

招募

我们在项目的第一天招募青少年。在抵达招募现场后,我们与家长/监护人和青少年进行接洽,解释了研究的目的和程序,提供了书面信息,并通过书面形式为家长/监护人提供了知情同意的机会。然后,我们通过签署一份单独的表格,为青少年提供了知情同意的机会。父母/监护人的知情同意和青少年的知情同意都是参与本研究的必要条件。社区研究伦理办公室批准了所有程序。

干预

枫叶体育娱乐基金会启动平台于 2019 年开发了这种干预措施。干预措施是在枫叶体育娱乐基金会启动平台进行的，这是一家位于加拿大多伦多市区的大型青少年体育促进发展项目机构，为 6 至 29 岁患有积极发展障碍的青少年提供免费项目。所有程序和服务都符合枫叶体育娱乐基金会启动平台的变革理论，如图 1 所示。该机构有一个新装修约 42,000 平方英尺的空间，包括三个运动场、一个多功能中庭、三间教室、一堵攀岩墙和一个工业厨房。该机构提供了一个支持性、欢迎性和包容性的环境，并提供全方位的服务以满足会员的需求，包括心理健康咨询、学术支持、营养计划和与青少年导师接触。

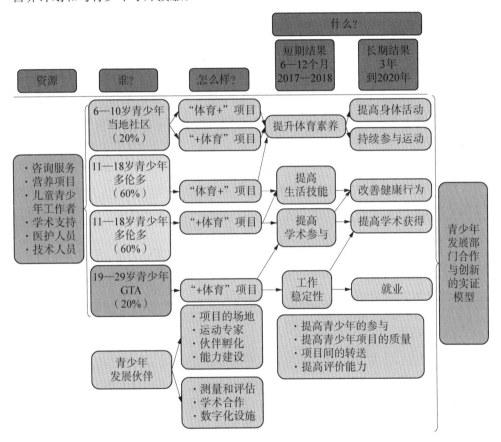

图 1　枫叶体育娱乐基金会启动平台的变革理论

身体素养概念是干预的基础。身体素养在操作上被定义为具有终身体育活动的动机、自信、能力和知识（Tremblay et al. 2018）。基本运动技能的发展和身体活动的参与被认为是实现身体素养提升的关键。为期两周的日间营项目旨在专门促进 6—10 岁青少年的身体素养发展，这些青少年患有积极性发展障碍，包括种族化青少年、新移民的青少年和低收入青少年。该程序使用了基本运动技能的活动、专项体育活动(包括游戏活动,以及个人和团队的特色运动)、低组织的游戏,以及低成本的基于身体活动的户外旅行——例如,去当地的游乐场——来发展身体素养。该项目包含 9 天的任务,因为该场地在两周期间关闭了一天,以庆祝全国假日。在第 1 天和第 9 天,青少年参加了一个"嘉年华风格"的基本运动技能测试,以评估 13 个基本运动技能的表现。作为评估的一部分,他们还在第 1 天和第 9 天完成了一个自我报告的身体素养调查问卷。测量结果和数据收集过程将在测试工具和数据收集部分进行详细描述。

项目于上午 8:30 开始,有 30 分钟的指导性自由活动,提供了篮球和球网、足球和球网,以及曲棍球设备。工作人员与青少年一起参加了自由活动,鼓励但并非领导或组织这项活动。在上午 9:00—9:15 进行短暂会议,介绍当天的计划并复习小组规则后,青少年参加了约 1 小时的结构化身体活动,然后在上午 10:15 左右吃了一份早间茶歇。上午的活动包括低组织的游戏轮换,且每天都会对游戏进行更新,以及发展专项运动技能,包括攀岩、篮球、橄榄球、欧洲手球、舞蹈、足球和排球。在早间茶歇之后,青少年以小组形式参加了约 90 分钟的积极游戏,包括各种包含基本运动技能的低组织游戏。下午 12:20—1:15 提供午餐,然后是一个短暂的坐式会议,介绍下一系列的活动。从下午 1:30—3:30(大约在下午 2:45 的时候有个 15 分钟的下午茶歇),青少年以小组形式参加一系列轮换活动,包括低组织性游戏、专注于基本运动技能特定领域的活动(如平衡)、身体参与的团建活动(如蒙眼障碍赛)和专项体育活动(技能、训练和游戏),包括羽毛球、篮球、足球、舞蹈和曲棍球。当天下午 3:30 至4:00 的最后一个环节是将基本运动技能纳入一个大型团体活动中,如基本运动技能标记或基本运动技能舞蹈,每天以集体欢呼结束。在一天中,纳入了短暂的非体力活动,以提供适当的活动水平,这符合加拿大儿童和青少年的 24 小时运动指南(Tremblay, Carson et al. 2016)。

此次日间营包括三次户外旅行,分别是水族馆、以体育相关展览为特色的博物馆和一个社区游乐场。采用主动交通(步行)、付费交通(包车)和公共交通(地铁)相结合的方式,使项目参与者往返于户外旅行目的地。在为期 9 天的夏令营中,除去每天早上和午休后用于介绍即将进行的活动的短暂时间,总共还有 7 项非身体活动的部分。这些内容包含一项手工活动、一项自然活动、一项与健康饮食和环境可持续性有关的活动、两项 STEM(科学、技术、工程和数学)活动和两项团队建设活动。每项非身体活动的持续时间约为 45—60 分钟。这些活动的重点是提升整体的幸福感和乐趣。总的来说,青少年每天参与大约 200—285 分钟的身体活动。

干预措施的设计和实施与确定的身体素养操作性定义保持一致:具有终身体育活动的动机、自信、能力和知识(Tremblay et al. 2018)。这种选择性定义下的项目特征包括:各种基于兴趣的活动选择,以及选择和自主的机会,以增强动机;适宜发展的进步,关注积极的同伴和成人关系,以及一个欢迎和包容的项目环境,以培养自信;以掌握为导向的基本运动技能和专项运动技能方法,以培养能力;以及与体育活动相关的讨论和汇报,以帮助建立与体育相关的知识(Cale and Harris 2018; Liuet al. 2017)。基于证据的青少年体育促进发展项目课程包括各种活动和积极的发展机会,强调身体素养,同时支持 6—10 岁患有障碍的青少年的整体发展(Bopp and Roetert, 2018)。

　　需要 30 名工作人员参与研究,包括 20 名"培训领导者"(14—18 岁的青少年参加暑期带薪就业计划)和 10 名长期兼职或全职工作人员。工作人员的资质包括各种国家认可的教练证书。工作人员主要来自当地社区,并负责项目参与者的人口统计数据。

测量工具和数据收集

　　启动平台基本动作技能评估工具用于提供身体素养能力部分的观察评级。该评估工具由枫叶体育娱乐公司发射台创建,自 2018 年 9 月以来一直用于全年常规计划,目前正在进行验证。该评估借鉴了加拿大终身体育(2014a)开发的 PLAYfun 工具,并进行了一些修改,以提高青少年体育促进发展项目中的可行性和实用性。13个基本运动技能都用于项目参与者参与的干预活动中,但并不进行专门教授、指导或训练。该评估测量了包含五个领域的 13 个基本运动技能,详见表 4。每项技能分为五个方面的表现,每个方面的得分从 1 分(不熟练)到 4 分(熟练),每项技能的总分为 20 分。评估由项目工作人员管理,每个技能站分配两名工作人员。我们提供了一个关于评估程序的结构化培训课程,并在项目前和项目后的评估中为每个技能站分配了相同的评分员,以提高评估的一致性。我们以一种独特的"嘉年华"的形式进行了评估,技能站分布在一个大型体育馆的外围。项目参与者收到一本"护照",上面有按任何顺序访问每个测试站的指示。然后,项目参与者在房间里循环完成每项技能。评分员使用平板电脑来记录分数,评分规则和评分标准很容易在屏幕上参考。设置一个额外的站点用于收集项目参与者对修订版的青少年体育活动评估工具 PLAYself (加拿大终身体育 2014b)的反馈。这项由 18 个问题组成的自我报告调查是一项评估,用于确定青少年对其身体素养的看法。在与该工具的作者协商后,对原始工具进行了修改,包括删除了两个分量表(共 4 个问题),这些分量表与各种类型的读写能力(识字、算术和身体素养)和健康水平的相对排名有关。调查是使用平板电脑完成的,工作人员为所有 6—7 岁的儿童和年龄大一些的青少年提供他们所需要的帮助。

数据分析

　　使用 R 3.6.0(R Core Team 2018)完成统计分析。在基线和干预后均完成所有

13 个基本运动技能和自测调查的项目参与者被纳入分析。将每个基本运动技能的五个部分相加，为 13 项技能中的每一项创建 20 分。将技能相加以得到五个领域得分，并将这些领域得分相加以得到每个项目参与者的基本运动技能总分。使用已发布的指南(加拿大终身体育 2014b)，将自测调查归纳为环境分量表和身体素养自我感知分量表。基线数据和干预后的数据都采用相同的处理方式，以得出基本运动技能和自测的技能得分、各领域得分和总得分。采用配对样本 t 检验，将基线的基本运动技能总分、基本运动技能各领域得分和自测分量表得分与干预后的得分进行比较。采用双向重复测量方差分析(ANOVAs)，以检验年龄和性别对基本运动技能总分、基本运动技能各领域得分和自测分量表得分变化的影响。对基本运动技能总分和自测分量表得分进行偏相关分析，以评估观察到的身体能力与项目参与者对身体素养的自我感知之间的关系。

处于第 25 个百分位数及以下和第 75 个百分位数及以上的项目参与者分别被分为低表现和高表现。对低表现和高表现的基本运动技能总分和基本运动技能各领域得分进行非参数威尔科克森符号秩检验，以评估两周项目对基线时观察到的身体能力最低和最高的参与者的影响。

结　　果

45 名 6—10 岁儿童项目参与者(23 名男孩和 22 名女孩)完成了基线和干预后的评估。项目参与者的人口统计数据见表 1。参与率数据表明，为期两周的干预是可行的。平均而言，项目参与者在为期 9 天的干预中参与了 8.02 天。有 8 名项目参与者缺席两天或更多的时间，只有一人缺席了四天以上。本研究的同意率和参与率为 77%，优于其他类似的研究(Johnstone et al. 2019; Aspen Institute 2015)。

表 1　人口统计数据

特征		人数	%
年龄($M=7.93$)	6	7	16%
	7	13	30%
	8	8	18%
	9	8	18%
	10	8	18%
性别	男	23	50%
	女	21	49%
	不确定	1	1%

表 2 中描述了基本运动技能的总分以及各技能领域得分的细分。配对样本 t 检验显示从基线$(M=162.16, SD=26.08)$到干预后$(M=175.91, SD=28.06)$，$t(44)=4.37, p<.001$，基本运动技能总分出现显著提升。平均而言，基本运动技能总分增加了 13.76 分$(SD=21.12)$，其中 35 名项目参与者从基线到干预后的得分变化为正。年龄或性别对基本运动技能总分的变化没有显著影响。

表 2 基本运动技能的各个技能和领域

领域	技能	ΔM	SD	t	p
跑步		2.71	4.94	3.63	4.94
	往返跑	1.109	2.67	2.82	.007
	助跑跳远	.500	2.20	1.54	.13
位移		3.07	10.31	1.99	.052
	交叉步	.068	2.61	.17	.864
	单脚跳	−.565	5.46	.70	.486
	跑跳	1.644	3.88	2.84	.007
	双脚跳	1.907	2.51	4.99	<.001
上肢物体控制		2.82	8.89	2.13	.039
	肩上投球	.783	4.39	1.21	.233
	单手接球	.532	4.94	.74	.464
	单手运球	.750	2.93	1.70	.096
	用棍子击固定球	.578	3.44	1.13	.266
下肢物体控制		2.82	7.72	2.45	.018
	踢球	1.978	5.70	2.33	.024
	运球	.682	2.81	1.61	.115
平衡		2.462	4.12	3.74	.001
	走平衡木	2.462	4.12	3.74	.001
总分		13.76	21.12	4.37	<.001

五个技能领域中有四个领域的平均得分从基线到干预后有显著增加。跑步$(\Delta M=2.71, SD=4.94, t(43)=3.63, p=.001)$和平衡$(\Delta M=2.54, SD=4.19, t(36)=3.69, p=.001)$领域的增加很大，而上肢物体控制$(\Delta M=2.82, SD=8.89, t(44)=2.13, p<.05)$和下肢物体控制$(\Delta M=2.82, SD=7.72, t(44)=2.45, p<.05)$的增加较为温和。与基线相比，这些改进的特点是干预后参加项目者被更多地评价为"较熟练"或"熟练"(见表 3)。性别对平衡得分$F(2,34)=3, p=.041$的平均变化有显著影响。日间营项目对平衡能力的影响在男孩$(\Delta M=3.58, SD=3.76)$中大于女孩$(\Delta M=1.59, SD=4.53)$。男孩在跑步$(p<.01)$、下肢物体

控制（$p<.01$）和平衡性（$p<.01$）方面有显著提升,而位移技能和上肢物体控制技能并没有显著改善。相比之下,女孩在 5 个技能领域都未表现出显著提升。在五个技能领域中,年龄对平均变化得分没有显著影响,年龄和性别对平均变化得分也没有显著交互作用。

表 3 基本运动技能评估频次表

领域	不熟练		基本熟练		较熟练		熟练	
	前	后	前	后	前	后	前	后
跑步	4%	0%	13%	4%	76%	96%	7%	0%
位移	0%	0%	9%	9%	78%	67%	13%	24%
上肢物体控制	0%	0%	11%	9%	71%	53%	18%	34%
下肢物体控制	4%	0%	16%	27%	58%	31%	22%	42%
平衡	13%	5%	13%	2%	38%	22%	36%	71%

配对样本 t 检验显示,从基线（$M=1,295.85, SD=270.78$）到干预后（$M=1,721.66, SD=325.83$）,$t(40)=14.96, p<.001$,PLAYself 总分有显著增加。自测的总分从基线到干预后增加了 425.80 分（$SD=182.27$）。特别是,身体能力的自我感知（PLAYself 分量表 2）在整个项目中显著提升,$t(40)=9.87, p<.001$,而环境分量表（PLAYself 分量表 1）并没有显著增加。表 4 描述了自测的整体得分和分量表的细分。偏相关分析显示,基线的自测分量表 2 和基本运动技能总分之间显著相关,$r=.303, p<.05$,但在干预后却没显著的相关性,$r=.212, p>.05$。在基线和干预后,自测分量表 1 和基本运动技能总分均没有显著相关关系。年龄或性别对青少年体育评估得分没有显著影响。

表 4 青少年体育评估分量表

分量表	ΔM	SD	t	p	相关性			
					基线 FMS 总分		干预后 FMS 总分	
					r	P	r	P
环境	8.54	92.97	.588	<.05	.298	>.05	.172	>.05
身体能力的自我感知	374.40	248.73	9.871	<.001	.562	<.01	.564	<.01

基线时表现较差的主要是 6 岁和 7 岁的儿童,他们在各个技能领域的得分均较低。基线测试中表现最好的主要是 10 岁的儿童,他们在每个技能领域都表现出较

高的能力。威尔科克森符号秩检验显示,该项目对低基线者的基本运动技能总分有显著影响($n=11, p=.013$),而对表现优异的学生的基本运动技能总分的影响接近显著水平($n=11, p=.075$)。在项目开始时,该项目对基线得分较低的项目参与者产生的影响更大,对身体素养较高的项目参与者产生的边际效应更强。

讨　论

在本研究中,我们探讨了 6 岁—10 岁患有障碍的青少年的身体素养水平是否可以通过实施为期 2 周的日间营式项目来提高。我们的研究结果表明,该项目能够改善项目参与者的整体基本运动技能以及他们对与能力、自信、动机和知识相关的身体素养的自我认知。这些结果提供了初步证据,证明该项目是一种可行的干预措施,可以增加身体素养的多个领域,并实现总体身体素养的显著增加。这对男孩的影响更为显著,这表明男女同校的营地式干预可能会对男孩和女孩产生不同的影响。基于性别的结果差异值需进一步探索,因为性别、运动环境、身体素养和与身体素养相关的干预措施之间的关系尚未被深入研究(Coyne et al. 2019a, b; MacDonald et al. 2018; Mandigo et al. 2008; Zarrett et al. 2019)。

本研究中应用的测量框架使从业者能够根据项目教学法中的操作定义,确定身体素养中有意义和可衡量的变化。测量框架的设计关注到基本运动技能和身体素养之间共存的区别和联系,以及描绘与这两种结构相关的变化的重要性。独特的"嘉年华式"的基本运动技能评估,克服了以往研究的局限性。在以往研究中,基于示范化的运动评估被认为太过耗费时间和资源,这一策略通过将这部分内容打造成一个有趣且引人入胜的项目活动,消除了工作人员和青少年对基本运动技能进行严格评估的负担。

这些结果的出现,很可能是因为青少年体育促进发展项目中有意设计的项目特色与积极的健康结果相关。如,工作人员与青少年的比例很高,且他们训练有素,以及有爱心的领导者,确保了培养人的可持续性(Petitpas et al. 2008; Zarrett et al. 2019)。"培养领导者"作为工作团队的一部分,为年轻参与者提供了同伴指导的元素,他们似乎从这些工作人员的人口信息特征中看到了自己(Hoekman et al. 2019; Zarrett et al. 2019)。专门为这种干预开发的互动游戏,通过鼓励发展和创造性使用基本运动技能来增加身体素养等与健康相关的目标(Mandigo et al. 2018)。干预成功的关键是对组织目标和发展模式达成明确的共识,包括身体素养的操作定义,该定义与项目活动和评估框架密切相关(LeCrom et al. 2019; Svensson and Hambrick 2016)。这种发展模式包括一种针对 6—10 岁青少年的多样化的运动方法,这可能会同时促进身体活动的参与和身体素养的发展(Mandigo et al. 2018)

局　　限

　　测量框架没有考虑到运动的规则、方法和策略等因素，而这些因素被认为是评估身体素养的核心要素（Dudley et al. 2017）。实际采用的测量方法可能过分关注身体和动作能力（Edwards et al. 2018）。其次，本研究仅采用了定量研究方法，但样本量相对较小。最后，尽管总体身体活动时间以分钟为单位进行量化，但并没有对活动强度进行评估。

结论和启示

　　一项精心设计的为期两周的青少年体育促进发展项目日间营项目成功地提高了在北美城市环境中患有障碍的青少年的身体素养。鉴于这项试点研究的正向结果，研究者接下来应关注与其他干预模型的比较。如，每周的课后或周末项目，以检验活动量可能产生的影响；对项目参与者进行长期随访，以探讨该项目对体育参与的持续性和未来身体活动水平的影响；将可穿戴设备整合到项目评估框架中，以探寻身体活动强度和身体素养结果之间的关系。

（吕慧敏　译）

（董翠香　校）

参考文献

Aspen Institute (2015). *Sport for all, play for life: A playbook to get every kid in the game.*

Barnas, J., & Ball, S. (2019). The effects of playground zoning on physical activity during recess in elementary-aged children. *Medicine & Science in Sports & Exercise*, *51*(Suppl. 6), 514.

Barnes, J. D., Cameron, C., Carson, V., Chaput, J. P., Faulkner, G. E., Janson, K., et al. (2016). Results from Canada's 2016 ParticipACTION report card on physical activity for children and youth. *Journal of Physical Activity and Health*, *13*(Suppl. 2), S110 – S116.

Bassett-Gunter, R., Rhodes, R., Sweet, S., Tristani, L., & Soltani, Y. (2017). Parent support for children's physical activity: A qualitative investigation of barriers and strategies. *Research Quarterly for Exercise and Sport*, *88*(3), 282 – 292.

Beets, M. W., Okely, A., Weaver, R. G., Webster, C., Lubans, D., Brusseau, T., et al. (2016). The theory of expanded, extended, and enhanced opportunities for youth physical activity promotion. *International Journal of Behavioral Nutrition and Physical Activity.*

Belanger, K., Tremblay, M. S., Longmuir, P. E., Barnes, J., Sheehan, D., Copeland, J. L., et al. (2016). Physical literacy domain scores in Canadian children meeting and not meeting Canada's physical activity guidelines. *Medicine & Science in Sports & Exercise*, *48*(Suppl.5),345.

Bopp, T., & Roetert, E.P. (2018). Bright spots, physical activity investments that work-Gators in Motion: A holistic approach to sport-based youth development. *British Journal of Sports Medicine*, *53*(24),1560 – 1561.

Cairney, J., Dudley, D., Kwan, M., Bulten, R., & Kriellaars, D. (2019). Physical literacy, physical activity and health: Toward an evidence-informed conceptual model. *Sports Medicine*, *49*(3),371 – 383.

Cale, L., & Harris, J. (2018). The role of knowledge and understanding in fostering physical literacy. *Journal of Teaching in Physical Education*, *37*(3),280 – 287.

Canadian Sport for Life (2014a). *Physical literacy assessment for youth: PLAYfun*.

Canadian Sport for Life (2014b). *Physical literacy assessment for youth: PLAYself*.

Canadian Sport for Life (2017). *An introduction to physical literacy*.

Carson, V., Chaput, J.P., Janssen, I., & Tremblay, M.S. (2017). Health associations with meeting new 24-hour movement guidelines for Canadian children and youth. *Preventive Medicine*, *95*,7 – 13.

Castelli, D.M., Centeio, E.E., Beighle, A.E., Carson, R.L., & Nicksic, H.M. (2014). Physical literacy and comprehensive school physical activity programs. *Preventive Medicine*, *66*, 95 – 100.

CIBC & KidSport (2014). *CIBC — KidSport^{TM} report: Helping our kids get of the sidelines*.

Coyne, P., Dubé, P., Santarossa, S., & Woodruf, S.J. (2019a). The relationship between physical literacy and moderate to vigorous physical activity among children 8 – 12 years. *Physical & Health Education Journal*, *84*(4),1 – 13.

Coyne, P., Vandenborn, E., Santarossa, S., Milne, M.M., Milne, K.J., & Woodruf, S.J. (2019b). Physical literacy improves with the Run Jump Throw Wheel program among students in grades 4 – 6 in southwestern Ontario. *Applied Physiology, Nutrition, and Metabolism*, *44* (6),645 – 649.

Dobbins, M., Husson, H., Decorby, K., & LaRocca, R.L. (2013). School-based physical activity programs for promoting physical activity and fitness in children and adolescents aged 6 to 18. *Cochrane Database of Systematic Reviews*.

Donnelly, J.E., Greene, J.L., Gibson, C.A., Smith, B.K., Washburn, R.A., Sullivan, D.K., et al. (2009). Physical activity across the curriculum (PAAC): A randomized controlled trial to promote physical 179 activity and diminish overweight and obesity in elementary school children. *Preventive Medicine*, *49*(4),336 – 341.

Draaisma, M., & Brown, D. (2018). Ontario government cuts $ 25M in funding for specialized school programs. *CBC News*.

Dudley, D.A. (2015). A conceptual model of observed physical literacy. *The Physical Educator*, *72* (5),236 – 260.

Dudley, D.A., Cairney, J., Wainwright, N., Kriellaars, D., & Mitchell, D. (2017). Critical considerations for physical literacy policy in public health, recreation, sport, and education agencies. *Quest*, *69*(4),436 – 452.

Durden-Myers, E.J., Green, N.R., & Whitehead, M.E. (2018). Implications for promoting physical literacy. *Journal of Teaching in Physical Education*, *37*(3),262 – 271.

Edwards, L.C., Bryant, A.S., Keegan, R.J., Morgan, K., & Jones, A.M. (2017). Definitions, foundations and associations of physical literacy: A systematic review. *Sports Medicine*, *47* (1),113 – 126.

Edwards, L.C., Bryant, A.S., Keegan, R.J., Morgan, K., Cooper, S.M., & Jones, A.M.

(2018). "Measuring" physical literacy and related constructs: A systematic review of empirical findings. *Sports Medicine*, 48(3),659-682.

Ennis, C.D. (2015). Knowledge, transfer, and innovation in physical literacy curricula. *Journal of Sport and Health Science*, 4(2),119-124.

Giblin, S., Collins, D., & Button, C. (2014). Physical literacy: Importance, assessment and future directions. *Sports Medicine*, 44(9),1177-1184.

Canadian Heritage (2013). Sport participation 2010.

Government of Ontario (2015). *Game ON - The Ontario government's sport plan*.

Green, N.R., Roberts, W.M., Sheehan, D., & Keegan, R.J. (2018). Charting physical literacy journeys within physical education settings. *Journal of Teaching in Physical Education*, 37 (3),272-279.

Haywood, K.M., & Getchell, N. (2009). *Lifespan motor development (5th ed.)*. Champaign, IL: Human Kinetics.

Hellison, D. (2003). *Teaching responsibility through physical activity (2nd ed.)*. Champaign, IL: Human Kinetics.

Hennessy, E., Hatfeld, D.P., Chui, K., Herrick, S., Odalen, C., West, T., et al. (2018). Changes in ability, confidence, and motivation among children in a novel school-based physical literacy intervention. *Medicine & Science in Sports & Exercise*, 50(Suppl.5),763.

Hobin, E., Erickson, T., Comte, M., Zuo, F., Pasha, S., Murnaghan, D., et al. (2017). Examining the impact of a province-wide physical education policy on secondary students' physical activity as a natural experiment. *International Journal of Behavioral Nutrition and Physical Activity*.

Hoekman, M.J., Schulenkorf, N., & Welty Peachy, J. (2019). Re-engaging local youth for sustainable sport-for-development. *Sport Management Review*, 22(5),613-625.

Johnstone, A., Hughes, A.R., Bonnar, L., Booth, J.N., & Reilly, J.J. (2019). An active play intervention to improve physical activity and fundamental movement skills in children of low socio-economic status: Feasibility cluster randomized controlled trial. *Pilot and Feasibility Studies*.

Leblanc, A.G., Broyles, S.T., Chaput, J.P., Leduc, G., Boyer, C., Borghese, M.M., et al. (2015). Correlates of objectively measured sedentary time and self-reported screen time in Canadian children. *International Journal of Behavioral Nutrition and Physical Activity*.

LeCrom, C.W., Martin, T., Dwyer, B., & Greenhalgh, G. (2019). The role of management in achieving health outcomes in SFD programmes: A stakeholder perspective. *Sport Management Review*, 22(1),53-67.

Liu, J., Xiang, P., Lee, J., & Li, W. (2017). Developing physically literacy in K-12 physical education through achievement goal theory. *Journal of Teaching in Physical Education*, 36 (3),292-302.

Lodewyk, K.R., & Mandigo, J.L. (2017). Early validation evidence of a Canadian practitioner-based assessment of physical literacy in physical education: Passport for Life. *The Physical Educator*, 74(3),441-475.

Logan, S.W., Robinson, L.E., Wilson, A.E., & Lucas, W.A. (2012). Getting the fundamental of movement: A meta-analysis of the effectiveness of motor skill interventions in children. *Child: Care, Health & Development*, 38(3),305-315.

Longmuir, P.E., & Tremblay, M.S. (2016). Top 10 research questions related to physical literacy. *Research Quarterly for Exercise and Sport*, 87(1),28-35.

Lyras, A., & Welty Peachey, J. (2011). Integrating sport-for-development theory and praxis. *Sport Management Review*, 14(4),311-326.

MacDonald, D. J., Saunders, T. J., Longmuir, P. E., Barnes, J. D., Belanger, K., Bruner, B., et al. (2018). A cross-sectional study exploring the relationship between age, gender, and physical measures with adequacy in and predilection for physical activity. *BMC Public Health*.

Mandigo, J., Holt, N., Anderson, A., & Sheppard, J. (2008). *European Physical Education Review*, 14(3), 407 - 425.

Mandigo, J., Francis, N., Lodewyk, K., & Lopez, R. (2009). *A position paper for physical literacy for educators*. Physical & Health Education Canada.

Mandigo, J., Lodewyk, K., & Tredway, J. (2018). Examining the impact of a teaching games for understanding approach on the development of physical literacy using the Passport for Life assessment tool. *Journal of Teaching in Physical Education*, 38(2), 136 - 145.

McGinn, D. (2016). Experts sound alarm as more schools put phys-ed on back burner. *The Globe and Mail*.

Mitra, R., Cantello, I. D., Buliung, R. N., & Faulkner, G. E. (2017). Children's activity-transportation lifestyles, physical activity levels and socio-ecological correlates in Toronto, Canada. *Journal of Transport & Health*, 6, 289 - 298.

O'Brien, W., Belton, S., & Issartel, J. (2015). Promoting physical literacy in Irish adolescent youth: The Youth-Physical Activity Towards Health (Y-PATH) intervention. *MOJ Public Health*, 2(6), 168 - 173.

ParticipACTION (2018). The brain + body equation: Canadian kids need active bodies to build their best brains. *The 2018 ParticipACTION report card on physical activity for children and youth*.

Petitpas, A. J., Cornelius, A., & Van Raalte, J. (2008). Youth development through sport: It's all about relationships. In N. L. Holt (Ed.), *Positive youth development through sport*. London: Routledge.

Physical Activity Guidelines Advisory Committee (2008). *Physical activity guidelines advisory committee report, 2008*, Washington, DC. US Department of Health and Human Services.

Poitras, V. J., Gray, C. E., Borghese, M. M., Carson, V., Chaput, J. P., Janssen, I., et al. (2016). Systematic review of the relationships between objectively measured physical activity and health indicators in school-aged children and youth. *Applied Physiology, Nutrition, and Metabolism*, 41(6, Suppl. 3), S197 - S239.

Rauner, A., Mess, F., & Woll, A. (2013). The relationship between physical activity, physical fitness and overweight in adolescents: A systematic review of studies published in or after 2000. *BMC Pediatrics*.

R Core Team (2018). *A language and environment for statistical computing*. R Foundation for Statistical Computing.

Schulenkorf, N., Sherry, E., & Rowe, K. (2016). Sport-for-development: An integrated literature review. *Journal of Sport Management*, 30(1), 22 - 39.

Shearer, C., Gross, H. R., Edwards, L. C., Keegan, R. J., Knowles, Z. R., Boddy, L. M., et al. (2018). How is physical literacy defined? A contemporary update. *Journal of Teaching in Physical Education*, 37(3), 237 - 245.

Sported (2020). *What is sport for development?*

Svensson, P. G., & Hambrick, M. E. (2016). "Pick and choose our battles" — Understanding organizational capacity in a sport for development and peace organization. *Sport Management Review*, 19(2), 120 - 132.

Svensson, P. G., & Woods, H. (2017). A systematic overview of sport for development and peace organisations. *Journal of Sport for Development*, 5(9), 36 - 48.

Tompsett, C., Burkett, B., & McKean, M. R. (2014). Development of physical literacy and movement competency: A literature review. *Journal of Fitness Research*, 3(2), 53 - 79.

Tremblay, M. S., Barnes, J. D., González, S. A., Katzmarzyk, P. T., Onywera, V. O., Reilly, J. J., et al. (2016a). Global Matrix 2.0: Report card grades on the physical activity of children and youth comparing 38 countries. *Journal of Physical Activity and Health*, 13 (Suppl 2), S343 - S366.

Tremblay, M. S., Carson, V., Chaput, J. P., Connor Gorber, S., Dinh, T., Duggan, M., et al. (2016b). Canadian 24-hour movement guidelines for children and youth: An integration of physical activity, sedentary behaviour, and sleep. *Applied Physiology, Nutrition, and Metabolism*, 41(6 Suppl.3), S311 - S327.

Tremblay, M. S., Costas-Bradstreet, C., Barnes, J. D., Barlett, B., Dampier, D., Lalonde, C., et al. (2018a). Canada's Physical Literacy Consensus Statement: Process and outcome. *BMC Public Health*.

Tremblay, M. S., Longmuir, P. E., Barnes, J. D., Belanger, K., Anderson, K. D., Bruner, B., et al. (2018b). Physical literacy levels of Canadian children aged 8 - 12 years: Descriptive and normative results from the RBC Learn to Play-CAPL project. *BMC Public Health*.

Trudeau, F., & Shephard, R. J. (2008). Physical education, school physical activity, school sports and academic performance. *International Journal of Behavioral Nutrition and Physical Activity*.

UNESCO (2015). *Quality physical education (QPE): Guidelines for policy makers*.

Whitehead, M. (Ed.) (2010). *Physical literacy: Throughout the life course*. London: Routledge.

Whitley, M. A., Farrell, K., Wolf, E. A., & Hillyer, S. J. (2019a). Sport for development and peace: Surveying actors in the field. *Journal of Sport for Development*, 7(12), 1 - 15.

Whitley, M. A., Massey, W., Blom, L., Camiré, M., Hayden, L., & Darnell, S. (2017). *Sport for development in the United States: A systematic review and comparative analysis*. Laureus USA.

Whitley, M. A., Massey, W. V., Camiré, M., Blom, L. C., Chawansky, M., Forde, S., et al. (2019b). A systematic review of sport for development interventions across six global cities. *Sport Management Review*, 22(2), 181 - 193.

Whitley, M. A., Massey, W. V., Camiré, M., Boutet, M., & Borbee, A. (2019c). Sport-based youth development interventions in the United States: A systematic review. *BMC Public Health*.

Wright, E. M., Grifes, K. R., & Gould, D. R. (2017). Qualitative examination of adolescent girls' sport participation in a low-income, urban environment. *Women in Sport and Physical Activity*, 25(2), 77 - 88.

Zarrett, N., Cooky, C., & Veliz, P. T. (2019). *Coaching through a gender lens: Maximizing girls' play and potential*. Women's Sports Foundation.

玛莉卡·沃纳

加拿大枫叶体育娱乐基金会启动平台研究与评估中心主任，这个机构为多伦多市区残疾青少年提供以发展为目的的运动服务。主要负责项目评估、追踪研究和学术合作，重点关注身体素养、青少年积极发展，以及职业体育中的企业社会责任。他获得了阿尔伯塔大学的理学学士学位和多伦多大学的康复科学硕士学位。目前，他正与渥太华大学、多伦多大学、约克大学、瑞尔森大学、布洛克大学和温莎大学合作，对青少年体育促进发展项目(SFD)在个人、社区层面的成果进行创新研究。

通信地址：Department of Research and Evaluation, MLSE LaunchPad, 259 Jarvis Street, Toronto, ON M5C 2B2, Canada

电子邮箱：marika.warner@mlselaunchpad.org

杰基·罗宾森

加拿大枫叶体育娱乐基金会启动平台研究与评估中心的协调员，过去五年来一直在青少年体育部门的学术和社区环境中工作和研究。她是一名终身运动员,希望通过研究来支持优质体育项目的发展,让年轻人有机会和她一样享受体育运动。在枫叶体育娱乐基金会启动平台任职期间,她与体育运动策划团队合作,围绕体育促进发展(SFD)的特定成果(如身体素养)设计和完善项目规划。她喜欢通过创新性的评估方法,为青少年提供参与研究的乐趣。

通信地址:Department of Research and Evaluation, MLSE LaunchPad, 259 Jarvis Street, Toronto, ON M5C 2B2, Canada

电子邮箱:jackie. robinson@mlselaunchpad. org

布赖恩·希尔

拥有 14 年以上的社区实践研究和项目评估经验,重点关注为青年和弱势群体服务的环境。他管理枫叶体育娱乐公司发射台的研究和评估议程,并为来自体育、食品、司法、心理健康和教育等多个部门的青年服务社区组织提供测量策略和场地建设支持。在此之前,他是一位关注健康与社会决定因素的公共政策事务的倡导者,曾担任公益组织的顾问,包括多伦多公益金、多伦多城市基金、精神病患者倡权办公室和国际移民健康与发展中心。

通信地址:Department of Research and Evaluation, MLSE LaunchPad, 259 Jarvis Street, Toronto, ON M5C 2B2, Canada

电子邮箱:bryan. heal@mlselaunchpad. org

珍尼弗·劳埃德

是一名青年工作者、反暴力项目促进者和社区组织者。她拥有劳瑞尔大学的社会工作学位,是安大略省社会工作者和社会服务工作者学院的注册社会工作者。她于 2019 年—2020 年在枫叶体育娱乐公司发射台的研究与评估组完成了实习。

通信地址:Faculty of Social Work, Wilfrid Laurier University, 75 University Avenue West, Waterloo, ON N2L 3C5, Canada

电子邮箱:jenniferalloyd92@gmail. com

詹姆士·曼丁戈

是菲沙河谷大学的教务长兼副校长。此前,他是布洛克大学应用健康科学学院人体运动学系的教授、加拿大终身体育领导团队的成员、安大略省体育与健康教育协会前任主席及安大略省体育和健康教育董事会的前代表。他目前在中美洲国家萨尔瓦多和危地马拉的研究项目中研究运动和体育教育在预防青少年暴力方面的作用。他在这一领域的研究和发展活动得到了加拿大社会科学与人文研究理事会、国际奥林匹克委员会和丰业银行的资助。

通信地址:University of the Fraser Valley, 33844 King Road, Abbotsford, BC V2S 7M8, Canada
电子邮箱:james. mandigo@ufv. ca

贝丝·伦诺克斯

是枫叶体育娱乐基金会启动平台的运动项目经理。她曾在安大略省篮球队的社区团队工作,之前在加拿大政府担任外交官员。她拥有韦仕敦大学历史和法语学士学位,以及渥太华大学公共和国际事务硕士学位。她积极倡导体育运动在妇女和女孩生活中发挥积极作用。

通信地址:Department of Sport Programming, MLSE LaunchPad, 259 Jarvis Street, Toronto, ON M5C 2B2, Canada

电子邮箱:bess. lennox@mlselaunchpad. org

拉金·达文波特·胡耶尔

于 2016 年和 2018 年分别获女王大学的人体运动科学专业理学士学位和公共卫生硕士学位。她在大学期间参加了大学代表队和国家赛艇队的比赛和训练,热爱锻炼和运动。她对研究政策和系统性因素以及这些因素如何影响一个人的幸福非常感兴趣。她目前在多伦多联合医疗系统圣马克医院的知识转化实验室担任助理研究员,并在多伦多大学攻读护理学位。

通信地址:Department of Public Health Sciences, Queens University, Carruthers Hall, 2nd and 3rd Floors, 62 Fifth Field Company Lane, Kingston, ON K7L 3N6, Canada

电子邮箱:larkinhdh@gmail. com

图书在版编目(CIP)数据

　　教育展望. 186,课程、学习与评价的比较研究. 身
体素养：学习与可持续发展 / 联合国教科文组织国际教
育局编；华东师范大学译. —上海：华东师范大学出
版社，2024. —ISBN 978 - 7 - 5760 - 5442 - 2

　Ⅰ. G51 - 55

中国国家版本馆 CIP 数据核字第 202453G0L7 号

教育展望. 186,课程、学习与评价的比较研究
身体素养：学习与可持续发展

编　　者　联合国教科文组织国际教育局
译　　者　华东师范大学
责任编辑　王国红
特约审读　陈锦文
责任校对　宋红广　　时东明
装帧设计　卢晓红

出版发行　华东师范大学出版社
社　　址　上海市中山北路 3663 号　邮编 200062
网　　址　www.ecnupress.com.cn
电　　话　021 - 60821666　行政传真 021 - 62572105
客服电话　021 - 62865537　门市(邮购)电话 021 - 62869887
地　　址　上海市中山北路 3663 号华东师范大学校内先锋路口
网　　店　http://hdsdcbs.tmall.com

印　刷　者　江苏扬中印刷有限公司
开　　本　787 毫米×1092 毫米　1/16
印　　张　11.5
插　　页　4
字　　数　223 千字
版　　次　2024 年 11 月第 1 版
印　　次　2024 年 11 月第 1 次
书　　号　ISBN 978 - 7 - 5760 - 5442 - 2
定　　价　32.00 元

出版人　王　焰

(如发现本版图书有印订质量问题,请寄回本社客服中心调换或电话 021 - 62865537 联系)